福井洞窟
Fukui Cave

福井洞窟は，1960 年代に最初の調査が行われ，旧石器文化と縄文文化をつなぐ遺跡である。段丘の先端部の標高 110m に位置し，福井川の侵食により形成された第三紀堆積岩の砂岩洞窟である。

構成／柳田裕三　写真提供／佐世保市教育委員会

1. 福井洞窟（間口 16.4 m 廂高 4.7 m 奥行 5.5 m）

2. 隆起線文土器（右）
福井洞窟第 2 調査区の出土資料を中心に復元。（約 16,000 年前）

3. 石鏃（左）
縄文時代草創期：押引文土器と共伴する石鏃。泉福寺洞窟 5 層出土（約 14,000 年前）

4. スクレイパー（西北九州の各洞窟遺跡で出土）
旧石器時代終末期から縄文時代草創期（写真：左から右）にかけて形態や石材利用に変化がみられ，環境変動との関係性が指摘されている。（約 16,000 ～ 11,000 年前）

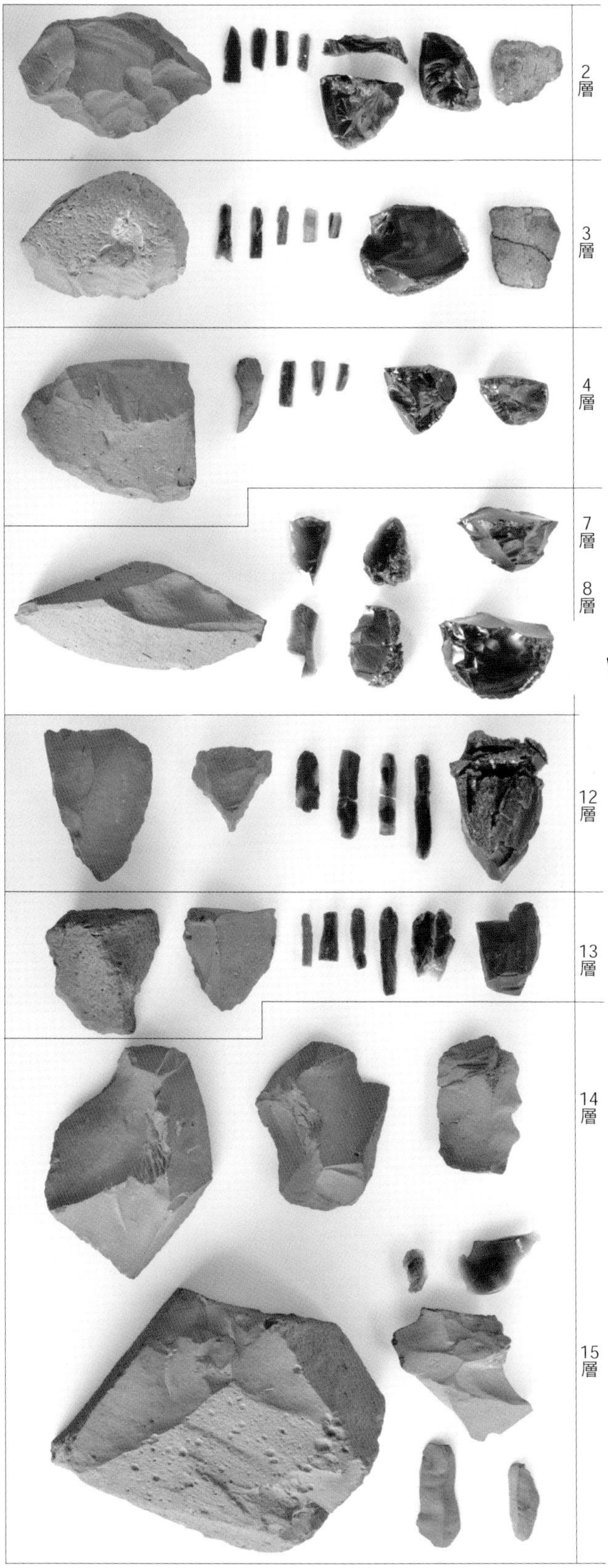

2層
3層
4層
7層
8層
12層
13層
14層
15層

5. 福井洞窟各層の出土遺物（国指定重要文化財）
旧石器時代終末期から縄文時代草創期にかけての遺物が層位的に確認され，時代区分が明確となった。泉福寺洞窟などの出土状況と重ね合わせると，細石刃石器群は約 19,000 年前から 14,000 年前まで利用されていることが分かっている。

カラカミ・原の辻遺跡
Karakami Site and Harunotsuji Site

弥生時代中期後半から古墳時代初頭に北部九州を中心に搬入される楽浪系土器や三韓系土器（瓦質土器）からは，倭の長距離交易の拡大とその変遷を読み取ることができる。とくに，壱岐の2遺跡からの出土は群を抜いており，優品が多い。

構成／森本幹彦　写真提供／1・2：壱岐市教育委員会，3：伊都国歴史博物館（壱岐市教育委員会所蔵）

1. カラカミ遺跡の楽浪系・三韓系土器

「周」文字が線刻されている

2. 遼東系土器（カラカミ遺跡）

3. 原の辻遺跡の楽浪系・三韓系土器

志賀島の金印
Gold seal of Shikanoshima

天明4（1784）年に志賀島で発見されたとされる国宝金印「漢委奴国王」は，西暦57年頃に北部九州と後漢との直接交渉を示すものである。金印が福岡市の志賀島で発見された点は，当時の北部九州の社会構造を考える上で興味深い。

構成／大塚紀宜　写真提供／1・3：福岡市博物館・DNPartcom（福岡市博物館所蔵），2：大塚撮影

1.「漢委奴国王」金印と印面

3. 駱駝鈕の印章（「漢廬水佰長」銅印）

2. 金印出土地点遠景（写真の矢印付近）

沖ノ島

Okinoshima

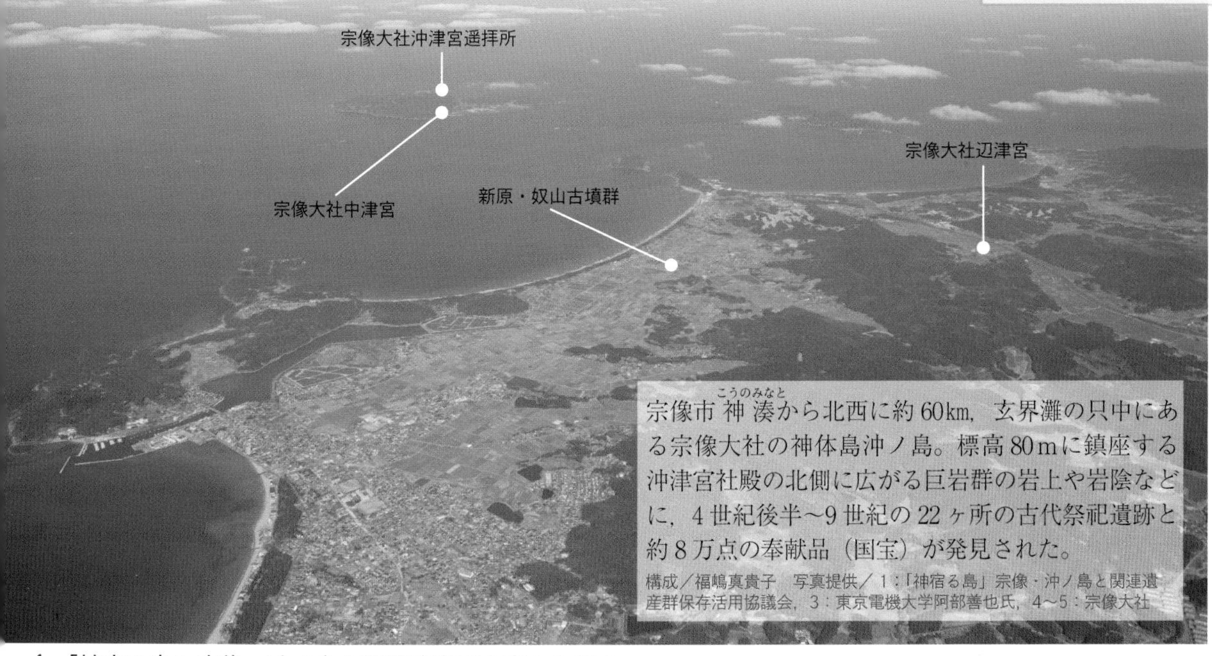

宗像市神湊（こうのみなと）から北西に約60km，玄界灘の只中にある宗像大社の神体島沖ノ島。標高80mに鎮座する沖津宮社殿の北側に広がる巨岩群の岩上や岩陰などに，4世紀後半〜9世紀の22ヶ所の古代祭祀遺跡と約8万点の奉献品（国宝）が発見された。

構成／福嶋真貴子　写真提供／1：「神宿る島」宗像・沖ノ島と関連遺産群保存活用協議会，3：東京電機大学阿部善也氏，4〜5：宗像大社

1.「神宿る島」宗像・沖ノ島と関連遺産群を空から望む

九州本土の宗像大社辺津宮，中津宮が鎮座する大島，玄界灘の只中にある沖ノ島と一直線上に展開する。新原・奴山古墳群からも大島，沖ノ島が望見できる。

2.沖ノ島7号遺跡（巨岩右の岩陰）と8号遺跡（巨岩左の岩陰）

新羅製とみられる金製指輪や金銅製馬具などの出土で注目される遺跡。

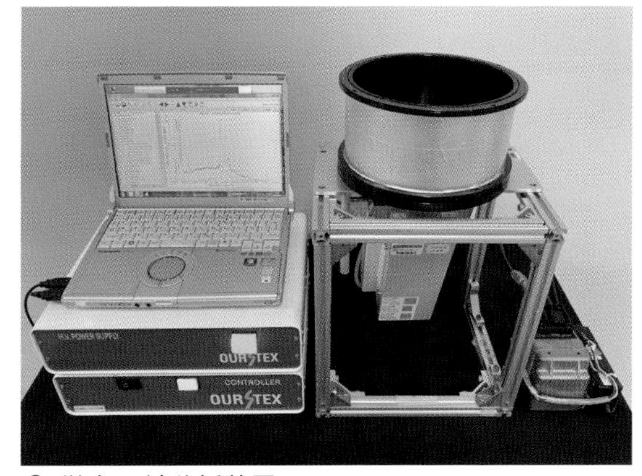

3.蛍光X線分析装置

円筒庫内に試料を入れ測定する。

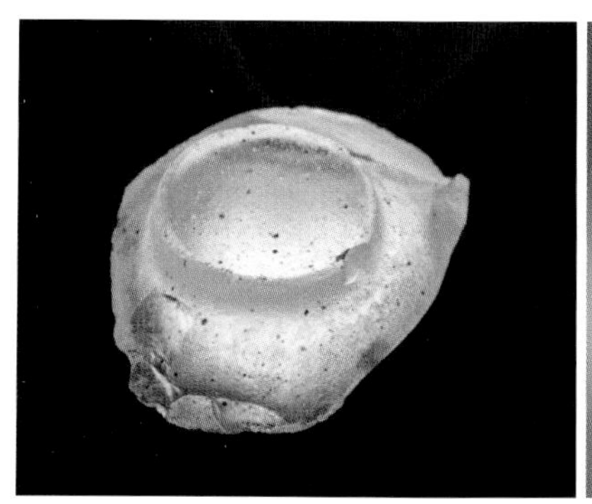

4.カットグラス碗片（沖ノ島8号遺跡出土）

化学組成分析調査で素材が「サーサーン・ガラス」であることが科学的に初めて実証された。加工もサーサーン朝領域内とみられる。5〜7世紀

5.ガラス製切子玉（沖ノ島8号遺跡出土）

同調査で，カットグラス碗片同様，素材が「サーサーン・ガラス」であることが初めて判った。6〜7世紀

6.ガラス製玉類（沖ノ島7号遺跡出土）

同調査で，7号遺跡例は1種類の組成タイプに限られる特異な結果となった。6〜7世紀

船原古墳

FunabaruTumulus

船原古墳から古墳に伴う7基の土坑が確認された。とくに，1号土坑からは，朝鮮半島に由来するものや中央政権から下賜されるものなど，多種多様な馬具，武器，武具，農工具が木箱（エリア2·3）に納められるなどして床一面に置かれていた。

構成／甲斐孝司　画像提供／古賀市教育委員会

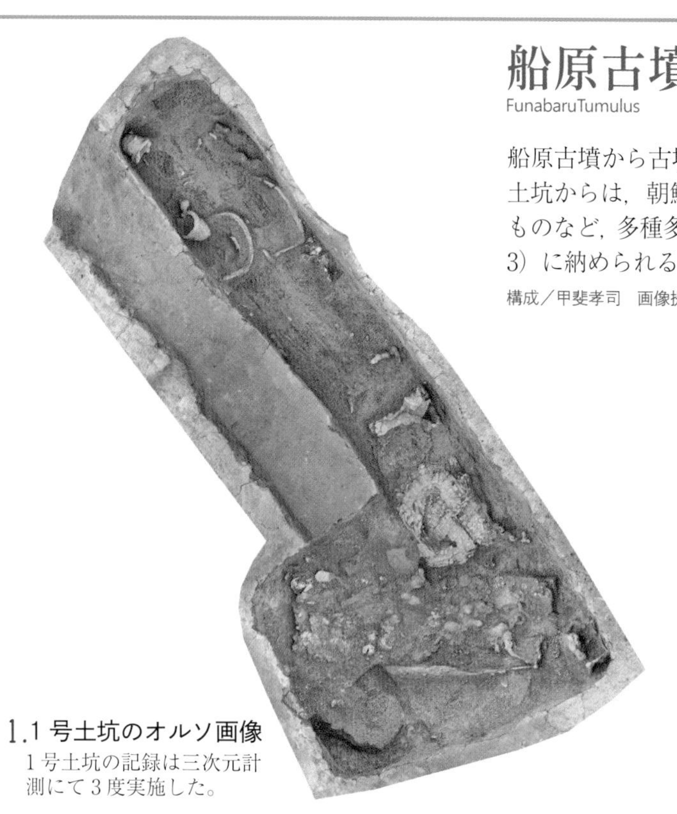

1. 1号土坑のオルソ画像

1号土坑の記録は三次元計測にて3度実施した。

2. 馬冑の3Dデータ

馬冑を三次元計測することで3D画像を作成した。

3. 鳳凰文心葉形杏葉の復元画像

有機質や土が付着した状態で撮影した杏葉のCT画像を解析してコンピューター上で復元した。

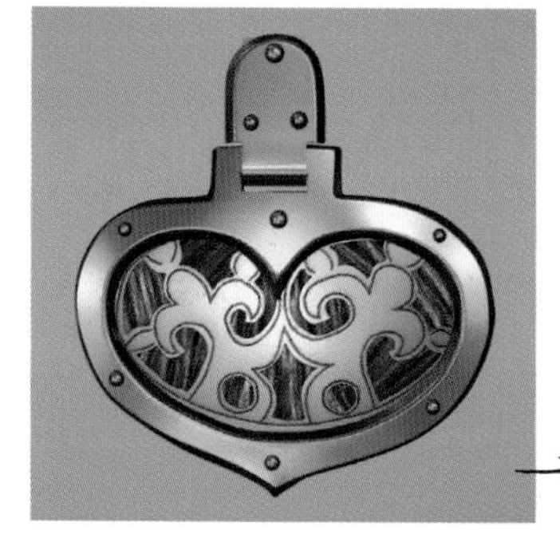

4. 二連三葉文心葉形杏葉の復元画像

CT画像を解析することで，文様板の下に敷いた玉虫翅の配置や色を復元している。

5. ガラス装飾付辻金具の復元画像

中心部のドーム状の鉛ガラスは，風化が進み白色化していたが，近隣の福津市宮地嶽古墳から出土した板状の鉛ガラスを参考にして，緑色に復元した。

6. 金銅製歩揺付飾金具の復元画像

金銅製歩揺付飾金具は，透彫した六角形の金銅板に7本の支柱が立つ他に例がない複雑な構造をしている。この構造は，土ごと遺物を取り上げてCT撮影することで，各パーツの位置関係を押さえられ，復元することができた。

7. 冬唐草文心葉形鏡板付轡の復元画像

唐草文の透彫板の上に被せた縁金の丸い鋲は，CT画像を解析することで，板を固定する鋲は10個しかなく，残りは飾りであることが分った。

季刊考古学・別冊43

九州考古学の最前線1 —縄文～古墳編—

目次

3 古墳時代

表紙画像・写真

鳳凰文心葉形杏葉の復元画像（古賀市教育委員会提供），馬冑の3Dデータ（古賀市教育委員会提供），「漢委奴国王」金印（福岡市博物館所蔵，画像提供：福岡市博物館 / DNPartcom）

九州考古学の最前線1

縄文〜古墳編

総　論

九州考古学の現在１―先史時代―

宮本 一夫　九州大学大学院人文科学研究院
MIYAMOTO Kazuo

はじめに

九州は地理上，中国大陸にもっとも近く，大陸からの文化流入の門戸となっている。そのもっとも太いパイプは朝鮮半島南部から北部九州のルートである。この他，台湾や福建などの南中国と南西諸島を経た南九州のルートがある。一方で，日本列島内での交流関係をみると，中四国から東北九州あるいは瀬戸内から臼杵さらに宮崎・大隅半島の西南九州という交流関係がみられる。一方で，長崎の西北九州から熊本，鹿児島という九州西半をつなぐ強い交流関係がみられる。このように九州島の中心に南北に連なる九州山地を地形上の境とする九州の東西の分離が認められる。大陸と本州島をつなぐまさに十字路となっている。

1　旧石器時代

日本列島あるいは九州の旧石器時代最古のものとして，約38000年前の熊本県石の本遺跡群8区があげられ，旧石器時代後期の台形様石器・鋸歯縁削器や先頭状石器の石器群が現れ，本州島西南部に広がる[1]。一方で，朝鮮半島から本州島東北部へ石刃技術の伝播・移住といった二方面多重伝播・受容モデルが近年提起されている[2]。この場合，九州から本州島西南部への伝播・移住の発信源が問題となる。近年，沖縄県石垣島の白帆竿根田原遺跡から22000年前の古人骨が多数発見されており，南中国からの人の移動や文化伝播が注目されている。

旧石器時代の終末期の細石器文化が19000年前から始まることが，長崎県福井洞穴13層から明らかとなった。この細石器文化は，朝鮮半島からの系譜と列島のナイフ形石器文化との融合の中に成立したと考えられている（栁田論文）。

2　縄文時代

九州の縄文文化の始まりは，福井洞穴の4層と3c層の境界にみられる。約16100年前であり，隆起線文土器と無文土器，細石刃石器からなる（栁田論文）。旧石器時代終末期に土器が出現し，縄文時代が始まる。その後，隆帯文土器，続いて無文土器が生まれ，南九州では桜島火山災害に見舞われる（桒畑論文）。この時期が完新世終末のヤンガー・ドリアス期に相当するが，その後の温暖化の中で，南九州では貝殻文円筒形土器が発達する。植物質食料に依存した定着性の高い社会であった。貝殻文円筒形土器の系譜を引く塞ノ神式土器は北部九州にも広がり，定着性の高い社会で大規模な貝塚が形成される。それが佐賀県東名（ひがしみょう）貝塚である。その後の一時的な寒冷期後の轟A式はふたたび流動性の高い社会に転換する。

BC4500年頃の縄文時代前期初頭は縄文海進期に相当し，ほぼ現在と同じ海岸線が形成される。九州での定着的な縄文集落は中期後葉以降であり，後期初頭からは土偶や打製石斧など東日本文化コンプレックスとして近畿・瀬戸内からの文化流入がみられる。土器圧痕分析により，この時期から九州でもダイズ・アズキの栽培化が認められ，打製石斧がこれらのマメ類の栽培の道具として流入したと考えられている[3]。しかしこうしたマメ類の栽培が九州の縄文後期社会でどれほど有用であったかについて意見が分かれている（福永論文）。一方，この時期からクロム白雲母製玉類が九州を中心に西日本へ広く分布することが知られるが，熊本県三万田（みまんだ）東原（ひがしばる）遺跡では，玉の製作遺跡であることが判明した（大坪論文）。

縄文後期中葉には近畿から九州までの一体的な土器様式が広がり始める[4]。こうした西日本の一体性の中に，晩期中葉から刻目突帯文土器が広がる。刻目突帯文土器の起源について，近年注目されているのが無刻目突帯文土器であるが，刻目突帯文土器は瀬戸内の鍵形口縁浅鉢から生まれたものであることが改めて確認された（宮地論文）。この刻目突帯文土器Ⅰ期には，イネやアワが存在することが土器潜在圧痕分析によって明らかになっている（小畑論文）。しかし，これらは縄文晩期農耕と呼ぶべきものであり[5]，弥生の始まりを示すものではない。こうした穀物は，朝鮮半島南部から伝播したものである。縄文早期末以降に北部九州と朝鮮半島東南部には土製耳栓が存在し，何らかの情報の交流関係が想定されており（古澤論文），こうした関係性が農耕伝播の背景となっている。

3 弥生時代

弥生の始まりは，水田のような灌漑農耕を持った刻目突帯文土器の夜臼Ⅰ式にある。その年代は，佐賀県唐津市宇木汲田貝塚の炭化米の放射性炭素年代から，紀元前9～8世紀である[6]。こうした灌漑農耕の始まりは，北部九州において朝鮮半島南部の無文土器文化と縄文文化の接触によって始まる。その文化接触の一つが支石墓である（平郡論文）。さらに，石包丁を含めた大陸系磨製石器，環濠集落，列状埋葬墓の出現であり[7]，福岡平野を中心に板付式土器が朝鮮半島無文土器の製作技術を基盤に生まれ，西日本に遠賀川（おんががわ）式土器として拡散していく（三坂論文）。そこには渡来人が介在し，縄文人との交配の中に渡来系弥生人が生まれる（米元論文）。

灌漑農耕文化を構成する板付Ⅰ式・Ⅱa式は，紀元前6～5世紀には，遠賀川式土器として北部九州から瀬戸内そして近畿までの西日本全体に広がる。灌漑農耕の主役はイネである。弥生早期の宇木汲田貝塚では，環境変異に強い長粒の熱帯ジャポニカが，弥生前期以降は中粒の温帯ジャポニカがみられる。一方，弥生中期以降，長粒の集団①・④が主流になる地域もあり，立地に適したイネが選択されている（上條論文）。

弥生前期末・中期初頭には，細形銅剣などの青銅器や青銅器生産技術が，朝鮮半島南部から北部九州に流入する[8]。この時期には今山系石斧や層灰岩製片刃石斧などの器種別の石材原産地が存在し，石器製作遺跡が限定される（森論文）。その後，弥生中期後半以降は磨製石器が減少するとともに，代わって農工具類の鉄器化が進む。弥生中期後葉以降，鍛冶による鉄器生産が進むが，鉄器素材は朝鮮半島に依存する長距離交易によるものである[9]。この時期から，北部九州では前漢鏡による威信財システムが認められ，須玖岡本（すぐおかもと）遺跡や三雲南小路遺跡などでは30面以上の前漢鏡が副葬される。弥生後期になると漢鏡の不足を補うために，前漢鏡の異体字銘帯鏡を模して小型仿製鏡が北部九州で製作される。小型仿製鏡は，墓の副葬品だけではなく集落遺跡からも出土し，一定の配布関係の継続性が認められる（田尻論文）。このような中，漢鏡を副葬に持つ弥生中期後葉の厚葬墓から，弥生後期にはより墓葬の系列化が顕在化していく（溝口論文）。

弥生中期後葉からみられる漢鏡や鉄素材の入手などの長距離交易には，地域首長の関与が想定される[10]。その交易品の一つにガラス玉がある。弥生中期後葉に鉛バリウムガラス製玉が舶載されるが（谷澤論文），紀元前108年に設置された楽浪郡との長距離交易によってもたらされたものである。この長距離交易を示すものが，この時期から認められる楽浪土器の北部九州での出土である（森本論文）。また，後漢の光武帝から紀元後57年に下賜されたとされる金印（大塚論文）は，楽浪郡を通じた長距離交易の存在を示すものにほかならない。これら漢王朝との交渉には，文書行政が必要であったであろう。近年，福岡市五郎江遺跡などで発見された舶載の可能性のある板石硯（久住論文）は，楽浪土器などとともに，こうした国際関係の中で出現したものの可能性がある。

また，このような長距離交易によって舶載の鉄製武器がもたらされている。それに対して九州内での鉄製武器の生産は，舶載品の変形として捉えられ，確実なものは弥生後期後半からであり，弥生終末期には鉄剣や素環頭刀子が大量生産される（立谷論文）。この時期，三韓土器の流入が増え（森本論文），朝鮮半島南部の三韓地域との交易関係が深まっている。

4　古墳時代

3世紀後半の古墳時代の始まりとともに，長距離交易が大きく変化していく。ガラス製玉類が大陸から流入するにあたって，近畿地域が集散地に転換するようになる[11)]。漢鏡や魏晋鏡などの舶載鏡や仿製鏡による近畿を中心とする威信財システムに転換するのも古墳時代の始まりからである[12)]。北部九州で保有されていた漢鏡が，政治的にヤマトに移され，さらにここから地域首長に配布されたと想定されるが[13)]，古墳時代以降に後漢鏡の多くが中四国以東に流入し，近畿地域を核として各地に流通したという見解は共通認識となっている（辻田論文）。この時期，福岡平野の博多遺跡群では精錬炉が出現し2次鉄素材の製作が始まっている。また，西新遺跡では三韓からの人々がカマド付住居で集住する交易拠点が生まれている（重藤論文）。それは滞在型の居住であり，渡来人として定着するものではなかった。この時期から北部九州で生産された素環刀や鉄剣が激減・消滅していく（立谷論文）。すなわち，武器の鉄素材もほかの舶載品と同じように近畿に集散された。そして，近畿を中心に鉄製武器の生産が行なわれていく。

313年の楽浪郡・帯方郡の滅亡により，対中国交易が終わり，変わって金官加耶とヤマトとの直接交易が始まる。大阪湾から瀬戸内を通り関門海峡から玄界灘を出て直接金海に向かうものであった。その航路の途中に位置するのが沖ノ島である。ここでは航海の安全を祈った祭祀が行なわれた（福島論文）。そして，この段階から福岡平野の中継交易拠点としての役割がなくなり，西新遺跡も消滅していく。

5世紀の古墳時代中期は，加耶などの朝鮮半島南部から武具・馬具などとともに須恵器が列島にもたらされる。初期須恵器は西日本各地に朝鮮半島の発信源を異にしながら操業を始めるが，直ぐに操業を停止する。この中で，九州の朝倉古窯址群は5世紀後葉まで存続し，九州地域の独自性を示している。一方で居屋敷窯は5世紀前葉で操業を停止するが，その須恵器生産と技術は，対岸の愛媛県松山平野の南端に位置する市場南窯に引き継がれた可能性がある（三吉論文）。さらに古墳時代中期後半以降には渡来系住民の定着性が高く，宗像・福津では馬韓・百済系土器とともに排水溝付竪穴住居が集中する（重藤論文）。こうした状況が，古墳時代の遠賀川流域の古人骨において，高顔形質（渡来系形質）が高くなる要因であるかもしれない（高椋論文）。

一方で，南九州では独自の古墳文化である地下式横穴墓が作られる。鹿児島県島内地下式横穴墓からは多数の武器・武具が出土する。南九州では馬の生産などの牧の経営が行なわれており，近畿中央部との深い結びつきが知られる（橋本論文）。この近畿中央部との関係を示す「小札甲」は，古墳時代中期中葉に登場する。九州では，帯金式甲冑の中でも胴丸式小札甲が盛行している（松崎論文）。

5世紀後葉には，朝倉古窯址群や市場南窯の終焉とともに列島全体に陶邑の須恵器様式が拡大し，地方での須恵器生産の始まりが認められる。これは人制を始めとした雄略朝におけるヤマトの地方支配の始まりと関係していると考えられている。また，この時期から農民層でも父系直系化が始まることが，古人骨の分析から示されている（舟橋論文）。一方九州では，大分県山間部や南九州内陸部で，双系制が存続する保守的な地域も認められる。南九州の地下式横穴墓は，5・6世紀を通じて双系制の親族関係が維持される（吉村論文）。

527年の磐井の乱後，磐井の子である葛子が糟屋の屯倉を献上したとされるように，屯倉というヤマトの直轄地に近い施設が営まれることにより，ヤマトの地方支配がより進んでいく。地方首長を国造に任命する国造制の始まりもこの時期である。九州の屯倉は後の筑前国に集中しており，福岡平野には536年に那津官家が作られる。福岡市比恵遺跡からは那津官家と考えられる6世紀後半の倉庫群が発見された（菅波論文）。この時期から福岡平野は再びヤマトの対朝鮮半島の進出拠点となっていく。九州に特徴的な古墳である装飾古墳は，有明海沿岸地域に出現し，磐井の乱に関連するように，次第に北部九州へと広がる。彩色壁画の出現理由については，列島内の自生説とともに朝鮮半島の影響が考えられている（藏冨士論文）。

糸島地域の福岡市元岡G6号墳から，570年の元嘉歴による金象嵌の銘文大刀が出土した。この大刀は，556年に百済の皇子を送った筑紫火君が，その勲功に対し百済からもらった大刀という考えがある[14]。一方で桃﨑祐輔は，鞘を壊し抜き身で納められた庚寅銘大刀は呪具であり，「四寅剣」「五寅剣」として，元嘉歴以外の大明歴に基づく可能性を考える（桃﨑論文）。

福岡平野と宗像・福津地域で異なった武具体系が認められるが（齊藤論文），これは前者が頭椎大刀や花形馬具にみられるようにヤマトからの直接的配布関係にあるのに対し，後者には東日本で生産された武具・馬具が認められるように（斉藤論文），地方首長としての独自のネットワークが形成されている。後者の宗像・福津地域に属する6世紀後半の船原古墳では，新羅系の玉虫装飾馬具が認められる（西論文）。6世紀後半の前方後円墳である船原古墳は，地方首長として独自の朝鮮半島との交流を行っていたようであり，朝鮮半島系の冑や蛇行状鉄器が出土している（甲斐論文）。一方，ヤマトとの関係を示す胴丸式小札甲も船原古墳まで存続している（松崎論文）。同じく壱岐では前方後円墳や大型円墳が6世紀後半から7世紀に造営される（田中論文）。これは福岡平野から対朝鮮半島への進出の通過点として重要な位置としての認識があったからである。また，これらの古墳からは新羅土器や緑釉陶器も認められ，新羅との関係も存在していた。

おわりに

このように九州は，旧石器時代以来，日本列島と大陸を繋ぐ十字路の役割を果たしていた。その繋がりが弱まった縄文時代を経て，弥生時代になると朝鮮半島南部から北部九州へと太いパイプが築かれる。北部九州は，日本列島の大陸からのゲートウェイとしての役割が，弥生時代以来続いていくのである。

註

1）森崎一貴『旧石器社会の人類生態学』同成社，2022
2）前掲註1に同じ
3）小畑弘己『種をまく縄文人』歴史文化ライブラリー416，吉川古文館，2016
4）福永将大『東と西の縄文社会—縄文後期社会構造の研究—』雄山閣，2020
5）宮本一夫「縄文晩期農耕論をめぐって—レプリカ調査の結果を受けて—」『季刊考古学・別冊40 縄文時代の終焉』2023
6）宮本一夫「弥生時代開始期の実年代再論」『考古学雑誌』100—2，2018
宮本一夫「弥生時代の始まりと実年代」『日本考古学協会2022年度福岡大会研究発表資料集』日本考古学協会2022年度福岡大会実行委員会，2022
7）宮本一夫『東北アジアの初期農耕と弥生の起源』同成社，2017
8）宮本一夫『東アジア青銅器時代の研究』雄山閣，2020
9）宮本一夫『東アジア初期鉄器時代の研究』雄山閣，2023。
10）前掲註9に同じ
11）谷澤亜里『玉からみた古墳時代の開始と社会変革』同成社，2020
12）辻田淳一郎『鏡の古代史』角川選書630，2019
13）前掲註9に同じ
14）坂上康俊「庚寅年銘鉄刀の背景となる暦について」『元岡・桑原遺跡群第22—第56次調査の報告1—』福岡市埋蔵文化財調査報告1210，2013

九州縄文文化の始まり
―福井洞窟―

柳田 裕三 佐世保市教育委員会
YANAGITA Yuzo

1960 年代の福井洞窟の発掘調査は旧石器文化から縄文文化への発展過程，縄文文化の幕開けを解き明かす上で大きな役割を果たした。すなわち，旧石器時代の細石器単純層の上位に細石器と縄文土器が共伴する包含層を検出し，移行期の変化を物質文化として確認した。さらに，出現期土器を隆起線文土器から爪形文土器と層位的に確認したことにより，型式学的変遷を明確にしただけでなく，導入間もない放射性炭素年代測定を行い，縄文土器の出現期を約 12,700～12,400 年前と理化学年代で捉え，当時世界最古級の年代として縄文文化が世界に注目されることとなった。

半世紀後の 2013 年からの再発掘調査では進展した自然科学と考古学の学際的調査により更新世から完新世への，旧石器文化から縄文文化に至る過程がさらに鮮明となった。さらに，過去の調査資料も近年報告されている[1)]。保護され続けた史跡福井洞窟がもたらした縄文文化の始まりとは何であったのか，最前線の研究成果と派生する諸問題について考察する。

1 旧石器時代の終末

九州旧石器時代終末期は細石刃文化である。その出現年代は福井洞窟の層位的成果から約 19,000 年前（福井洞窟 13 層）である。主体となる細石刃石器群は位牌塔型（広義の野岳型）細石刃核の製作技法であり，その源流は，まだ未解明な部分が多い[2)]。細石刃石器群の層位的変遷は，13・12 層：位牌塔型（広義の野岳型）―4 層：船野型―3 層・2 層：福井型と移り変わり，約 16,000 年前の福井型細石刃核と土器が共伴することから，4 層の船野型細石刃核の石器群までが旧石器文化とする考えが一般的ではある。野岳型と船野型の併行関係を認める意見や野岳型以前に別型式が存在する意見もあるが[3)]，九州における型式変遷としておおむね見解が一致する。また，細石刃文化期の中にナイフ形石器文化が残存する可能性も以前から指摘されており，7-9 層の小石刃石器群の解明がその鍵といえる[4)]。九州では神子柴文化を彷彿させる尖頭器や局部磨製石斧などの石器群が出土する遺跡もあるが時期が旧石器時代終末期か縄文時代草創期か明確でなく，東日本の神子柴文化との関係は依然として課題の一つである。

2 九州縄文文化の始まりと福井洞窟

先述のとおり，縄文土器の出現をもって縄文文化のはじまりと捉えた場合，福井洞窟では 4 層と 3c 層の層理面がその境界にあたる。その年代は約 16,000 年と捉えられる[5)]。3c 層からは隆起線文土器・無文土器からなる土器，福井型細石刃核を主体とする細石刃石器群，さらに 4 層から続く安山岩製の分割剥片から片面加工のスクレイパーなどが見られる。植物ケイ酸体分析ではミヤコザサ節が卓越し，寒冷期の様相を示す。この寒冷乾燥で生育する植生は，動物相とも相関しており，焼骨分析の結果からは大形ではなく中形の動物相が想定されている[6)]。

こうした植生や渓谷地形に生息する動物相から福井洞窟では鹿猪猟が継続的に行なわれたと推測される。寒冷期の皮革需要や動物相に適応した狩猟活動の移動サイクルが長期滞在を継続させ，土器の出現による適応活動が生み出された可能性も想像される。

3 西北九州縄文時代草創期編年

更新世から完新世（11,650 calBP）の移行期における西北九州の様相について考察する。当該期の遺跡は大原D14区Ⅲa層SC003（10,840±70^{14}C BP-10,880±110^{14}C BP）などの無文・条痕文土器期の竪穴住居を除き，洞穴や崖下地形を居住区域として利用し回帰的行動を行っている点は西北九州の特性である。西九州では細石刃文化期～土器出現期，北九州では条痕文土器期以後に遺跡が点在する。

西北九州の各遺跡の事例を整理すると，様式レベルではあるが細石刃石器群（位牌塔型・茶園型→小石刃→船野型→福井型（10層類型→8層類型→粗い側面調整の細石刃核）→槍先形尖頭器・石鏃と土器様式（豆粒文→隆起線文→爪形文→押引文→（+）→無文・条痕文→刺突文→撚糸文）と捉えられる（図1）。近年，泉福寺洞窟の^{14}C年代測定も層位的に分析され，さらに重層的に理化学年代が検証されている。本分析では，隆起線文期の10～7層が12,945～12,525^{14}C BP（15,400～14,900 calBP）爪形文土器期の6層が12,590～12,435^{14}C BP（15,100～14,270 calBP），押引文期の5層が12,500～12,100^{14}C BP（15,150～13,810 calBP）に集中し，6層と5層は近い年代を示す一方，4層下部の無文・条痕文土器期が11,000^{14}C BP（12,900 calBP）前後であった。

細石刃文化の終焉は押引文土器期であり，石鏃は爪形文土器期後半には出現している。両土器群の関係も今後の課題であろう。石鏃は基部や脚部の形態が時期ごとに変化し，撚糸文土器期に磨製石鏃が盛行する。スクレイパーは時期別に掻器・削器の増減が明確である。とくに，条痕文土器期には安山岩から漆黒系黒曜石（腰岳・松浦産）に石材利用の主体が転換される。形態は小形エンドスクレイパーが多く見られる。撚糸文土器期には安山岩製の削器が盛興する。この移行期のスクレイパー形態の変化の要因については，寒暖の環境変化と生業活動の関係性が推察されている[7]。

こうした理化学年代に基づく層位的型式学的な変化は南九州の火山灰編年との比較研究が有効である。南九州では薩摩火山灰降下（12,800 CalBP）前の隆帯文土器期～無文土器期と降下後の貝殻文円筒形土器期に遺跡数が増加し，集落遺跡が見られる。これらの遺跡については西北九州との比較研究が進められている[8]。

爪形文・押引文土器期では共通する文様属性や土器の分布状況，石鏃の出現や西北九州石材の利用から隆帯文土器群における南北の集団接触や技術の波及が考えられる。宮崎市清武上猪原（きよたけかみいのはる）遺跡第5地区Ⅳ層出土の押引文土器は泉福寺5層や雲仙市小ヶ倉A遺跡の押引文土器と文様施文や器壁など製作技法に共通性が高い。年代測定の結果は300～500年程度違うが，同層には南九州爪形文土器や隆帯文土器が大量に出土しており，南北九州の並行関係や伝播の在り方を探る資料といえる。また大分県森の木遺跡では竹菅状の刺突文を施す隆帯文土器が主体的に出土している。隆帯文土器期の終末期に位置付けられており，東南部九州に広く分布する。今後，これらの土器群と西北九州の爪形文・押引文土器群との検討を進めることが並行関係を探る手掛かりとなろう。

無文・条痕文土器期では，西北九州（岩下Ⅸ層・大原D14区）と南九州（建昌城跡）で土器型式やスクレイパーの形態に共通性が見られる。当該期は寒冷（ヤンガードリアス）期にあたる。その後，南九州では貝殻文円筒形土器様式へ，北部九州では撚糸文土器様式へ移行し，両者は明確な文化圏を形成する。当該期は完新世にあたる。西北九州と他地域との文化的接触の状況は明らかでないが，撚糸文土器様式の松木田式や刺突文土器様式の政所式の^{14}C年代値から貝殻文円筒形土器様式前半期（加栗山式か）が並行期と考えられる。

4　環境変動と縄文文化

現状では当該移行期の九州南北における遺跡分布の偏在性や石器組成は環境変動と連動していることが指摘されている。つまり，西北九州においては寒冷期の遺跡の実態が明確であり，温暖期には南九州の隆帯文期のような集落遺跡は見られない。言い換えれば，西北九州では縄文時代草創期においても，旧石器時代終末期からの狩猟形態が継続されていたと考えられる。すなわち，寒冷期の動植物相と旧石器的な狩猟採集活動との連動性

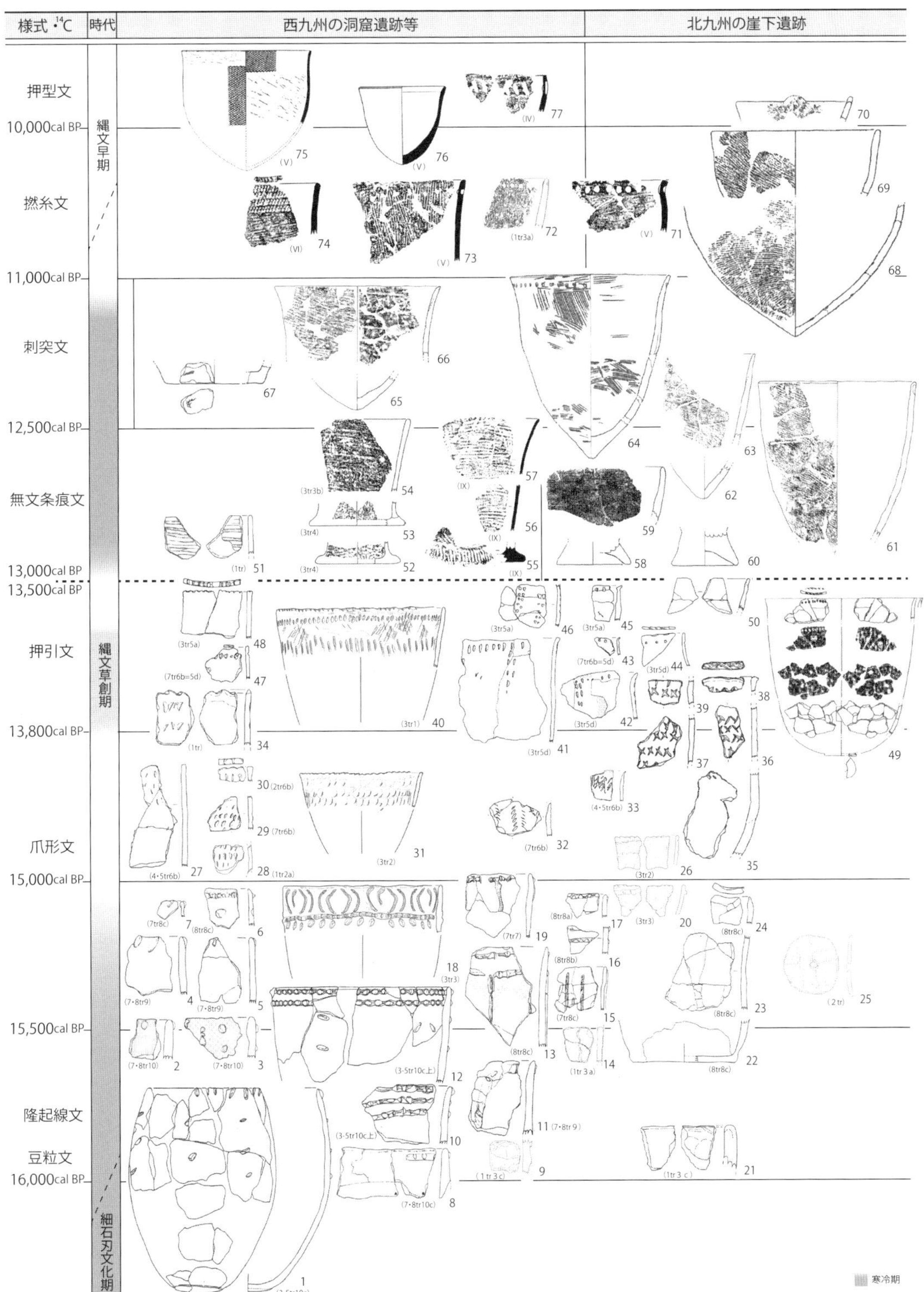

泉福寺洞窟（豆粒文 1 ～ 7、隆起線文 8 ・10・11 ～ 13・15 ～ 17・19・20、無文 22 ～ 24、爪形文 27・29・30・32・33、押引文 41 ～ 48、条痕文 55 ～ 57、刺突文 72）、福井洞窟（隆起線文 9・14・18・20、無文 21、有孔円盤形土製品 25、爪形文 26・28・31・32、押引文 40、条痕文 50）、小ヶ倉 A 遺跡（49）、伊古遺跡（50）岩下洞穴（条痕文 52 ～ 54、条痕刺突文 73、刺突文 71・77、政所式 74、押型文 75・76）、大原 D 遺跡 14 区（II 層条痕文 58 ～ 60）15-3 区（刺突文 64、無文 67）、元岡第 58 次（IV層条痕刺突文 61、条痕文 65・66、III③～IV層撚糸文 65・66）、松木田遺跡（68 ～ 70）

図 1　西北九州における縄文時代草創期土器群（註 8 より）

表１　西北九州からみた更新世から完新世移行期（註８より）

	calBP	時代	様式	型式	九州西部	九州北部	他地域	西北九州の石器技術	南九州地域の火山灰
完新世	9,000	縄文時代早期							
	10,000		押型文土器	川原田式・稲荷山式	岩下Ⅴ		下剥峯		
	11,000		撚糸文土器	松木田式・政所式	岩下Ⅵ	松木田3次	加栗山		桜島13火山灰 (Sz-13) 10,600
更新世	12,000	縄文時代草創期		(+)		元岡58次Ⅲ・Ⅳ	前平 二日市Ⅷ・岩本？	福井・西海技法	
			刺突文土器	大原D15式	岩下Ⅷ	大原D15-3区	二日市Ⅸ・水迫？	石鏃	薩摩火山灰 (Sz-s) 12,800
	13,000		無文・条痕文土器	大原D14式	泉福寺4・岩下Ⅸ	大原D14区Ⅲ	建昌城跡		
	14,000		(+) 押引文土器	(+) 押引文・福井型	伊古 泉福寺5・小ヶ倉A		森ノ木 塚原・堂地西 奥ノ仁田		
	15,000		爪形文土器	爪型文・福井型	直谷2 泉福寺6・福井2		高畑乙ノ原・河陽F 枦掘・横井竹山	船野技法	
	16,000		隆起線文土器 豆粒文土器	隆起線文・泉8層類型 豆粒文・泉10層類型	泉福寺8・福井3a 泉福寺10・福井3c		下原・加治屋園		
	17,000	旧石器時代細石刃文化期		船野型 小石刃	福井4 福井7－9		松山	野岳技法	小林軽石 Kr-k 17,000
	18,000			位牌塔・茶園型	福井12		河原第3・亀石山		
	19,000		細石刃石器群	位牌塔・茶園型 (+)	福井13・茶園Ⅴ			細石刃技術	

;寒冷期

が高く，寒冷期においても集団の生存率を保っていた可能性が高い。そのことが細石刃を主体とする狩猟具の残存年数の長さや石鏃の出現時期，洞窟という遺跡立地として現れているのではないだろうか。つまり，生態系に応じた適応戦略が狩猟方法としての石器組成（技術形態）に残されている可能性が高いといえる。それは，狩猟方法を転換するというよりは狩猟方法の幅を広げることで環境変動に対する適応範囲を広げたと考えられる。

註

1）　鹿又喜隆ほか『九州地方における洞穴遺跡の研究―長崎県福井洞穴３次調査報告書―』東北大学総合博物館研究紀要 14，2015。富岡直人・徳澤啓一・柳田裕三編『長崎県佐世保市 福井洞窟資料図譜』岡山理科大学博物館学芸員課程・佐世保市教育委員会，2023 ほか

2）　芝康次郎『九州における細石刃石器群の研究』，六一書房，2011。萩原博文・柳田裕三「南北九州の細石刃石器群と気候変動」『遺跡学研究の地平―吉留秀敏氏追悼論文集―』吉留秀敏氏追悼論文集刊行会，2020

3）　橘　昌信・多田　仁「西南日本における船野型細石刃石器群の形成と展開」『明治大学博物館研究報告』18，2012 ほか

4）　宮田栄二「細石刃文化期の細石刃を制作しない集団―仁田尾第Ⅱ文化層と福井洞窟 7～9 層石器群の検討―」『吉留秀敏氏追悼論文集』吉留秀敏氏追悼論文集刊行会，2020。高倉　純「長崎県佐世保市福井洞窟出土石器群における剝離方法の同定」『旧石器研究』14，日本旧石器学会，2018，pp.103 - 120

5）　米田　穣ほか「長崎県佐世保市福井洞穴における土器出現年代の評価」『日本第四紀学会講演要旨集』2017，pp.98。工藤雄一郎・柳田裕三・米田穣「放射性炭素年代測定による北九州の縄文時代草創期土器群の暦年代―長崎県泉福寺洞窟を例に―」『文化財科学』84，2022，pp.17 - 35

6）　澤田純明ほか「Spring - 8 の X 線 CT を利用した福井洞窟出土旧石器時代焼骨片の種同定」『第 74 回日本人類学会』発表資料，2020

7）　萩原博文「西北九州と大隅半島北部の晩氷期堆積土と遺物：気候変動とスクレーパー類」『日本考古学』50，日本考古学協会，2020，pp27 - 38

8）　柳田裕三「西北九州の洞穴遺跡からみた更新世から完新世移行期の素描」『九州旧石器第 21 号』九州旧石器文化研究会，2018 ほか

南部九州における縄文時代草創期土器編年とイベント・気候変動に関する研究展望

桒畑 光博　九州大学比較社会文化研究院
KUWAHATA Mitsuhiro

はじめに

南部九州の縄文時代草創期研究は，1980年代の終わりから1990年代にかけて，桜島火山を噴出源とする桜島薩摩テフラ[1]（以下，Sz-S）の下位から，隆帯文土器と呼ばれる特徴的な土器群や石器群に加え各種遺構がまとまって検出される事例が相次ぎ，それらの資料群の編年と評価について積極的な研究が取り組まれた[2]。同時に当該期の遺跡分布状況の解釈に基づいて，Sz-S噴火のインパクトによる災害史的な検討もなされている[3]。その後も資料の蓄積が進むとともにさらなる調査研究や議論が進展する中で，隆帯文土器の編年的位置付けや他地域との併行関係など，現時点で明確になってきたことと今後究明していくべき課題も浮き彫りにされている[4]。　本稿では，隆帯文土器をはじめとする南部九州の縄文時代草創期土器群の編年研究をレビューしつつ，当該期における火山噴火イベントと環境変動とも絡めながら若干の私見を述べたい。

1　南部九州の縄文時代草創期土器編年の現状

南部九州の隆帯文土器の位置付けに関しては，近年の^{14}C年代測定の高精度化と土器付着炭化物の年代測定例の増加によって，南部九州の隆帯文土器の大半は較正年代14,000～13,000年前とされ，北部九州において細石刃石器群と共伴する隆起線文土器～爪形文土器（較正年代16,000～14,000年前）と一部重なるか後出する可能性が高い[5]。

他方，隆帯文土器に先行する段階については，細石刃石器群と同一層で出土する土器が報告されているが，出土点数が少なく多くが小片であり，型式学的特徴もはっきりしない。鹿児島県山口遺跡，同県横井竹ノ山遺跡，同県仁田尾（にたお）遺跡，同県桐木遺跡，同県西丸尾遺跡，宮崎県軍神原遺跡の無文土器，鹿児島県加治屋園遺跡の粘土紐貼付文土器等々，これらは土器付着炭化物の^{14}C年代測定例がないこともあって明確な位置付けは躊躇されるものの，隆帯文土器群に先行する資料群として認識されており，北部九州の隆起線文土器や爪形文土器との併行関係も指摘されている[6]。また，事例は少ないものの間隔をあけて比較的細い刻目隆線文をめぐらす土器を抽出して，隆帯文土器よりも古く位置付ける見解も示されている[7]。これらとは別に，地理的に熊本県側に近い，鹿児島県上場（うわば）遺跡や宮崎県阿蘇原上（あそはらうえ）遺跡で出土した爪形文土器は，北部九州や本州のそれと同じカテゴリーでとらえられている[8]。

上記の爪形文土器とは別に，「南九州型の爪形文土器」[9]と呼ばれる，口縁部に数段の爪形文を集約施文した土器があるが，この類型は現状では宮崎平野部と球磨川上流域といった南部九州東岸と内陸側のみに分布している。その位置づけを隆帯文土器期後半における地域的なヴァリエーションの一つとする案[10]や隆帯文土器に後続させて単独一時期とする見方[11]があるが，この手法の爪形文が押圧刻みをもつ隆帯文と同一個体上で共存する事例が確認されることから，隆帯文土器の比較的古段階に併行する資料として位置付ける案[12]を支持しておきたい。

南部九州の隆帯文土器群の細別編年案は，南部九州内での単系統の変遷案[13]と小地域ごとに分けて考える複数系統案[14]があるが，当該期における定着的居住形態の進行[15]を勘案すると，南部九州内での小地域差が現出していた可能性が高い。

各小地域内における文様と形態の変異は極めて

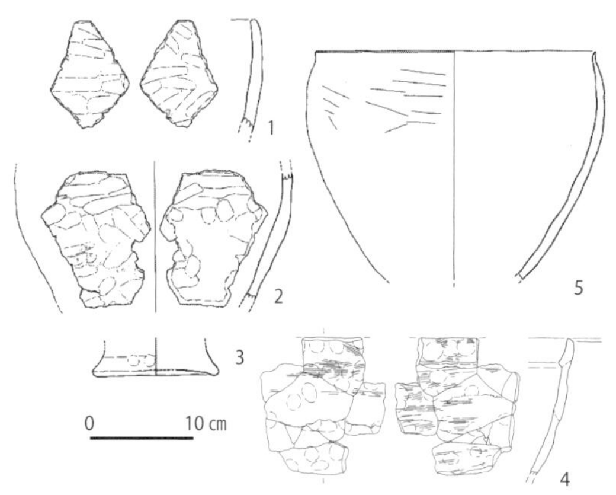

図1 南部九州縄文時代草創期後半の無文土器
（各報告書より転載）
1〜3：建昌城跡　4：西多羅ヶ迫遺跡　5：上猪ノ原遺跡

近縁性が高く，各変異が各地で併存しつつ漸進的に変遷したと推察される。

隆帯文土器の次の段階の土器については，鹿児島県建昌城跡のSz-S下位出土，同県西多羅ヶ迫遺跡のSz-S層準出土，宮崎県上猪ノ原遺跡第5地区土坑（SC313）出土の無文土器をあげることができる（図1）。これらの無文土器は遺跡ごとの変異が認められ，東日本〜西日本との関係性も指摘される[16]。Sz-S前に出現していることが確実で，これまでに提示された較正年代（13,100〜12,570年前）[17]もSz-S直前かその前後の幅でとらえられる。

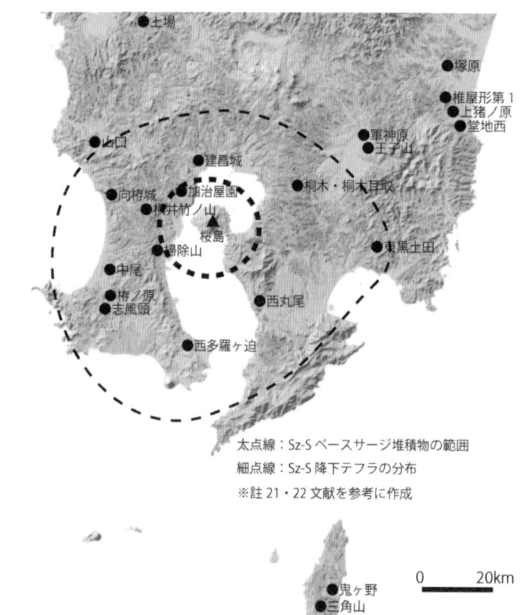

図2 南部九州における縄文時代草創期の主要遺跡と桜島薩摩テフラの分布

一方，Sz-S上位から出土することが確実な貝殻文円筒形土器群最古段階の岩本式土器に対し，その祖型とみられる水迫式土器は，標式遺跡において比較的ルーズな堆積を示すSz-Sの上下で出土するとされた[18]が，同式土器はSz-S上位に位置することが確定的である（鹿児島県建昌城跡・上川路山遺跡例）とともに，上記の無文土器群とは型式学的な違いも大きく[19]，その関係性の追究が課題である。ともかく，隆帯文土器はSz-S噴火前に無文土器へと交代していたとみられる。

2　Sz-S噴火の影響に関する議論

Sz-S噴火は較正年代で約12,800年前に起こったと推定され[20]，桜島火山噴火史上最大規模とされている[21]。多数のメンバーからなるこのときの降下テフラは，噴出源を中心として同心円状に半径約60㎞以上の範囲に分布し（図2），高温高速の横殴り噴煙によるベースサージ堆積物は，噴出源から半径約15㎞以内に分布している[22]。

この噴火が当時の縄文文化に与えた影響に関しては，南九州型爪形文土器を隆帯文土器の後に位置付けるという前提に立った上で，この類型が鹿児島県内において出土せず，宮崎県南部や熊本県南部において出土するという分布状況，すなわち噴出源である桜島の周縁一帯には存在しない現象の解釈として，Sz-Sの降下によって，鹿児島県本土地域の隆帯文土器文化が打撃を受けて，居住できない環境となり，その後の生態系の回復後に，貝殻文円筒形土器文化が展開するという説[23]が提示されている。これに対し，筆者はこの説の成立には隆帯文土器後半段階の編年を確定することとSz-Sとの詳細な時間的関係を明らかにすることが条件であると指摘していた[24]。先述したように，Sz-S降下時の土器型式は隆帯文土器や南九州型爪形文土器ではなく，無文土器の可能性が高く，上記の説は再検討を要する。

Sz-S噴火が当時の自然環境に与えた影響に

ついて目を向けると，鹿児島市付近においては，Sz-Sのベースサージ堆積物中から炭化した樹木が検出されており[25]，植生への甚大な影響が看取される。また，ベースサージ堆積物含む層厚約2mを測る同テフラが確認された鹿児島県脇田亀ヶ原遺跡（鹿児島大学構内遺跡桜ヶ丘団地）における植物珪酸体分析[26]によれば，テフラ堆積直後，一帯の植生がススキ草原一色に激変したことも示唆される。他方で同テフラの降下テフラ層厚十数cm～数十cmのエリアにおける複数遺跡の植物珪酸体分析の結果[27]を見るかぎり，テフラ降下による植生へのさほど大きな影響は看取されない。さらなるデータの蓄積と時間分解能の高い証拠が必要とされるが，Sz-S噴火災害の評価を行うに際し，火山災害エリア区分論[28]に基づく資料の解釈が必要であると考える。すなわち火山災害が火山からの距離や災害因子の種類によって異なるということを踏まえて，より危険度が高いベースサージのインパクトを受けた地域と降下テフラを被っただけの大半の地域とは区別して考える必要があろう。

Sz-S降下時における南部九州の土器型式は，先述した一連の無文土器と思われるが，残念ながらSz-S降下後の当該土器群の足取りをつかむことのできる資料は断片的であり，現時点ではSz-S噴火災害の実態や地域差を復元することもかなわない。現状の資料を俯瞰したときに，その後再び竪穴建物などが構築される定着的な集落形成が確認されるのは，それから約千年を経過した，貝殻文円筒形土器の段階を待たねばならず，その間人類活動が希薄な期間（較正年代12,700～11,600年前）の存在が指摘されている[29]。Sz-S噴火による局地的で一時的な影響は想定されようが，無文土器文化がそれによって壊滅し，南部九州一帯が長期にわたって無人化したとするのは早計だろう。今後の資料の発見を注視していきたい。

3　晩氷期の気候変動と南部九州の遺跡動態

当該期の気候変動に目を転じると，水月湖のSG06コアの晩氷期から完新世初期（較正年代16,700～10,200年前）の花粉ダイヤグラムと復元気温の解析結果[30]によれば，較正年代14,700～12,800年前（晩氷期亜間氷期）は，比較的温暖な時代であり，この時期の後半にゆるやかな温度上昇が看取されるという。続く，較正年代12,800～11,600年前（晩氷期亜氷期）には，ブナ属の顕著な増加と復元気温の低下が看取され，この時期が北欧のヤンガー・ドリアス期に比定されるという。またこの時期のブナ属花粉の比率と復元気温は特徴的に不安定な変動が認められ，数十年スケールの変動性が高い状態，つまり気候が不安定な環境が続いていると指摘される。その後，較正年代約11,600年前以降はブナ属が急減し，相対的に温暖で安定した気候が推定されている。

上記の晩氷期亜間氷期に重なる南部九州の隆帯文土器期（較正年代14,000～13,000年前）において，土器の大量製作と消費，植生の発達に呼応した堅果類など加工具の磨敲石・石皿類に比重を置いた石器組成，竪穴建物・集石遺構・配石炉・炉穴など定着的で多様な遺構形成が確認される。次の無文土器期に関しても，建昌城跡の事例を参照すると，集落の反復利用や回帰的居住様相が継続しているようである。その後，偶然にもSz-S噴火イベントの前後に始まった晩氷期亜氷期において集落様相が不明瞭となる現象については，今後の資料の発見と慎重な検討を要するが，数十年スケールで気候の不安定な状況が続く中，これまでの比較的安定した環境のもとで続けられていた集約的な生業戦略や資源利用が変更を迫られ，定着的な生活が困難となり，移動性の高い生活にシフトしたからではないかと推察する。

その後の温暖化と安定した気候の中で，一連の貝殻文円筒形土器群の段階（較正年代約11,600年前以降）において，定着性が高く，植物質食料に依存する生活様式が再開されたと考えられる。

註

1)　町田　洋・新井房夫『新編火山灰アトラス－日本列島とその周辺』東京大学出版会，2003

2)　雨宮瑞生「温帯森林の初期定住―縄文時代初頭の南九州をとりあげて―」『古文化談叢』30

（下），1993，pp.987 - 1027，新東晃一「南九州の縄文草創期・早期の特色」『月刊考古学ジャーナル』378，1994，pp.2 - 6 など
3）　新東晃一「薩摩火山灰と縄文草創期文化の動態」『人類史研究』9，1997，pp.95 - 103
4）　九州縄文研究会宮崎大会事務局 編『第 29 回九州縄文研究会宮崎大会「九州における縄文時代草創期研究の到達点―各地の定住生活の様相―」発表要旨・資料集』2019
5）　工藤雄一郎「王子山遺跡の炭化植物遺体と南九州の縄文時代草創期土器群の年代」『国立歴史民俗博物館研究報告』196，2015，pp.5 - 22
6）　立神倫史「縄紋時代草創期から早期における研究現状と課題」『鹿児島考古』50，2021，pp.57 - 64
7）　児玉健一郎「南九州隆帯文・爪形文系土器」小林達雄 編『総覧縄文土器』アムプロモ―ション，2008，pp.28 - 33。秋成雅博「宮崎県清武上猪ノ原遺跡の縄文時代草創期の調査」九州縄文研究会宮崎大会事務局 編『第 29 回九州縄文研究会宮崎大会「九州における縄文時代草創期研究の到達点―各地の定住生活の様相―」発表要旨・資料集』2019，pp.80 - 99
8）　甲斐貴充・松本　茂「第Ⅲ章まとめ，2 縄文時代草創期」『阿蘇原上遺跡』宮崎県埋蔵文化財センター発掘調査報告書 71，宮崎県埋蔵文化財センター，2003，pp.55 - 59，今村結記「東南九州の縄文時代草創期土器」『九州旧石器』21，2018，pp.5 - 16 など
9）　前掲註 7（児玉 2008）に同じ
10）　雨宮瑞生「南九州縄文時代草創期土器編年―太めの隆帯文土器群から貝殻文円筒形土器への変遷―」『南九州縄文通信』8，1994，pp.1 - 12，
11）　前掲註 3 に同じ
12）　前掲註 7（秋成 2019）に同じ
13）　前掲註 10（雨宮 1994），前掲註 7（児玉 2008）
14）　村上　昇「日本列島西部における縄文時代草創期土器編年 − 南九州地域を中心に − 」『日本考古学』24，pp.1 - 20。前掲註 8（今村 2018）。幸泉満夫「南九州草創期土器群の小地域差弁別に基づく定住化と地縁的集団社会形成過程の解明に向けた基礎的考察」『宮崎考古』30，2020，pp.1 - 17
15）　森先一貴「晩氷期変動と生活構造の変化」『季刊考古学』132，2015，pp.51 - 54
16）　今村結記「南九州における縄文時代草創期の無文土器の基礎的研究」『地域考古学研究の可能性Ⅱ中摩浩太郎さん退職記念論集』指宿市考古博物館時遊館 COCCO はしむれ記念論集刊行会，2022，pp.13 - 26
17）　前掲註 5，および立神倫史・小林謙一「鹿児島県における縄紋時代草創期～早期の年代測定事例―土器付着炭化物を中心に―」『縄文の森から』11，2019，pp.1 - 32
18）下山　覚・鎌田洋昭「水迫式土器の設定―南部九州の隆帯文土器から貝殻文円筒形土器への土器型式の変化について―」『第 6 回企画展示「ドキどき縄文さきがけ展」図録』指宿市教育委員会，1999，pp.11 - 32
19）　前掲註 16 に同じ
20）　奥野　充「南九州に分布する最近約 3 万年間のテフラの年代学的研究」『第四紀研究』41―4，2002，pp.225 - 236
21）　小林哲夫「桜島火山の形成史と火砕流」『文部省科学研究費自然災害特別研究，計画研究成果報告書：火山噴火に伴う乾燥粉体流（火砕流等）の特質と災害（課題番号 A - 61 - 1，代表者：荒牧重雄）』1986，pp.137 - 163，小林哲夫・溜池俊彦「桜島火山の噴火史と火山災害の歴史」『第四紀研究』41―4，2002，pp.269 - 278
22）　森脇　広「更新世末の桜島の大噴火に関する研究―薩摩軽石層の噴火と経過と様式―」『鹿児島大学南科研資料センター報告特別号』3，1990，pp.40 - 47
23）　前掲註 3 に同じ
24）　桒畑光博『超巨大噴火が人類に与えた影響―西南日本で起こった鬼界アカホヤ噴火を中心として―』雄山閣，2016
25）　前掲註 21 に同じ
26）　藤原宏志「鹿児島大学構内遺跡（郡元および桜ヶ丘）におけるプラント・オパール分析」『鹿児島大学埋蔵文化財調査報告書』2，2006，pp.36 - 39
27）　杉山真二「植物珪酸体分析からみた最終氷期以降の九州南部における照葉樹林発達史」『第四紀研究』38―2，1999，pp.109 - 123. ほか
28）　前掲註 24 に同じ
29）　前掲註 5，および前掲註 17（立神・小林 2019）に同じ
30）　中川毅「水月湖年縞堆積物の花粉分析と精密対比によって復元された，晩氷期から完新世初期にかけての気候変動の時空間構造―その古気候学的および考古学的意義―」『第四紀研究』62―1，2023，pp.1 - 31

九州縄文時代における大規模集落遺跡の出現
—アミダ遺跡における生業戦略—

福永 将大　九州大学総合研究博物館
FUKUNAGA Masahiro

1　研究の現状と課題

縄文時代後期後半の九州では，大規模な集落遺跡が出現する。竪穴住居跡が数十棟以上見つかることもあり，東日本に比べて縄文時代の遺跡数や住居跡数が少ない九州では，極めて画期的な現象である。同時期に植物栽培活動との関連が指摘される打製石斧が増加することから，「植物栽培活動の盛行→食料の安定→人口の増加→集落の大規模化」という論理で説明がなされてきた[1]。近年，植物考古学における研究成果の蓄積が著しく，当該期における植物栽培活動の存在が明らかにされつつある[2]。これらの研究成果は，先述した大規模集落遺跡出現に対する説明を補強するものといえよう。

しかし，植物栽培活動が当時の生業の中でどれだけの比重を占めていたのかについては，見解の一致を見ていない。植物栽培活動が生業の主体を占めていたのか，あるいは，狩猟，漁撈，採集を含む多様な生業の中の一部にすぎないのかによって，まったくイメージが異なったものになる。また，九州の当該期研究では，植物栽培用具の存在が注目・重要視され，狩猟・漁撈・採集に関する研究が相対的に低調であることも問題である。

こうした問題意識のもと，本研究では，福岡県嘉麻（かま）市所在のアミダ遺跡[3]から出土した石器を分析対象とし，狩猟，漁撈，採集，植物栽培といった諸活動を示唆する石器の構成や組成比の検討を通して，当該期における生業の実態について考察する。九州における大規模集落遺跡の代名詞とも言えるアミダ遺跡は，先学でも度々分析対象とされてきた遺跡である[4]。集落として機能した時期は，松丸式～広田式までの縄文時代後期後半であり[5]，他時期の遺物の混入は極めて少ない。筆者は2020年度から，嘉麻市教育委員会のご協力を得て，アミダ遺跡出土資料の悉皆的調査を実施している。本稿では，その調査成果のうち，石器に関する検討結果の一部について報告したい。

2　アミダ遺跡出土石器の分析

図1は，アミダ遺跡で出土している石器のおもな器種を抽出したものである。1～3は石鏃。石材は，西北九州産黒曜石・姫島産黒曜石・安山岩で，安山岩製の石鏃は少ない。2のように西北九州産黒曜石を素材とした剝片鏃が多数見られる。4・5は，西北九州産黒曜石の縦長剝片を用いた小形刃器である。側面を押圧剝離して，刃部を作り出している。最大長5cm程度と小形で，小動物や鳥類などの解体などに用いられたと推察される。6～8は打製石斧。形態にバリエーションがあり，6・8のように扁平なものや，7のようにやや厚みがあるものも存在する。6のように，刃部に対して垂直方向に多数の線状痕が認められるものも一定数存在する。9～12は磨製石斧。打製石斧以上に形態的なバリエーションが豊富で，磨製石斧と一括りにしているものの，機能差が存在することは想像に難くない。12のような大型品も一定数見られる。13・14は石錘。いわゆる打欠石錘で，重さ40g程度の小型品が多い。15・16は磨石・敲石。一つの個体内の表面に磨耗痕，側面に敲打痕が認められるものが一定数存在している。17は石皿。石皿・台石は，その多くが破片で出土しており，完形品は極めて少ない。

図1下部に各器種の出土点数とその組成比を示した[6]。「石器組成①」としたデータを見ると，打製石斧が259点（52%）ともっとも多く出土し

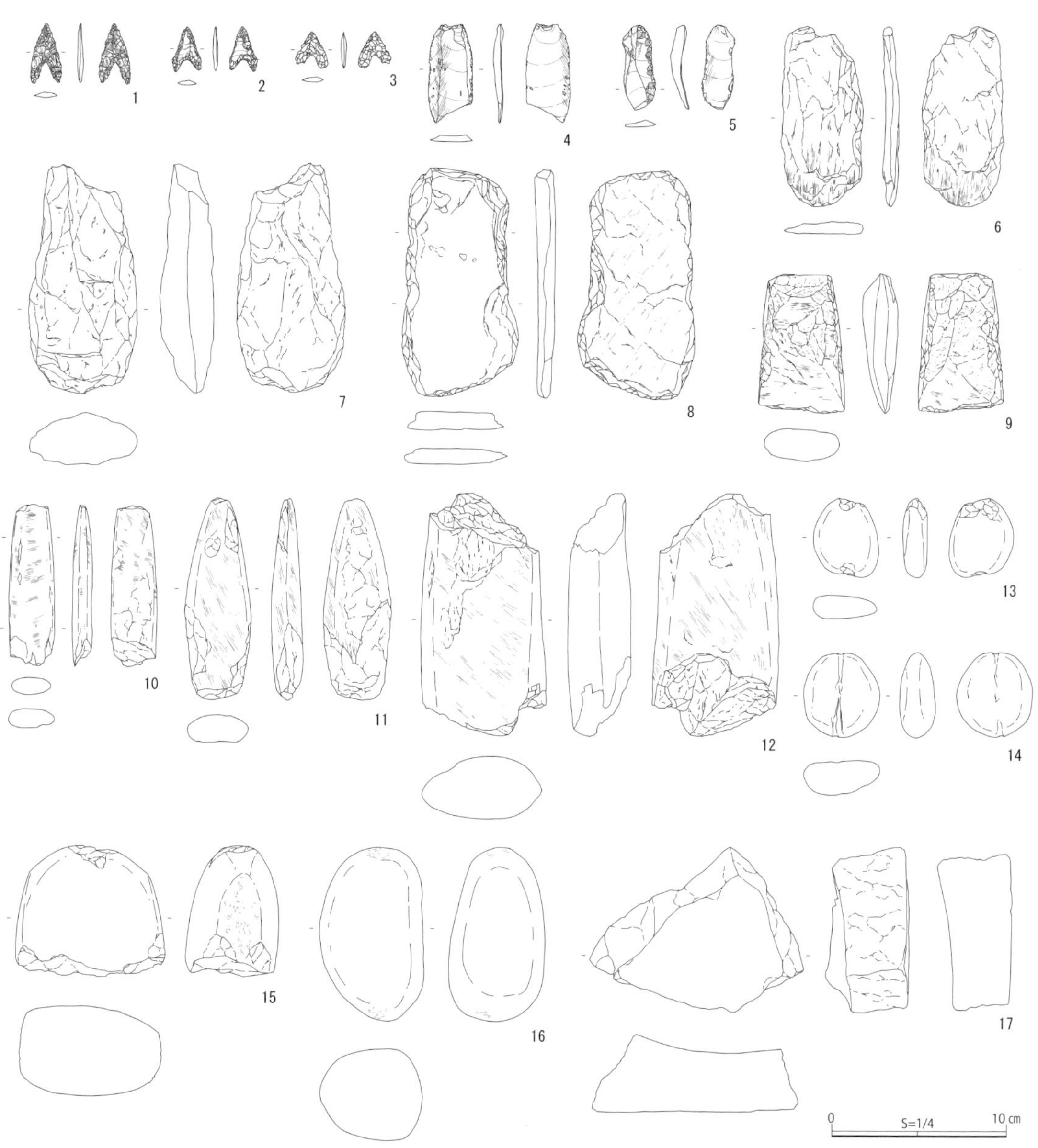

1～3：石鏃　4・5 小形刃器　6～8：打製石斧　9～12：磨製石斧　13・14：石錘　15・16：磨石・敲石　17：石皿

石器組成①	石鏃	小形刃器	打製石斧	磨製石斧	磨石・敲石	石皿・台石	石錘
	52	75	259	45	39	16	15
	〔10%〕	〔15%〕	〔52%〕	〔9%〕	〔8%〕	〔3%〕	〔3%〕

石器組成②	石鏃	小形刃器	打製石斧	磨製石斧	磨石・敲石	石皿・台石	石錘	使用痕剥片
	52	75	259	45	39	16	15	143
	〔8%〕	〔12%〕	〔40%〕	〔7%〕	〔6%〕	〔2%〕	〔2%〕	〔22%〕

図１　アミダ遺跡出土石器とその組成

ていることがわかる。打製石斧は土堀具と想定されており，根茎類の採集やマメ類の栽培などに用いられたことが指摘されてきた[7]。本データのみを見ると，アミダ遺跡では植物採集・栽培活動が主要な生業であったと評価しかねない。

しかし，アミダ遺跡からは1000点を超える黒曜石製の剝片が出土しており，そのうち二次加工剝片が28点，使用痕剝片が143点出土している。使用痕剝片は小型のものが多く，図2の小形刃器と同様の用途を想定することができる。この使用痕剝片143点を加えて組成比を示したものが「石器組成②」である。石鏃や小形刃器，そして使用痕剝片といった狩猟関係の石器は全体の42％になり，打製石斧（40％）を比率的には上回るようになる。

本来であれば，器種間における破損率の差異など様々なファクターを想定せねばならず，本データの解釈はより慎重を期す必要があることは言うまでもない。しかし，打製石斧以外にも，狩猟具や漁撈具，植物採集・加工具などが数量的に無視しえないほど出土していることは紛れもない事実である。大規模集落遺跡出現を考える上で，植物栽培活動の存在に過度に注視してきたこれまでの研究に対して再考を促す分析結果といえよう。

3　炭素・窒素安定同位体比分析

アミダ遺跡出土土器の内面付着炭化物の起源物質を推定するため，資料数は少ないものの，炭素・窒素安定同位体比の測定，ならびに，炭素含有量と窒素含有量を測定してC/N比を求めた（図2）[8]。

分析の結果，試料No.3・5はC_3堅果類に，試料No.4・6はC_3植物に由来する炭化物である可能性が高いことが判明した。C_3植物には，イネ・コムギ・ダイズ・樹木など多くの植物が含まれるため，具体的な利用植物の特定は不可能である。

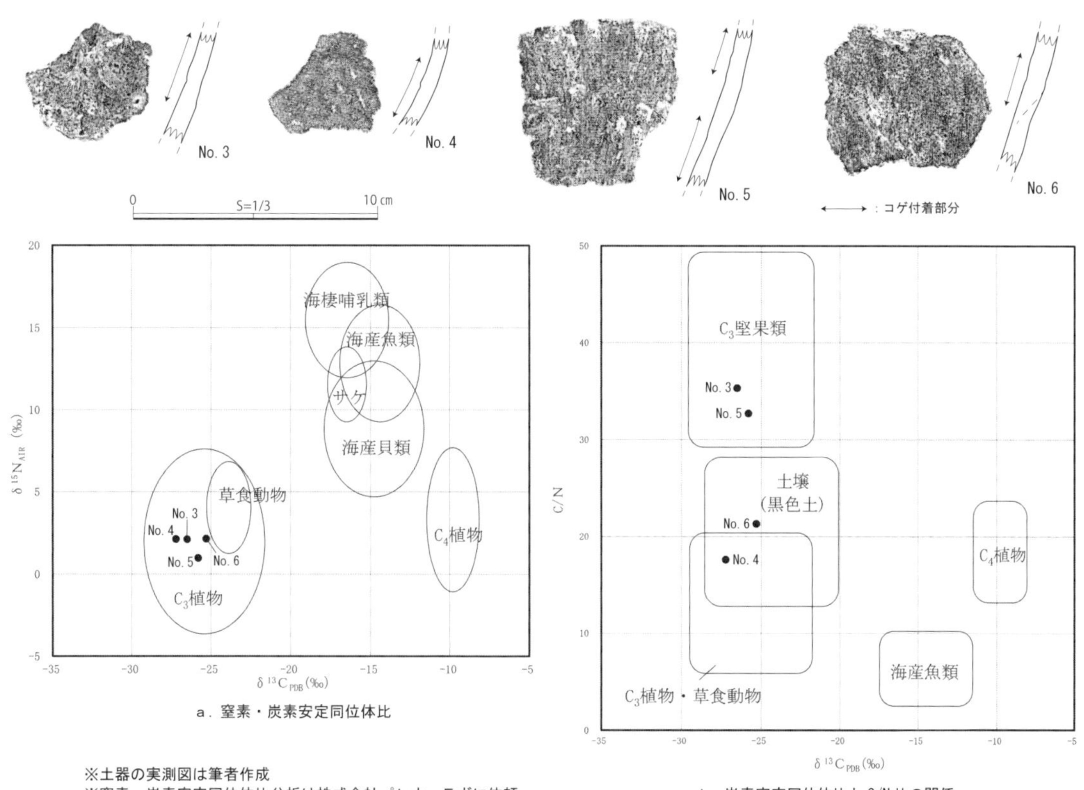

※土器の実測図は筆者作成
※窒素・炭素安定同位体比分析は株式会社パレオ・ラボに依頼

図2　アミダ遺跡出土土器付着炭化物の窒素・炭素同位体比分析

しかし，No.3・5が示すように，堅果類の利用を理化学的に示し得た点は成果といえる。

4　展望：「九州縄文後晩期農耕論」の再評価に向けて

これまで，縄文時代後期後半の九州における大規模集落遺跡の出現は，いわゆる「九州縄文後晩期農耕論」との絡みで議論されてきた[9)]。本研究のアミダ遺跡出土石器の検討でも，これまで植物栽培活動との関係も指摘されてきた打製石斧の多量出土を確認することができ，その点においては先学を追認する結果となった。

その一方で，狩猟，漁撈，植物採集といった諸活動を示唆する石器も一定数出土していることも確認した。植物栽培活動の存在や重要性をまったく否定するものではないが，それが生業の主体をなしていたかどうかについては，より慎重な議論が必要であろう。むしろ，大規模集落遺跡出現の背景を考える上で注目されるのは，アミダ遺跡の分析結果から窺えるように，狩猟，漁撈，植物採集，そして植物栽培といった複合的な活動により，集落周辺の多種多様な食料資源を積極的に利用している点である。こうした生業の評価・位置づけについては，前後の時期における遺跡の立地や生業の様態との比較検討を進めながら，議論を深めていかねばならない。いま一度，物質文化の考古学的検討から議論を立ち上げて，「九州縄文後晩期農耕論」の今日的な再評価が必要であると考える。

謝辞　本稿をなす上で，嘉麻市教育委員会の松浦宇哲・舌間悟両氏には，図面掲載許可を含め，多大なご協力とご指導をいただいた。深く感謝申し上げます。

なお，本研究はJSPS科研費JP20K13233の助成を受けたものです。

註

1）小林久雄「九州の縄文土器」『人類學・先史學講座』11，雄山閣，1939，pp.13-48。賀川光夫「日本石器時代の農耕問題」『歴史教育』16—4，歴史教育研究会，1968，pp.1-14。木村幾多郎・島津義明「九州考古学の諸問題 縄文時代後・晩期」『考古学研究』19—1，考古学研究会，1972，pp.19-31。山崎純男「西日本縄文農耕論」『第6回韓・日新石器時代共同学術大会発表資料集 韓・日新石器時代の農耕問題』（財）慶南文化財研究院，2005，pp.33-55

2）小畑弘己・佐々木由香・仙波靖子「土器圧痕からみた縄文時代後・晩期における九州のダイズ栽培」『植生史研究』15—2，日本植生史学会，2007，pp.97-114。小畑弘己『タネをまく縄文人 最新科学が覆す農耕の起源』歴史文化ライブラリー416，吉川弘文館，2016

3）福島日出海 編『嘉穂地区遺跡群Ⅶ アミダ遺跡』嘉穂町文化財調査報告書10，嘉穂町教育委員会，1989

4）矢野健一「西日本の縄文集落」『立命館大学考古学論集Ⅱ』立命館大学考古学論集刊行会，2001，pp.1-18。水ノ江和同「九州地方北部における縄文時代集落の諸様相」『第1回研究集会発表要旨 縄文時代集落研究の現段階』縄文時代文化研究会，2001，pp.589-604

5）福永将大「アミダ遺跡の基礎的研究」『九州考古学』96，九州考古学会，2021，pp.151-162

6）アミダ遺跡出土の石器に関しては，現在も整理・分析作業を継続中である。今回提示した数量データに関しては今後変更が生じる可能性があることを付記しておく。

7）渡辺　誠『京都府舞鶴市桑飼下遺跡発掘調査報告書』平安博物館，1975。前掲註2（小畑2016）など

8）分析とその結果の読み取りは，株式会社パレオ・ラボの山形秀樹氏・小林克也氏による。

9）前掲註1に同じ

クロム白雲母製玉類の製作
―熊本県菊池市・三万田東原遺跡の発掘調査から―

大坪 志子 熊本大学埋蔵文化財調査センター
OTSUBO YUKIKO

はじめに

縄文時代後・晩期に，クロム白雲母製玉が九州および西日本に広く分布することが判明して約20年になる[1・2]。以後，類例や出土遺跡は追加されたが，原産地や製作の実態は，不明であった。

2017～2019（平成29～令和元）年，筆者は上記の課題解決のために，科学研究費補助金を得て熊本県菊池市所在の三万田東原（みまんだひがしばる）遺跡の発掘調査を実施した。その結果，クロム白雲母・滑石を用いた玉の製作技術と道具に関して，新たな知見を得ることができた[3)]。

以下，発掘調査の概要およびその調査・研究成果を紹介する。

1　発掘調査の概要

遺跡の立地　藁科哲男が提示した「結晶片岩様緑色岩」の石材同定に利用した原石を筆者は三万田東原遺跡において表面採集した。そこで原石の存在から玉の製作遺跡である可能性が高いと判断し，発掘調査の対象とした。

2016年に試掘を，2017年からⅠ～Ⅲ地点の発掘調査を実施した。多量の土器が出土し，集落の主要部分と考えられたが，1968年～69年に実施された圃場整備によって当該範囲は大きく削平されたことを確認し，成果は得られなかった。玉の表面採集のスポットであり，また圃場整備が及ばなかったとされる台地の南西ヘりをⅣ地点として発掘調査を実施したところ，大きな成果を得ることができた。約120年前の地図（1901年大日本帝国陸地測量部測量，1914年修正・発行）では，舌状台地の頂部平坦部付近がⅠ～Ⅲ地点であり，Ⅳ地点は南側の緩やかな斜面上に位置する。

Ⅳ地点では，約4.5×9mのグリッドを設定し，そのうち1/4の範囲を掘削した。表土下，黒色土層（約30㎝），茶色土層（約50㎝）を掘削し，遺物を回収した。掘削は，茶色土層中から，遺物の出土がなくなった時点で止めた。精査すると，竪穴建物と考えられる遺構の平面プランを確認した。このほか，ピット一つを検出，掘削した。

2　製作工程の復元と技術

製作工程　出土した玉の未成品，破片，原石などを段階に分け，製作工程を復元した（図1）。その結果，三万田東原遺跡はクロム白雲母と滑石を用いた小玉専門の製作遺跡であることが判明した。

玉の製作は原石を原産地で採取し，遺跡に持ち込むことから始まる。しかし，現状では原産地が未発見のため，遺跡に持ち込むまでの過程は不明である。

持ち込まれた原石は，4段階の工程を経て製品に至る。まず，工程1で粗割・成形される。次に，工程2で，より完成形に近く整形される。工程3で穿孔する。クロム白雲母と滑石は，ヒスイ製丸玉のような厚さがないにもかかわらず，必ず両側から穿孔する。また，例外的に，工程2を経ずに穿孔したものもある。工程4は，仕上である。玉製作の工程上，穿孔時がもっとも破損のリスクが高い。このため，工程3では，面取りの稜を残したままである。穿孔が成功すると工程4で，研磨を施し，稜をとるなどして仕上げる。

石材と技術の使い分け　回収した玉の未成品以外の破片は2,304点である。小さなものは大きさが1㎜にも及ばず，重さは0.0003gである。これらを大（10㎜以上），中（5～㎜），小（5㎜以下）と任意に分け，茶色土層1,821点について石材別

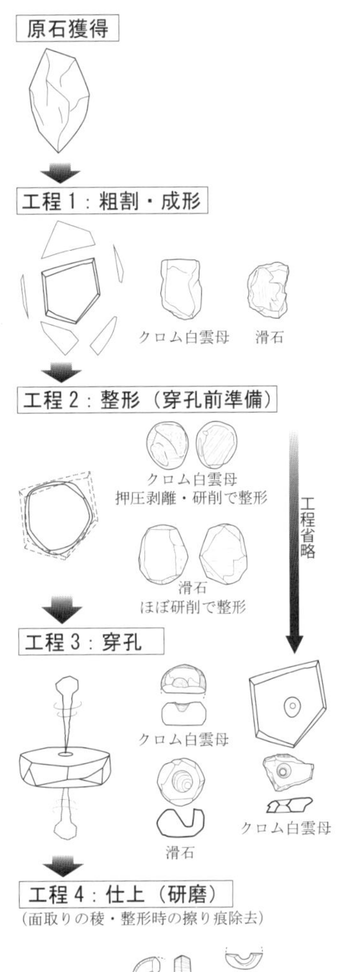

図1　三万田東原遺跡における小玉の製作工程復元案

に分析したところ，クロム白雲母では小の破片が76%を占め，大の破片は7%であった。滑石では中と小の破片が44%，大の破片が12%と，全体的に滑石の方が大きな破片が多い傾向がでた（図2-1）。そこで，小の破片をさらに1.0mm以下，1.1～2.0mm，2.1mm～3.0mm，3.1mm以上に細分して検討した。すると，クロム白雲母では3.1mm以上は25%，2.0mm以下は39%と全体として細かい破片が多いのに対し，滑石は78%が3.1mm以上で，クロム白雲母と滑石では，製作途中で発生する破片が明らかに異なる（図2-2）。黒色土層でも同様の傾向であった。

この原因は，石材の硬度と考えられる。滑石は硬度が1と軟らかい。また，打撃を加えると不規則に大小の破片になる。こうした滑石の特性を考えると，滑石は粗割・成形したのち，砥石により研削で整形する方法が，もっとも合理的である。削ると，細かな破片は生じない。一方，クロム白雲母は硬度が2.5程度であることから，整形には押圧剥離も用いたと考えられる。このため，クロム白雲母の微細な破片が多いのである。

三万田東原遺跡の縄文人は，石材の性質に応じて，加工技術を使い分けていたのである。

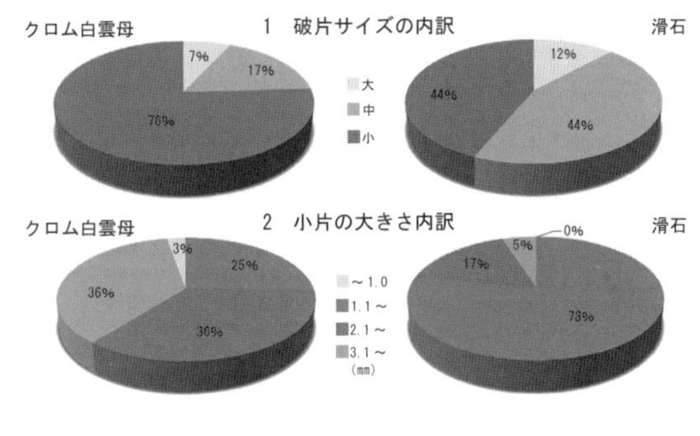

図2　石材別破片サイズ内訳

3　玉製作の道具―穿孔具と砥石―

石錐の実態　今回の発掘調査で，穿孔具と考えられるいわゆる石錐の完形品3点，可能性のある石器5点が玉とともに出土した（図3）。1は安山岩製で，先端がわずかに欠けているが，未使用と考えられる。2・3はメノウ製である。先端が丸く摩耗しており，実際に使用したものである。基部が欠けているが広がる形状を呈していることから，1のように扇形に広がると考えられる。1は現状で長さは19.9mm，2・3も10mm前後で，摩耗した分を考慮しても小さい。図4のように，指先で摘まんで使用したと考えられる。

砥石と玉の種類の関係　数条の溝状の凹みが残る溝砥石（置き砥石）は，そこで玉の製作をしたことを示す遺物とされているが，今回の発掘調査では出土しなかった。今回の発掘調査の範囲からたまたま出土しなかっただけなのか，溝砥石が必ずしも必要ではなかったのか，2つの可能性が考えられる。後者については，三万田東原遺跡と発掘調査の条件が同様の山海道遺跡との比較を試みた。

同県熊本市山海道遺跡[4]では，溝砥石が6点出

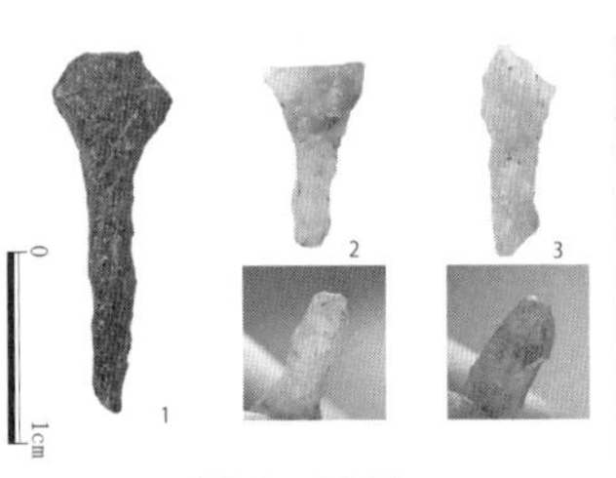

図3　石錐

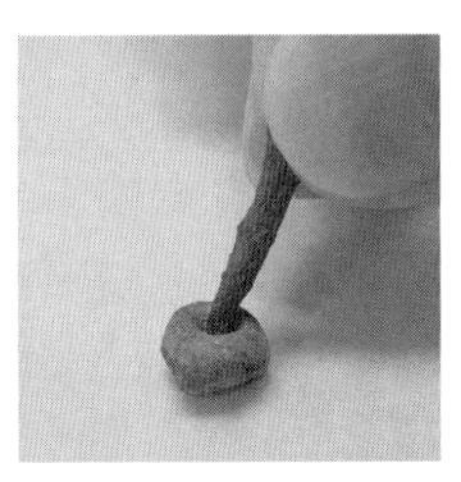

図4　穿孔模式図

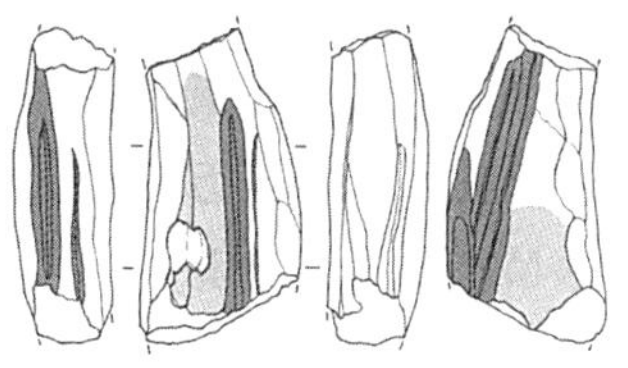

図5　山海道遺跡出土の溝砥石
（写真は熊本県教育委員会提供）

図6　溝砥石による
小玉研磨状況

図8　持ち砥石による
小玉研磨状況

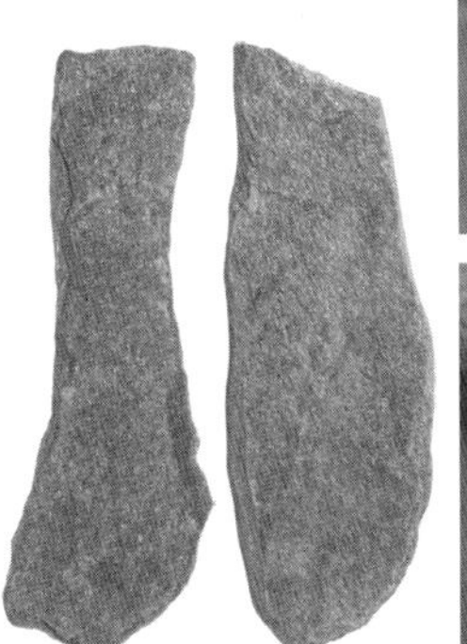

図7　三万田東原遺跡
Ⅳ地点出土の持ち砥石

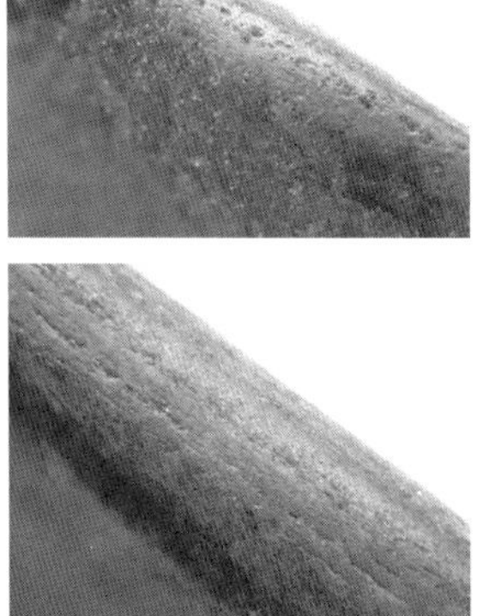

図9　持ち砥石の摩耗部

土した。溝の形状は，縦断面が直線的で長いものと，両端が上がる船底状のものがある。前者は，前後運動に伴う研削・研磨により発生し，研磨対象は管玉，後者は勾玉の頭・背・尾部やそのほかの玉の研磨で発生したと考えられる。砥石に残る長い溝は，これらが連続したものである（図5）。

次に，山海道遺跡で出土した玉の種類をみると，管玉 60%，勾玉 17%，小玉 17%，垂飾・不明 6% である。管玉をもっとも多く製作しており，砥石の痕跡から想定される玉の種類と合致した。小玉を専門的に製作している三万田東原遺跡との違いは，玉の種類である。直径 8㎜前後の小玉を指先で持ちながら溝砥石で研削・研磨する状況を想定すると，指先が砥石に接触し作業は難しい（図6）。管玉は指先で押さえて前後できるが，小玉の周縁部を研磨する場合にはタイヤを転がすように転がり，指先で押さえての研磨も困難だ。小玉の研削・研磨には，溝は不都合なのである。小玉を専門的に製作した三万田東原遺跡Ⅳ地点で溝砥石が出土しなかった理由は，玉の種類と製作上の必要性によるのである。

持ち砥石　発掘調査中，玉と一緒にヘラ状の石器が出土した。長軸の両側辺がよく摩耗し，内湾している（図7）。手に持ちやすい大きさで，厚さは 4～5㎜前後，全部で 14 点出土した。石材は紅簾片岩製（1 点不明）である。図8のように当該石器を手に持ち，玉を研磨・研削したと考えられる。そこで筆者はこれを「持ち砥石」とした。摩耗部分の滑らかさは一様ではなく（図9），製作段階によって使い分けていたと考えられる。

縄文時代の玉の製作道具として，持ち砥石を確認・指摘したのは，管見では初の事例である。溝砥石が玉製作において重要な遺物と認識され，注意が払われるようになるにしたがい，溝砥石以外の砥石の存在が見落とされてきた可能性がある。

三万田東原遺跡の南西約 10.5㎞に位置する同県熊本市東中原遺跡[5]では，同様に摩耗部をもつ紅簾片岩製の石器が出土している。調査担当者は摩耗部が外反するため土器の器面調整に用いたと想定しているが，本遺跡はクロム白雲母製玉も製作しており，持ち砥石として利用した可能性も考えられる。同様の石器の出土事例がないか，既往の，また今後の発掘調査において注意を払う必要がある。

4　原産地の候補地

今回特徴的な石材が出土した。乳白色～淡い乳灰色の石英で，部分的に緑色の部分がある。緑色の部分には Cr（クロム）を含むことを確認した。筆者は，未発見のクロム白雲母原産地は熊本県南部の中央構造線付近の変成岩帯と推定していたが，原産地の候補地について再考した。

三万田東原遺跡の西～南西にかけて，木の葉変成岩類が分布する。それらの南側の台地上には，南北5kmにわたってクロム白雲母製玉の製作遺跡や出土遺跡が濃密に分布する。木の葉変成岩類の東端は独立した円錐形の美しい弁天山で，石英の露頭があり，移動に際してのランドマークとしても良い。石英は普遍的な石材であるため，なお慎重な検討を要するが，候補地の1つとして注目したい。

5　篩い作業の必要性と有効性

今回のⅣ地点の発掘調査で回収した玉の資料は，2,420点にのぼる。先述のように，1mmにも満たないような微細な破片までも回収し，属性を分析・考察した結果，製作工程や技術を明らかにできた。また，穿孔具も，実物をもって具体的に把握できた成果も大きい。これらの成果の獲得は，「篩い作業」の賜物にほかならない。

玉製作の実態が未解明であったのは，解明に導く遺物が小さく，見逃されていたためと考えられた。そこで，今回の発掘調査は，当初から表土以外のすべての掘削土を篩う計画を立てたのである。

水洗選別　Ⅳ地点では，1mmメッシュの篩を用いて水洗選別を実施した。適量の土を篩にいれ，水を張ったバケツなどで土を流し落とした。また，篩に残った粗粒の泥も回収し，整理作業場であらためて精査した。微細な破片のほとんどは，この泥の再精査で検出した。微細な破片の大きさから，篩のメッシュが0.5mmであった場合，回収した遺物の量はさらに多かっただろうと考える。

発掘調査現場で掘削し，水洗選別した土量は約18.9㎥になる。作業量は，5人の作業員で27.6日（6.5時間／日）を要した。大学に持ち帰った泥の量は0.06㎥で，微細資料の回収は3人の作業員で13日（6時間／日）を要した（図10）。

過去の事例　発掘調査現場における遺物の見逃しの好事例として宮城県田柄貝塚のデータがある[6)]。発掘調査報告書の第2表には，33種類の遺物の発掘調査時と水洗選別時の回収個数と比率が提示されている（右が水洗選別時回収）。

石鏃　291（17%）：1413（83%）

石錐　47（23%）：157（77%）

図10　篩に残った遺物

銛頭　117（49%）：121（51%）

玉より大きな遺物でも，目視をすり抜ける実態を示しており，発掘調査時の遺物の回収について改めて注意を喚起する事例である。

今後に向けて　筆者が実施した発掘調査は，いわゆる学術目的調査であり，一定の目的をもって実施している。すべての掘削土を篩うことは，行政目的調査では条件的に難しいかもしれない。しかし，現在の日本の考古学を支える発掘調査は件数や内容ともに実質的に行政目的調査であり，やはり微細遺物の回収に何らかの工夫が求められよう。例えば，竪穴建物の掘削中に玉の出土に気づいたら，まずは1部でも掘削土をサンプリングしてその篩い作業を試行するなどである。植物遺存体など，掘削土中には目視による確認が難しい場合など，さまざまな調査・研究の実施が定着してきた。このことを踏まえ，発掘調査における篩い作業の活用が，より浸透・拡大することが期待される。

註

1）大坪志子ほか「理化学的分析による縄文時代石製装身具の生産システムの解明（復元）」『九州史学会大会・シンポジウム九州史学会大会研究発表要旨』2006，p.50

2）大坪志子『縄文玉文化の研究―九州ブランドから縄文文化の多様性を探る―』雄山閣，2015

3）大坪志子『三万田東原遺跡の研究―縄文時代後期後葉の石製装身具製作遺跡―』平成29～令和3年度科学研究費補助金研究成果報告書，2021

4）熊本県教育委員会『万楽寺出口遺跡 山海道遺跡』熊本県文化財調査報告185，2000

5）熊本市教育委員会『東中原遺跡・山頭遺跡1』熊本市の文化財44，2015

6）宮城県教育委員会『田柄貝塚』宮城県文化財調査報告書111，1986

植物圧痕からみた九州の縄文農耕と栽培植物

小畑 弘己 熊本大学大学院人文社会科学研究部
OBATA Hiroki

はじめに

土器圧痕種実・昆虫は，汚染のない土器製作当時の生物である。21世紀に入り，土器圧痕は所属時期が不安定であった遺跡土壌出土の炭化種実を淘汰する役割を果たした。本手法の歴史は古いが，出土土器を悉皆的に調査する手法[1)]が開発されたことで縄文時代のダイズの発見[2)]に象徴される既存概念を変える大発見をもたらした。エゴマやアズキを含めたこの縄文中期農耕論[3)]の栽培植物候補の発見は日本の考古学史上特筆すべき発見である。しかし，イネなどの大陸系穀物[4)]の出現時期の問題は，韓国での新石器時代前期に遡るアワ・キビ・アズキ圧痕の発見[5)]によって，縄文前期以降にもその可能性が拡張されたが，この時期の穀物は未発見である。土器圧痕は今，X線機器による潜在圧痕の探査法の開発によって，弥生早期を遡る大陸系穀物の出現時期について極めて高い精度での検証を可能とした[6)]。「九州縄文後晩期農耕論」は，その提唱以来約60年を経て，今や「九州縄文晩期農耕論」もしくは「弥生時代の開始問題」へと焦点が絞られた。本論は，その研究史と到達点について紹介する。なお，縄文時代の栽培植物候補については別稿[7)]を参照されたい。

1 九州縄文後晩期農耕論と穀物資料

縄文後晩期農耕論とは，賀川光夫によって提唱された，中九州地方の火山灰台地上に立地する縄文後晩期の遺跡増加の背景に龍山文化などの中国や朝鮮半島の農耕文化の影響を見出し，雑穀農耕の存在を主張する説である。その根拠は遺跡立地や石器組成など多岐にわたるが，中国大陸に直接・間接的起源をもつイネ・アワ・キビ・麦類などの大陸系穀物が栽培対象と想定されていた。しかし，実際には現在の弥生早期に相当する「縄文晩期Ⅲ期：夜臼式」を遡る穀物資料はなく，その他の炭化穀物も出土状況が曖昧で，年代測定が実施されていないものであった[8)]。本説の立証には，確実な栽培穀物の不在が大きな障壁となっていた。

その後，山崎純男によって提唱された九州縄文時代の雑穀農耕論[9)]は，打製石斧や磨製石斧の出土状況以外に遺跡領域分析や焼畑痕跡などがその証拠とされたが，既存の籾圧痕土器も紹介されており，山崎がその後土器圧痕調査に傾注した理由も確実な栽培穀物を捉えるためであったことがわかる[10)]。その目論見通り，山崎は熊本県大矢遺跡の縄文中期末（阿高（あだか）式土器）のイネ圧痕をはじめ，熊本県や福岡県の縄文後晩期土器から大陸系穀物の圧痕を次々と発見する。現代の「貯穀害虫」コクゾウムシの圧痕も縄文時代としては初めて発見され，イネ伝来の傍証とされた。

2 土器圧痕資料による農耕論の立証と反論

これらの発見は学界にセンセーションを巻き起こした。その後，筆者らも同手法を用いてイネ圧痕を「縄文土器」から発見し，これによって縄文後晩期農耕が立証されたかに思われた。しかし，従来の土器圧痕法（レプリカ法）のもつ限界がここにあった。

宮本一夫は縄文中期以前のヒョウタンやシソ属（エゴマ）などの植物栽培を園耕作段階とし，九州の縄文中期末・後期初頭以降のイネ・アワなどの大陸系穀物にハトムギやゴボウなどを加え「成熟園耕期」の栽培種とし，打製石庖丁・石鎌の収穫具，脱穀・製粉用の石製磨棒などを農具として挙げた。その際有力な証拠とされたのが，熊本県石の本遺跡の縄文後期中葉の鳥居原式土器のイネ圧痕や筆者らが発見した長崎県権現脇遺跡の縄文晩期初頭の古閑式土器のイネ圧痕であった。この成熟園耕期は農耕関連石器の有無によって，縄文中期末・後期初頭～後期中葉までと縄文後期中葉から晩期の二時期に分けられ，後者が狩猟採集社会における補助的生業である栽培がより普及した段階とされた。当時コクゾウムシ圧痕は縄文後晩期の九州地方のみで発見され，とくに縄文後期後半，つまり宮本の成熟園耕期第二段階にその増加現象がみられたため宮本も穀物栽培の発展の証拠とした[11]。筆者も，コクゾウムシの存在を間接的にイネやムギ類の存在の傍証であると考え，イネを縄文後期，アワ・キビが晩期後半，オオムギが後期前半，コムギが弥生前期と考えていた[12]。

しかし，この縄文時代の圧痕イネについてはすぐに否定的な見解がだされた。中沢道彦は，大矢遺跡や石の本遺跡の玄米やイネ籾圧痕はイネと特定できない，さらに権現脇遺跡のイネ圧痕については土器型式を古閑式に絞りこむことができず，突帯文期まで下るとした。また，中沢はコクゾウムシを「イネの存在を示す状況証拠」としながらも，堅果類などの別の種実で繁殖した可能性について述べている[13]。

その後，筆者は縄文～弥生時代の農耕化段階を大きく5つに分け，Ⅳ期（3500～3000年前）に朝鮮半島から大陸系穀物（無文土器雑穀農耕）が流入したと考えた[14]。この根拠としたのが，鹿児島県水天向遺跡の入佐式土器古段階のイネ圧痕や西日本における土器中プラントオパールの出現状況，そして極東地域における双砣子3期のイネの拡散現象であり，大陸系穀物の日本列島への第一伝播の時期を縄文後期末の天城・古閑式土器段階（3300年前）に絞り込んだ。しかし，この水天向遺跡のイネ圧痕土器に関しては，宮地聡一郎によって弥生時代以降の土器とされた[15]。この時点で九州地方の縄文中期末～晩期の大陸系穀物の圧痕資料はほぼすべて否定されたことになる。

一方，イネ栽培の傍証とされてきた「貯穀害虫」コクゾウムシに関しても新たな発見があった。2010（平成22）年，筆者らは種子島にある鹿児島県三本松遺跡から縄文早期後半（約1万年前）のコクゾウムシ圧痕を発見し，稲作との関係説を撤回した[16]。これを機に，コクゾウムシ圧痕は，九州の縄文後晩期だけでなく，南は沖縄本島から北は北海道南部まで，さらに縄文時代だけでなく弥生・古墳時代の圧痕も検出されるようになった。結果的に，この種子島や青森県三内丸山遺跡でのコクゾウムシの発見は，縄文後期と信じられていたイネの伝播時期を見直す契機となった。この甲虫は貯蔵堅果類の害虫であったのである。

3　2015年以後（九州縄文研究会での議論）

2015年2月，「九州縄文晩期の農耕問題を考える」をテーマに第25回九州縄文文化研究会が開催された。この席上，筆者はそれまで検出された土器圧痕資料を総括した[17]。その際，植物学的要件を満たすもの，考古学的要件を満たすもの（土器型式がわかるもの），その両者を満たすものの3種に区分した。その結果，縄文晩期前半（黒川式古・中段階）までは大陸系穀物圧痕で確実なものは検出されておらず，アズキ・ダイズ・エゴマを中心とした畠（畑）作物が栽培された段階であるのに対し，弥生早期（山の寺・夜臼Ⅰ式土器）以降は，イネ・アワ・キビ圧痕などが安定的に発見され，水稲耕作とともにアワやキビ，マメ類，エゴマなどの畠（畑）作が行なわれていたことが確認できた。そして，大陸系穀物の出現時期を突帯文土器出現期に絞り込み，以前の説を訂正し，Ⅳ期：晩期中葉～後葉（黒川式土器の新段階：干河原段階・宮地編年：突帯文Ⅰ期含む）の段階，とくにその後半期がアワ・キビ・イネの流入期であると想定した。

この研究会の席上，宮地は筆者が提示したイネ・アワ圧痕をもつ黒川式新段階～突帯文出現期の土器を検討し，それぞれの型式と時期を同定した。後の年代測定を含む研究によって，これら土器の年代観が正しいことが証明された。問題は黒川式土器の新段階（干河原段階）の年代的・編年的位置づけに絞られた。この成果は，後述するように，その後の大陸系穀物導入期に関する諸論に大きな影響を与えており，この研究会は圧痕研究や縄文後晩期農耕論に関する学史に記録されるべき重要な意味を持つ。

4 穀物伝播時期に関する新たな見解

中沢道彦は，以前より，九州地方においても列島全体と同じく，突帯文土器出現期より前には大陸系穀物の伝来はなかったこと，その可能性はイネ籾圧痕と評価されている島根県板屋Ⅲ遺跡の前池式土器併行期と同じ突帯文土器出現期にあることを表明していた[18]。そして，板屋Ⅲ遺跡のイネ圧痕に先の九州縄文研究会で筆者が公開した大分県石井入口遺跡のアワ圧痕とその後本人が検出した福岡県江辻（えつじ）遺跡の突帯文土器出現期後半（以下「江辻SX-1段階」）のアワ圧痕を加え，この段階に大陸系穀物の渡来時期を想定した[19]。宮本も，イネなどの栽培穀物の流入時期を黒川式新段階（成熟園耕期第二段階：2009年の論攷とは時期が異なる）とし，弥生早期の灌漑水田の導入前に焼畑もしくは天水田での粗放的な農耕があったと想定した[20]。しかし，これら縄文最末期の「江辻SX-1段階」[21]とされる穀物資料はすべて圧痕であり，その年代を示す資料は皆無であった。このため，江辻SX-1段階が年代的に弥生早期（山の寺式・夜臼Ⅰ式段階）以前の段階として成立するか否かの決め手を欠いていた。

5 限界を克服した究極の圧痕法（縄文イネの立証）

この問題を克服するために，我々は江辻遺跡の土坑SX-01出土土器約1万点を対象に，X線機器によって土器生地中からイネやアワの「潜在圧痕」を探し，抽出した穀物や種実の炭素14年代測定を行った。この方法は，①土器の生地中に隠れた同定可能な植物材料の数の増加，②炭素14年代測定に適した穀物などより多量の短寿命有機物質の確保，③土器型式にとらわれない穀物自体の拡散の動向の把握，④特定土器型式の年代のより正確な地域的な多様性の把握と穀物伝播の文化的評価が可能，などの利点がある。ただし，既存の年代測定法では，アワなどの小さく炭素量の少ない試料を測定できないため，東京大学総合研究博物館が開発した「微量炭素年代測定法」を採用した。そして，この一連の手法を「土器包埋炭化物測定法」と命名した[22]。

測定の結果，江辻遺跡SX-01第7層のアワの測定値が2751±42BP，第6～8層のシソ属が2763±36～2741±38BPであった。これにより，江辻SX-1段階は年代的にも弥生早期を遡る一段階として成立し得ること，アワやシソ属の年代は紀元前970-830年であり，イネを含む大陸系穀物の伝播年代は，日本最古のイネとされた宇木汲田遺跡の炭化米に比べ測定値で50～80年古いことなどが判明した。この段階は最末期とはいえ縄文時代に属する。中沢や宮本が想定したように，大陸系穀物は縄文時代にすでに伝来していた。

まとめ

九州縄文後晩期農耕論が渇望していた大陸系穀物は弥生早期を測定値で50～80年遡る縄文最末期の土器の中にあった。これは弥生早期の"demic expantion"[23]とは異質の縄文人と韓国青銅器人たちとの接触[24]を意味する。しかし，紀元前10世紀に遡る大陸系穀物の年代資料は現時点では本事例以外にはなく，弥生早期の年代観の多様性とも合わせ，検証と議論は引き続き行なわれるべきである。この点で，今後，江辻SX-01段階に遡る山の寺・夜臼Ⅰ式土器期の大陸系穀物があるか否かの検証は重要である。我々は，これらの十分な検証を経た後，その受容のあり方や時代観についての議論を行なうべきである。

註

1) 山崎純男「西日本縄文農耕論—種実圧痕と縄文農耕の概要—」『第1回西日本縄文文化研究会「西日本縄文文化の特徴」』2005，pp.59-68
2) 小畑弘己・佐々木由香・仙波靖子「土器圧痕からみた縄文時代後・晩期における九州のダイズ栽培」『植生史研究』15—2，日本植生史学会，

2007, pp.97 - 114
3) 藤森栄一『縄文農耕』学生社, 1970
4) 小畑弘己・真邉 彩「最近の植物考古学の成果からみた日韓初期農耕問題」『日韓新石器時代研究の現在』第9回日韓新石器研究会発表資料集, 2011, pp.1 - 18
5) 小畑弘己・真邉 彩「韓国櫛目文土器文化の土器圧痕と初期農耕」『縄文時代の人と植物の関係史』国立歴史民俗博物館研究報告 187, 2014, pp.111 - 160
6) Obata H., Kunikita D. 2022 A new archaeological method to reveal the arrival of cereal farming. *Journal of Archaeological Science* 143, pp. 1 - 16
7) 小畑弘己「縄文農耕論の現在」『何が歴史を動かしたのか 第1巻 自然史と旧石器・縄文考古学』2023, pp.181 - 192
8) 賀川光夫『農耕の起源』講談社, 1972。Kagawa M. 1973 Primitive Agriculture in Japan: Latest Jōmon Agricultural Society and Means of Production. *Asian Perspectives*, Vol. 16, No. 1, pp.1 - 15
9) 山崎純男「西日本の縄文後・晩期の農耕再論」『朝鮮半島と日本の相互交流に関する総合学術調査平成14年度成果報告』2003, pp.48 - 69
10) 前掲註1に同じ。山崎純男「西日本縄文農耕論」『『第6回 韓・日 新石器時代 共同学術大会 発表資料集 韓・日新石器時代の農耕問題』』2005, pp.33 - 67
11) 宮本一夫『農耕の起源を探る イネの来た道』歴史文化ライブラリー 276, 吉川弘文館, 2009
12) 小畑弘己「古民族植物学からみた縄文時代の栽培植物とその起源」『極東先史古代の穀物 3』2008, pp.3 - 93
13) 中沢道彦「縄文農耕論をめぐって―栽培種植物種子の検証を中心に―」『弥生時代の考古学5 食料の獲得と生産』2009, pp.228 - 246
14) 小畑弘己「일번 선사시대 농경화 과정」『자연과학에서 본 農耕출현』2013, pp.47 - 82, 한국국입문화제연구소
15) 宮地総一郎「縄文時代の稲をめぐって―籾圧痕研究のゆくえ―」『立命館大学考古学論集 和田晴吾先生定年退職記念論集』2013, pp.61 - 68
16) Obata H., Manabe A., Nakamura N., Onishi, and Senba S. 2011 A New Light on the Evolution and Propagation of Prehistoric Grain Pests: the World's Oldest Maize Weevils Found in Jomon Potteries, Japan. *PLoS ONE*
17) 小畑弘己「植物考古学からみた九州縄文晩期農耕論の課題」『第25回九州縄文研究会研究発表要旨集』8―17, 九州縄文研究会, 2015
18) 中沢道彦「栽培植物利用の多様性と展開」『縄文の資源利用と社会』季刊考古学別冊 21, 2014, pp.115 - 123
19) 中沢道彦「レプリカ法による土器圧痕分析からみた弥生開始期の大陸系穀物」『考古学ジャーナル』729, ニュー・サイエンス社, 2019, pp.14 - 19
20) 宮本一夫『東北アジアの初期農耕と弥生の起源』同成社, 2019
21) 宮地聡一郎「凸帯文系土器(九州地方)」『総覧縄文土器』アムプロポーション, 2008, pp.806 - 813
22) 註6に同じ
23) Miyamoto K. 2019 The spread of rice agriculture during the Yayoi Period. *Japanese Journal of Archaeology*. 6, pp.109 - 124
24) 前掲註6・20文献に同じ

九州の無刻目突帯文土器の様相と刻目突帯文土器の出現

宮地 聡一郎 九州歴史資料館
MIYAJI Soichiro

1 無刻目突帯文土器の評価

刻目突帯文土器は，縄文時代晩期後葉に西日本一帯に広がる土器として知られているが，九州地方では先行する晩期中葉に，刻目を持たない無刻目突帯文土器が存在する。その突帯という属性から，刻目突帯文土器の成立を考える上で古くから注意されてきたものの[1]，無刻目突帯文土器の詳細な時期やその成立過程，および刻目突帯文土器との関係については未整理の部分が多かった。

近年は，一括資料やそれに準じる資料が増加したことにより，これらの課題の解決にむけた研究が進展しつつある。ここでは，その成果の一端を紹介したい[2]。

2 無刻目突帯文土器の成立過程を巡って

無刻目突帯文土器は九州地方でもその東半部に多く分布し，東九州（大分県）の上菅生（かみすごう）B式，東南九州（宮崎県南部）の松添式がよく知られている。いずれも晩期中葉に位置付けられ，無刻目突帯を持つ点では共通するものの，その突帯形状はバリエーションに富むとともに地域色が存在する。例えば上菅生B式は断面三角形を呈するものが多いのに対し，松添式は扁平なものや垂れ下がるもの（図3-1·2）が多い。松添式は，刻目突帯文土器への変化を考慮して，扁平なものから断面三角形のものへの変遷を考える向きもある[3]。しかし，宮崎県南部の晩期中葉中段階の土器がまとまる上高遺跡では，断面三角形のものが伴なうのに対して，晩期中葉新段階の柿迫遺跡では，扁平でしかも肥厚が薄い突帯で占められており，想定とは異なっている。

これら無刻目突帯文は，これまで晩期初頭の深鉢口縁の屈曲部からの変化で成立することが考えられてきたが[4]，晩期前葉の資料にその型式学的な変遷を追える資料に恵まれず，また無刻目突帯文土器を晩期中葉でもその新段階に限定する考えも存在し[5]，時間的なヒアタスも課題となっていた。

3 近年の無刻目突帯文土器の理解

上記成立過程の課題で大きな壁となっていたのが，晩期前葉の九州地方で深鉢の屈曲部から無刻目突帯への変化が辿れない点であった。だが近年は，宮崎県南部～鹿児島県大隅地方に分布する晩期前葉の中岳Ⅱ式後続型式の口縁外面に突状肥厚が存在する点に注目し，これをもって両者をつな

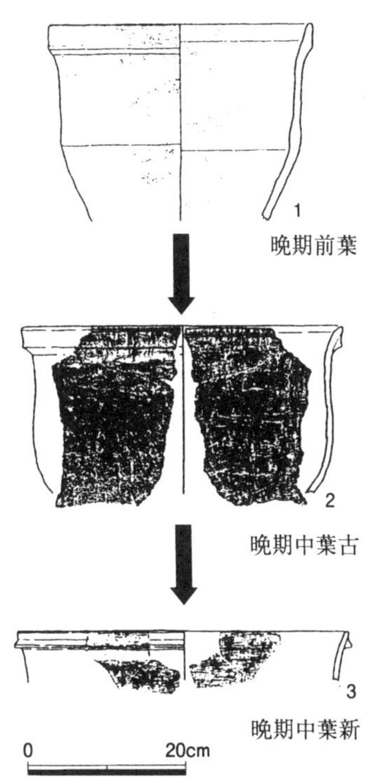

図1 小南氏による無刻目突帯文土器の成立と変遷
（註6小南文献より）

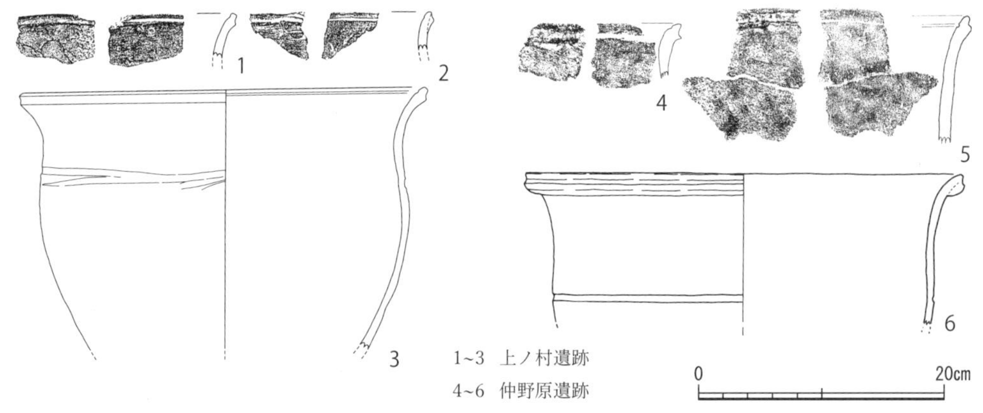

図２ 上ノ村式と宮崎県北部の土器

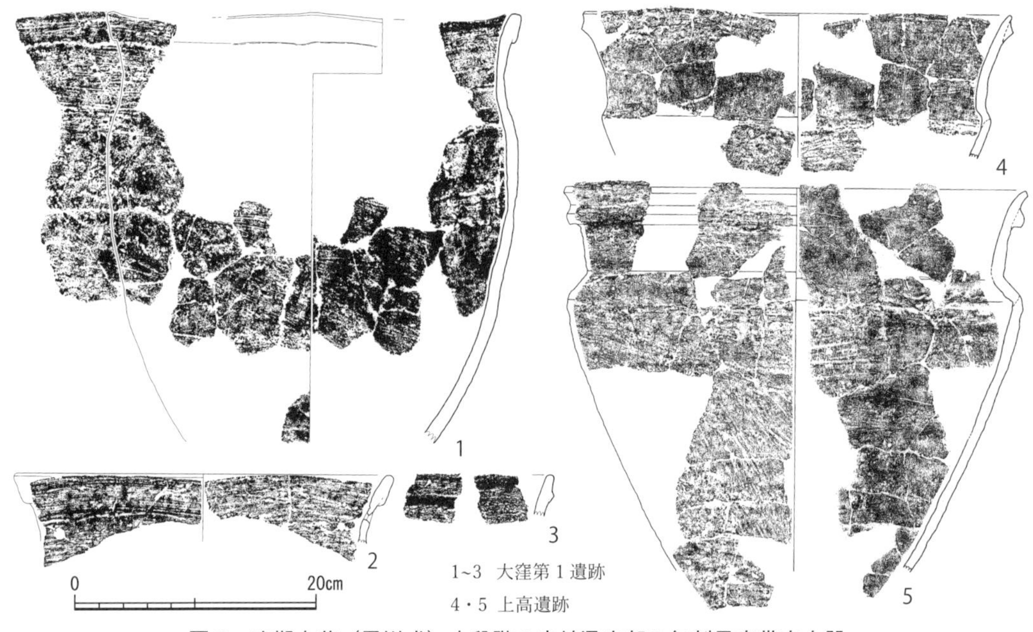

図３ 晩期中葉（黒川式）中段階の宮崎県南部の無刻目突帯文土器

げる考えも示されるようになり（図1）[6]，その是非が問われている。

確かに中岳Ⅱ式後続型式の口縁部は（図1-1），突状肥厚の形態が，松添式の垂れ下がり状突帯と類似しており注目される。だが，宮崎県南部の上針谷・下針谷遺跡の晩期中葉古段階の資料中には両者をつなぐ深鉢は出土しておらず，未だその変遷過程を追うことはできない。今後，そのヒアタスを埋める資料が出てくるかが焦点となろう。

上記の考えとは異なり，九州地方の無刻目突帯文土器の成立に新たな視点をもたらしたのが，四国南部の上ノ村式の設定とその影響を考える説である[7]。これまでも九州地方の無刻目突帯文土器と四国南部の中村Ⅰ式との類似性は指摘されていたが[8]，上ノ村式はそれよりも古い晩期前葉に位置付けられ，かつ突帯の成立過程も追える。しかも上ノ村式そのものとも言える土器群が宮崎県北部の仲野原遺跡などで確認でき（図2），これが大分県の上菅生Ｂ式の祖型になった可能性が浮上した。

事実，大分県や宮崎県北部では，晩期中葉の古・中段階に，断面三角形の突帯のほかに上ノ村式の系譜を引く，上向きの大きな突帯が存在することが確認でき，その蓋然性は高い。しかも宮崎県北部の深鉢は，頸胴部の形態がほかの九州地方に通有の，屈曲して内側に折れ曲がるものでなく，中・四国地方に特徴的な断面が全体的にS字状を呈するもので，しかも頸胴部界に沈線を持つ上ノ村式の特徴を有する土器（図2-6）がよく見られる点は注目される。これらのことから，晩期前葉に四国南部からの影響がおよび無刻目突帯文土器が成立したことが想定される。

宮崎県南部でも無刻目突帯文土器は晩期中葉中段階には見られる。この地に特徴的である扁平な突帯（図3-1・2）の系譜については先述のとおり課題があるものの，当該期の突帯に断面三角形のもの（図3-3~5）が含まれていることから，この地の無刻目突帯文土器は，宮崎県北部からの影響を受けて成立したことが想定される。

4　無刻目突帯文土器と刻目突帯文土器の関係

九州地方の東半部で盛行した無刻目突帯文土器は，刻目突帯文土器の祖型なのだろうか。形態上は，無刻目突帯に刻目さえ施せば刻目突帯文土器になりそうだが，様相は単純ではない。

西日本一帯でもっとも古い刻目突帯文土器の一群は，近畿地方～瀬戸内地方でおもに見られ，九州地方では福岡県の長行（おさゆき）遺跡や流末溝田（りゅうまつみぞた）遺跡などの周防灘沿岸部に限定される。九州地方のこれらの遺跡では，それまで見られなかった丸底や，瀬戸内的な断面S字状を呈する屈曲形態の深鉢が期を一にして出現することから，当該期に瀬戸内地方からの影響があったことがうかがえる。大分県では，沿岸部の一方平Ⅳ遺跡や荏隈杉下（えのくますぎした）遺跡で，早い段階で刻目突帯文土器が出現していることが確認できるのに対し，内陸部の前田Ⅰ遺跡や夏足原（なたせばる）遺跡O地区では，浅鉢で当該期のものが見られながらも刻目突帯文土器は組成しない。この事実から，内陸部の刻目突帯文土器の出現は遅いことがわかる。宮崎県でも同様に古い段階の刻目突帯文土器は存在しないことから，刻目突帯文土器は瀬戸内地方に近い地域から出現していると言え，無刻目突帯文土器に刻目を施して刻目突帯文土器が出現したと解釈するのは難しい状況にある。

また，土器の製作技術では，無刻目突帯文土器と刻目突帯文土器で，突帯の貼付方法に違いがあることも注目される。無刻目突帯文土器の突帯は，器面調整の前に貼付しているのに対し，刻目突帯文土器の突帯は，器面調整の後に貼付する特徴がある。この点で両者の間には大きな違いがあり，無刻目突帯文から刻目突帯文土器が成立したわけではないことがわかる。

5　刻目突帯文土器の成立と展開

刻目突帯文土器は，その成立期に，西日本一帯で顕著となる深鉢と浅鉢との密接な器種間の親和的関係を背景に，瀬戸内地方を中心に分布する鍵形口縁浅鉢の口縁部外面の突出を深鉢が取り込み，その突帯上に刻目を施した結果，成立したと考えられる（図4）。九州地方ではいち早く周防灘沿岸に瀬戸内地方からの影響がおよぶことで刻目突帯文土器が分布するようになり，やや遅れて九州北部一帯に広がる。九州南部ではさらに一段階遅れ，山ノ寺・夜臼Ⅰ式併行期にその分布圏が拡大すると整理できる。晩期中葉の無刻目突帯文は，その突帯形状に顕著な地域性があったものが，刻目突帯文土器の波及によってそれが払拭される点も注目される。

また，これまで幾度となくその関係が指摘されてきた朝鮮半島の青銅器時代早期の突帯文土器は[9)]，西日本の刻目突帯文土器成立期よりも前に消滅していることから，時期的に整合性が取れない。器形の上でも朝鮮半島の突帯文土器は砲弾形を呈するのに対し，西日本の刻目突帯文土器は刻目突帯が屈曲形のものに偏在するといった顕著な違いがあり，両者の関係性を考慮する必要はない。広く東北アジアの動向を踏まえるならば，朝鮮半島から日本列島に大きな影響がおよぶのは，宮本一夫が東北アジア初期農耕化第4段階とする，朝鮮半島の青銅器時代後期（無文土器時代中期）先松菊里（ソングンニ）類型の段階であり[10)]，刻目突帯文土

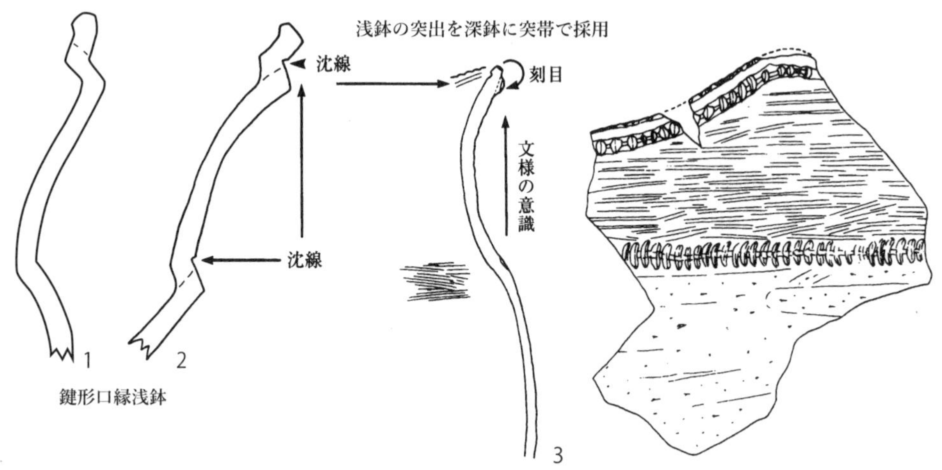

図４　刻目突帯文土器の成立過程

器期の中頃（山ノ寺・夜臼Ⅰ式）に水稲耕作技術を含む種々の文化要素がもたらされたと整理することができる。それより前は交流を物語るものはほとんど認められず，朝鮮半島との関係が示唆されてきた孔列土器も作り方は縄文土器そのものであり，積極的に評価できる状況にない。弥生時代への変化を考える上では，刻目突帯文土器期の中葉に重大な画期を見出すべきである。

5　おわりに

これまでは，無刻目突帯文土器の成立と展開，またその後の刻目突帯文土器の成立について，九州地方の中だけで考えることが多かった。これは晩期初頭から見られる突帯状の形態の類似性から，一見すると一系統に見える型式変化を考慮したものであった。本稿では，九州地方と四国南部や瀬戸内地方との関係でそれらを理解できることを示したが，より細かな土器編年研究が進展することにより，これまで見えてこなかった実態が明らかにできると考えている。

註

1）　外山和夫「西日本における縄文文化終末の時期」『物質文化』9，1967

2）　本稿は，宮地聡一郎『西日本縄文時代晩期の土器型式圏と遺跡群』雄山閣，2022の第５章をもとに執筆した。

3）　吉本正典「宮崎市松添貝塚出土の縄文時代晩期土器」『宮崎県立西都原考古博物館研究紀要』7，2011

4）　高橋　徹「大分県考古学の諸問題（Ⅰ）―刻目突帯文土器の出現とその展開について―」『大分縣地方史』98，1980

5）　坂口　隆「刻目突帯文土器の成立」『先史考古学研究』6，1996

6）　小南裕一「縄文後・晩期土器と板付Ⅰ式土器」『弥生時代の考古学２　弥生文化誕生』同成社，2009

幸泉満夫「中岳系土器群の研究」『宮崎考古』31，2021

7）　出原恵三「無刻目突帯文土器の成立と展開―上ノ村式土器の提唱と意義―」『古文化談叢』72，2014

8）　木村剛朗『四万十川流域の縄文文化研究』幡多埋文研，1987

9）　李　弘鐘「弥生成立期における韓半島土器の問題」『古代日本の稲作』雄山閣，1994

千　羨幸「西日本における突帯文土器文化の成立過程」『考古学雑誌』92―3，2008

李　亨源「韓半島の初期青銅器文化と初期弥生文化　突帯文土器と集落を中心に」『国立歴史民俗博物館研究報告』185，2014

10）　宮本一夫『東北アジアの初期農耕と弥生の起源』同成社，2017

＊紙幅の都合のため報告書は割愛した

耳栓からみた縄文時代日韓交流

古澤 義久　福岡大学人文学部
FURUSAWA Yoshihisa

玦状耳飾は大陸との関連について実に多くの研究で論議されてきたが[1]，耳栓（栓状耳飾）はそれほど検討されたことがなかったので，本稿では北部九州と韓半島南部を対象として検討する。

1　魚類椎骨製装身具

サメなどの魚類の椎骨で装身具を製作する事例がみられる。多くは椎体中央に小さく穿孔されており，側面を研磨したり，溝状に凹みを入れたりする事例もある。九州地方でも各地で確認され，奄美群島や沖縄諸島でも確認される[2]。

北部九州では縄文時代早期末葉（塞ノ神Ｂ式～轟Ａ式期）の東名（ひがしみょう）で130点程度出土している（図1-1～9）。垂飾などの用途が考えられるが，耳栓としての可能性も十分にある。新延例（図1-10）は船元式が主体の層で出土したので縄文時代中期の可能性が高いが，後期の土器も含まれるので確実ではない。縄文時代中期末から後期には多くの遺跡でサメ椎骨製耳栓が確認される（図1-11～35）。縄文時代早期と比べると，後期の資料には

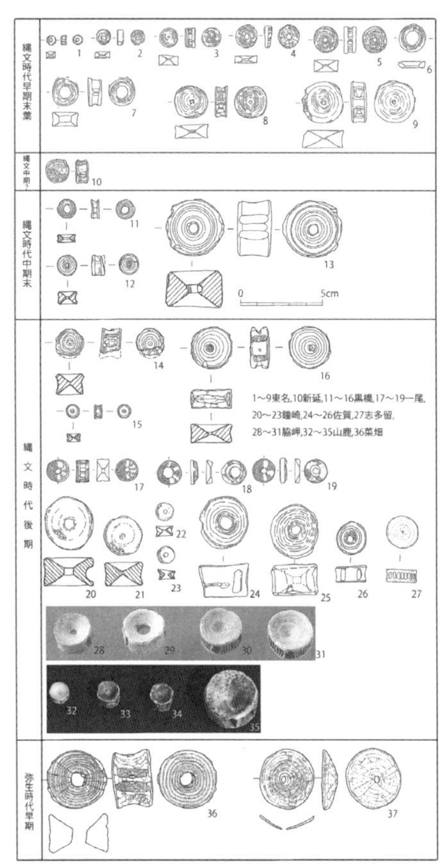

図1　北部九州魚類椎骨製装身具

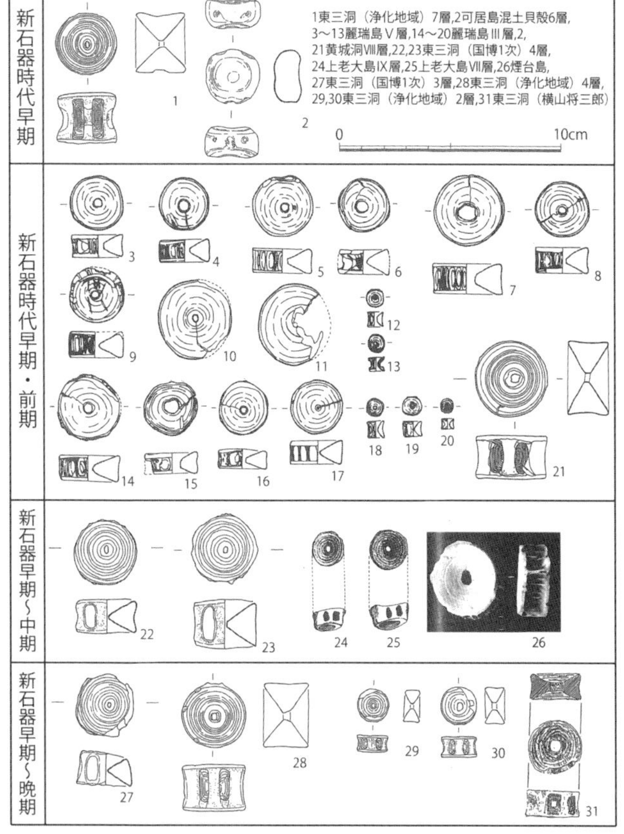

図2　韓半島南部魚類椎骨製装身具

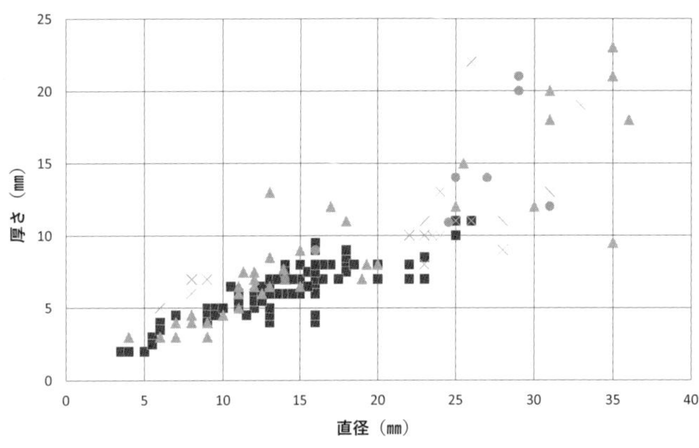

図３　サメ椎骨製装身具直径・厚さの相関

■縄文早期，▲縄文中～後期，×新石器早・前期，●新石器早～晩期

直径が30㎜を超えるものもあり，中には36㎜に達するものもあるという特性がある（図3）。弥生時代早期の唐津市菜畑８層下，８層でもサメ椎骨製耳栓が出土しているが（図1-36・37），側面形が弓形に加工されているものもある。

韓半島では新石器時代早・前期（縄文時代前期前・中葉併行）にはサメ椎骨製耳栓がみられる（図2-1～21）。この段階ですでに25㎜を超える大型の椎骨製耳栓がみられるのが特徴である（図3）。貝塚の包含層資料が多く，明確な時期判断が難しいが，中期～晩期の土器を含む層でもサメ椎骨製耳栓が出土しているため（図2-22～31）新石器時代中期以降もサメ椎骨製耳栓が存在したものとみられる。

このように対馬海峡を挟んだ両岸で，縄文時代早期や新石器時代早期といった比較的早い時期から椎体中央に穿孔したサメ椎骨製耳栓が継続的に用いられていたことは確実である。新石器・縄文時代早・前期の精神文化遺物の一部に相互の影響があることを鑑みると[3)]，両岸の初期のサメ椎骨製耳栓に何らかの影響関係があった可能性も考えられる。また，この頃，玦状耳飾が盛行しているが，耳朶に大きめの穴をあけてはめ込む耳栓が併行して存在したことは注目される。

2　土製・鹿角製耳栓

南部九州では縄文時代早期にさまざまな装飾が施された環状や滑車形の土製耳栓が流行するが[4)]，北部九州には分布しない。天草の柳では表面採集資料であるため時期確定が困難だが，縄文時代早期末～前期前葉の土器と共に円盤形で周囲が突出する形態の土製耳栓が採集されている（図4-1～3）。北部九州での確実な土製耳栓としては縄文時代中期前半の船元式前後に伴なう事例があり（図4-4・5），輪鼓形を呈し，沈線や点列により装飾されている。南部九州縄文時代早期耳栓にも輪鼓形が一部にみられるが，時代と地域に空白があり直接の系譜を想定できない。船元式の西進とともに，中期前半の唐津湾に出現したという可能性を探ると，縄文時代中期の大阪府寝屋川市讃良川では輪鼓形土製耳栓が出土しており，西日本からの影響で出現した可能性も一応は想定できる。縄文時代後期には山鹿（やまが）や勝円Ｃ地点で輪鼓形土製耳栓がみられる（図4-6・7）[5)]。これらの資料は磨消縄文土器とともに本州西部からの影響で成立したものとみられる。また一尾（ふとお）では鹿角製の輪鼓形耳栓がみられる（図4-8）。弥生時代早期には曲り田で土製耳栓がみられる（図4-9）。

韓半島では新石器時代早期の耳栓が報告されているが，河仁秀は新岩里（シナムニ）例（図5-1）については小型土器の可能性があるとし，細竹（セジュク）例（図5-2）については側面に溝がなく中央が膨らむという形態的特徴があり，耳栓と差異があると指摘している[6)]。確実な土製耳栓の事例は新石器時代中期の事例で，いずれも円盤形で側面には滑り止めとしての溝が設けられる（図5-3～11）。池榮培は３型式に[7)]，河仁秀は５型式に分類している。同心円文，点列文，竹管点列文などの有文と無文がある。河仁秀は無文のものは胎土や調整が粗雑であることから，臨時の耳朶伸長器としての可能性を想定している。直径は40㎜以上で，復元径で84㎜に及ぶものもあり，サメ椎骨製耳栓よりも土製耳栓の直径は大きい。新石器時代後期の年代が想定されてきた東三洞（トンサムドン）（浄化地区）４層（図5-14・15）や新岩里第２地区Ⅳ層（図5-12・13）でも水佳里（スガリ）Ⅰ式が多数出土しており，新石器時代中期の所産である可能性もある。そのようにみると，韓半島の土製耳栓は東南海岸の一部

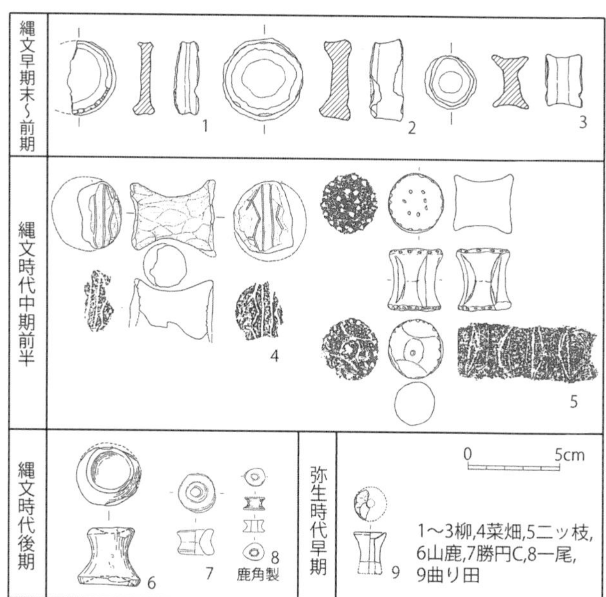

図4　北部九州土製・鹿角製耳栓

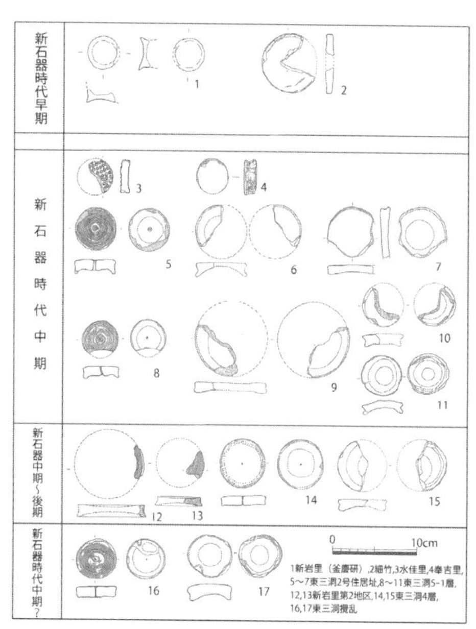

図5　韓半島南部土製耳栓

地域に，新石器時代中期を中心とする限定された時期にのみ用いられたものであると考えられる。

3　土製耳栓とサメ椎骨製耳栓の関係からみた日韓交流

河仁秀は土製耳栓を装着するまでにサメ椎骨製耳栓を耳朶伸長器として用いたと想定している。サメ椎骨より土製耳栓の方が直径が大きいため，同時存在する新石器時代中期については可能性があるが，それ以前の段階では土製耳栓が確実ではないのでサメ椎骨製耳栓自体が耳飾りとして用いられたものとみられる。縄文時代の土製耳栓には魚類の椎骨を模したものが存在することから，土製耳栓が製作されたときには魚類椎骨製耳栓がいつも製作者の身近にあったことを裏付けるという高山純の見解は重要である[8)]。田島龍太は二ツ枝出土土製耳栓の形態・文様がマグロやサメの椎骨の写しである可能性を指摘している[9)]。側面の弓形の沈線は，魚類椎骨の神経弓溝・血道弓溝の側視観を示したものであろう（図6）。一方，東三洞や新岩里で出土した土製耳栓にみられる同心円文は，同心円の密度からみて椎体にみられる輪紋の表現と思われる（図7）。河仁秀が指摘した同心円文には中心に貫通孔がみられるという点についても，サメ椎骨製耳栓には穿孔がみられることが多いことと関連するのであろう。

金恩瑩らは釜山から慶州に分布する韓半島の土製耳飾を縄文文化の耳栓の影響で製作されたとみている[10)]。新石器時代中期の韓半島南部の土製耳栓は前代の様相とは脈絡なく出現している。一方，北部九州でも系譜がよく把握できていないが縄文時代中期前半に輪鼓形の土製耳栓が出現する。出現時期がほぼ同時であることは看過できず，この時期には韓半島南海岸で船元式，対馬島・壱岐島で水佳里Ⅰ式土器が相互に出土し，交流の存在も確認される。そして両岸地域でサメなど魚類椎骨製耳栓の影響を受けた土製耳栓が製作されている点も共通する。そのため，相互にまったく関係がなく，出現したとみるのは躊躇する。木村幾多郎は円盤形耳栓は北部九州に類例がないので韓半島南海岸での独自発生と捉えているが[11)]，形態についてはまったくそのとおりである。したがって影響関係があるとすれば，もともとサメ椎骨製耳栓が両岸地域に広がっていたところ，耳栓を土製で製作するという考え方のみが広がる着想伝播のような状況だった可能性があ

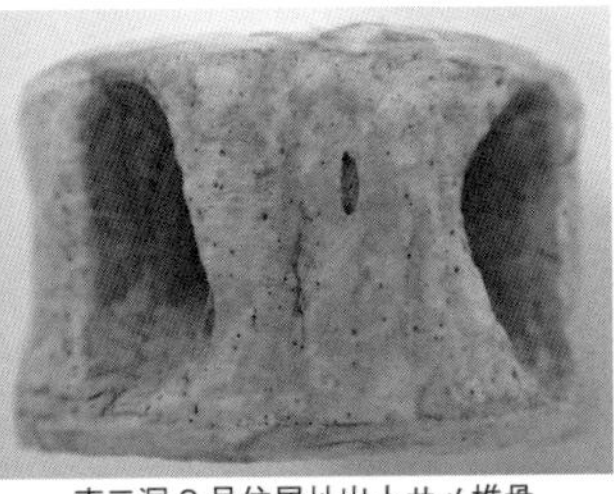

二ッ枝出土土製耳栓　　東三洞３号住居址出土サメ椎骨

図６　二ツ枝土製耳栓とサメ椎骨の比較

東三洞２号住居址出土土製耳栓　東三洞３号住居址出土サメ椎骨

図７　東三洞土製耳栓とサメ椎骨の比較

る。伝播の方向は，遺存しにくいサメ椎骨製耳栓であっても韓半島では東南海岸から西南海岸を経て錦江下流域まで分布しているのに比し，土製耳栓は金恩瑩の指摘のとおり縄文集団との交流の舞台となった東南海岸の狭い範囲に限定されることから，北部九州から韓半島南部への方向であるとみられる。両岸でサメなど魚類椎骨製耳栓を模した土製耳栓が製作されるが，韓半島東南海岸では椎体正面，北部九州では椎骨側面と模している部位には差異があり，独自性が認められる。河仁秀は，耳栓の出土数の少なさから集団の成員の中でも限られた人物のみが特定の役割を果たすものと想定している。土製耳栓の在り方が相手集団との緩い共通性を保持しながら，自集団の強い独自性を示していることを勘案すると，韓半島東南海岸で土製耳栓を着装した人物は，日韓交流を担当する人物やその関係者であったのかもしれない。土製耳栓は韓半島新石器時代社会に大きな影響を与えるものではなかったが，ごく一部の地域であっても，また，着想伝播のような微弱な影響関係であっても，そのような資料が存在することの意義は小さくない。

従来，日韓交流の研究では，存否や強弱に力点がおかれ，近年は相互の文化にあまり影響を及ぼさなかったという側面が強調される傾向にあった。本稿結論の当否はともかく，これまであまり取り扱われることのなかった，微弱ではあっても示される影響関係についても，今後はきめ細かく追究していく必要があるだろう。

註

1）日本列島自生説のほか長江流域渡来説，サハリン・北海道経由渡来説などが唱えられてきたが，玦状耳飾が出土した麗水（ヨス）市安島（アンド）で，塞ノ神式・苦浜（くはま）式と関係する土器が出土し，縄文時代早期末における日韓の交流が確認できることなどから筆者は韓半島・北部九州経由渡来説を支持する。

2）山崎真治「沖縄先史時代の赤色顔料関連資料（Ⅱ）」『博物館紀要』15, 沖縄県立博物館・美術館, 2022

3）設楽博己「東名遺跡からみえる縄文時代早期の精神文化」『東名遺跡群Ⅳ』佐賀市埋蔵文化財調査報告書 100，2016。水ノ江和同「縄文時代早期末葉の装身具文様」『遺跡学研究の地平』吉留秀敏氏追悼論文集刊行会，2020

4）新東晃一「九州における縄文時代の二つの耳飾り」『縄文の森から』4，2006

5）岡崎　敬「対馬の先史遺蹟」『対馬』東方考古学叢刊乙種第６冊，1953 には，対馬の厳原高校所蔵滑車形土製耳栓３点が報告され対馬出土とみられるとされているが，中央が膨らむものもあるなど縄文時代後期の東日本の耳栓に類似するので，彼地の資料が標本として持ち込まれた疑いがあり，本稿での検討から除外する。

また長崎市深堀で輪鼓形土製耳栓が出土しているが，詳細は検討を要する。

6）河　仁秀「櫛文土器社会의 耳飾에 関한 試論」『中央考古研究』28，2019

7）池　榮培『韓半島 新石器時代 装身具 및 異形遺物에 대한 研究』釜山大学校 大学院 碩士学位論文，2013

8）高山　純『民族考古学と縄文の耳飾り』同成社，2010

9）田島龍太『中尾二ツ枝（1）』唐津市埋蔵文化財調査報告 47，1991

10）金　恩瑩・張　龍俊「韓半島 新石器時代 黒曜石製 石器의 出土様相과 意味」『韓国考古学報』2022-2，2022

11）木村幾多郎「縄文時代の日韓交流」『東アジアと日本の考古学Ⅲ交流と交易』同成社，2003

弥生時代の始まりと支石墓・磨製石剣

平郡達哉 島根大学法文学部
HIRAGORI Tatsuya

1 東北アジア支石墓文化のなかの九州支石墓（図1・2）

支石墓は埋葬主体部を地下・地上に石材などを用いて構築し，その上に上石を載せた巨石文化の一つであり，東北アジア青銅器時代に韓半島を中心に中国東北地域から日本列島にかけて築造された墳墓である。日本列島，とくに北部九州の支石墓はそのような東北アジア支石墓文化の南端に位置し，時期的にも弥生中期までともっとも遅くまで築造されることが特徴である。九州における支石墓の個々の内容については『東アジアにおける支石墓の研究』[1)]で詳しく説明されているため，ここでは日本列島，とくに弥生開始期の北部九州の支石墓に見られる特徴について述べる。日本列島の支石墓は北部九州において縄文晩期から弥生早期という弥生文化の成立過程期と軌を一にして築造された外来文化の要素である。これまで北部九州を中心に約600基が確認されており5つの密集する地域に分けられる。その中でももっとも早く支石墓が登場するのは玄界灘沿岸地域であり[2)]，その後周辺地域に分布を広げていくなかで墳墓の構造と出土遺物において地域性を持つようになる。

東北アジアの支石墓は埋葬主体部・支石・上石から構成され卓子式，碁盤式，蓋石式，囲石式に分けられる。日本列島では卓子式は知られておらず，碁盤式が大勢を占め，蓋石式は極少数に限られる。そのため，地下に構築された埋葬主体部の構築材を基準に型式分類されるが，弥生開始期前後の支石墓に関していえば，木棺，石棺，（石蓋）土壙，土器棺が見られる。これらのうち土器棺の使用は韓半島側では見られないものである。

支石墓での出土遺物は28遺跡で確認されており棺内と棺外出土遺物に区分される。棺内での副葬品は8遺跡でのみ確認され，残りは棺外からの出土になる。出土遺物は小型壺を中心にした土器類，磨製・打製石鏃といった石器類，碧玉製・硬玉製玉類，腕輪を中心とする貝製品に大別できる。これらのうち，三雲加賀石地区出土尖根一段茎式磨製石鏃は柳葉形の身部や直角をなす関部，身部だけでなく茎端部までおよぶ鎬，六角形をなす茎部断面などは韓半島南部地域の支石墓出土品と酷似し韓半島製作品と考えてもよい。一方，志登（しと）6号支石墓で出土した黒曜石製の無茎三角形打製石鏃は韓半島の支石墓では出土しないものであり在地での製作品である。また，天久保3号支石墓出土碧玉製管玉は韓半島からの将来品である可能性が高い[3)]。そして，大友2号・8号支石墓での貝輪副葬は韓半島青銅器時代墓制には見られない副葬風習であり，九州支石墓の特徴として挙げることができる。

土器は新町遺跡4・9号墓で確認されたように墓壙隅の外側に小型壺が棺外副葬されるが，韓半島側では馬山鎮東3号，昌原新村里Ⅰ-9号など慶尚南道南海岸地域でも同様の副葬方法が確認されている。また，久保泉丸山SA016や礫石SA26・33のように埋葬主体部蓋石上に壺・鉢を置いて棺外副葬されるものがある。韓半島側では支石墓の埋葬主体部とは断言できないものの，同様の石蓋土壙を埋葬主体部とする梁山所土里7号墓で見られる。

埋葬姿勢においても人骨が出土した新町，大友，宇久松原では縄文時代後晩期の伝統[4)]を引く屈葬・屈肢葬で埋葬されているが，韓半島南部地域の支石墓では屈葬は皆無で上肢や下肢を曲げた屈葬と伸展葬の混合的な様相が見られる[5]。九州支石墓における屈葬の採用は埋葬主体部として甕棺の採用，埋葬主体部の小型化，これに対応して韓半島支石墓の上石に比してその規模が約三分の一になる[6] という上石の小型化と関連づけられる。

上記したように，弥生開始期の九州支石墓を構成する要素は①韓半島に起源を求められる要素（磨製石鏃・碧玉製管玉・土器副葬風習・石蓋土壙）と②韓半島の支石墓には見られず縄文時代墓制に起源を求められる要素（甕棺・屈葬）に大別できる。

弥生開始期の九州支石墓では故地でのありかた（支石墓の形態・副葬風習）が完全な形でそのまま見られる事例はほぼない。むしろ出現期の早い時点で在地的要素（埋葬主体部構造，埋葬姿勢）を取り入れ変容した形で築造されている。そして，出現当初から北部九州地域内で埋葬主体部や出土遺物の種類において地域性を持つ。このことは九州の支石墓が韓半島のある地域からの一元的な伝播ではなく，時間的・空間的に多元的に伝播したことを想定させる。結論的には各要素の故地となる韓半島でのあり方，つまり土器副葬風習および石蓋土壙墓，そして碧玉製管玉の存在を基準とした場合，九州支石墓の起源地の一つを梁山（ヤンサン）から泗川（サチョン）にかけた慶尚南道（キョンサンナムド）南海海岸地域と麗水（ヨス）半島に推定できる。

2　東北アジア磨製石剣文化のなかの九州出土磨製石剣

中国東北地域，ロシア沿海州，韓半島，日本列島における磨製石剣は各地域における青銅器出現期の直前から見られるようになる[7]。磨製石剣の出土数や形態の多様性からみて東北アジア磨製石剣文化の中心は韓半島青銅器時代にある。一方，日本列島では弥生開始期における大陸系磨製石器のひとつとしてあらわれ，その起源は韓半島南部地域に求められるという点で，上記した弥生開始期の支石墓と相通じる点が多い。

これまで日本列島における磨製石剣のうち，韓半島と関連性があるものは85点ほど確認され，出土遺構がわかる資料の約半分が墳墓での副葬品として出土している[8]。

弥生開始期前後の磨製石剣の基本的な分類基準は韓半島出土磨製石剣のものを適応させることができる。柄部形態によって有柄式と有茎式に大別し，有柄式は①剣身と柄の連結形態，②鎬の位置によって，有茎式は①茎部の長さ，②茎部の抉りの有無によって細別される（図3）。これら磨製石剣と共伴した土器から縄文晩期に有段1式，無段1式，板付Ⅰ式期に無段2式・有茎2式，板付Ⅱ式期に無段2式と無段式のうちで柄頭が左右に広がるもの，有茎3式が見られることがわかる（図4）。

泉出土の有段1式は鍔部の突出，鎬の位置からみて日本列島出土品の中でもっとも古い特徴を持つ。類似する韓半島側の資料として慶尚南道昌原市花陽里（ファヤンリ）遺跡出土品があり，この型式は韓半島東南部の大邱（テグ），馬山（マサン），昌原（チャンウォン），慶州（キョンジュ）に集中分布する[9]。

次に，雑餉隈SR003出土の有段1式は柄頭部の形態において違いがあるが，柄部の節の形状や鎬が柄部にまで至る点から京畿道（キョンギド）平澤市土津里（トジンリ）出土品を類似資料として挙げることができる。同時期の遺構と考えられる雑餉隈遺跡SR015から出土した無段1式は韓半島中西部の論山麻田里（ノンサンマジョンリ）遺跡の石棺墓出土品に酷似する[10]。これら2点の磨製石剣はいずれも木棺墓から磨製石剣1点＋磨製石鏃複数点＋土器（壺）1点がセットをなして出土している。磨製石剣は埋葬主体部の長壁中央付近に寝かせた状態で副葬されている（図5）。このような副葬品セットと石剣の副葬位置は故地である韓半島南部地域でのあり方を忠実に再現している。上記した石剣は使用石材と石剣の型式からみて韓半島で製作されたものが九州に持ち込まれたものと考えられる。

日韓間で類似する磨製石剣を図6に示した。泉・ガヤノキや中間市出土品は韓半島東南部の嶺南地域出土品（花陽里，時至洞（シジドン），大新洞（テシンドン）），雑餉隈など福岡平野の出土品は韓半島中西部の京畿道・忠清（チュンチョン）南道出土品（土津里，麻田里），菜畑遺跡出土品は韓半島西南部の宝城郡竹山里（チュクサンリ）タ群16号墓出土品と類似するなど，韓半島から日本列島への磨製石剣の流入ルートや起源地は一元的であると

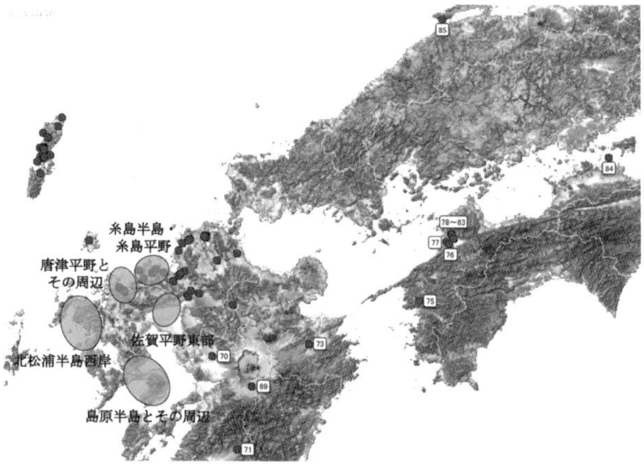

糸島半島・
糸島平野
唐津平野と
その周辺
佐賀平野東部
北松浦半島西岸
島原半島とその周辺

図１　日本列島支石墓と磨製石剣分布図（註８に加筆）
（黒線で囲った地域は支石墓密集地域，●は磨製石剣出土遺跡）

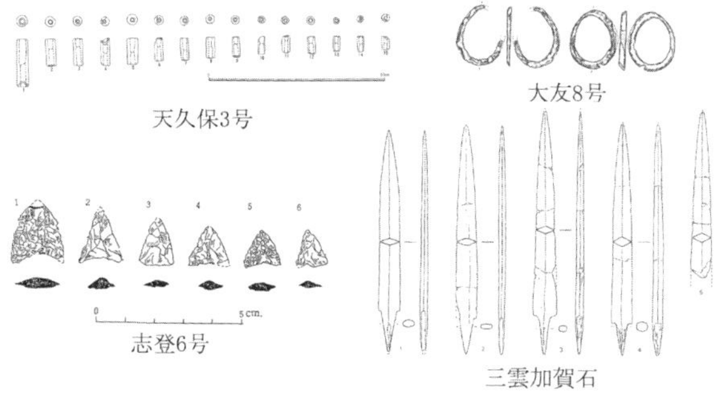

天久保3号

大友8号

志登6号

三雲加賀石

木棺：石崎矢風1号

土器棺：大友1号

石棺：狸山5〜7号

石蓋土壙：礫石B SA33

図２　日本列島弥生開始期前後の支石墓の埋葬主体と出土遺物
（各報告書から引用）

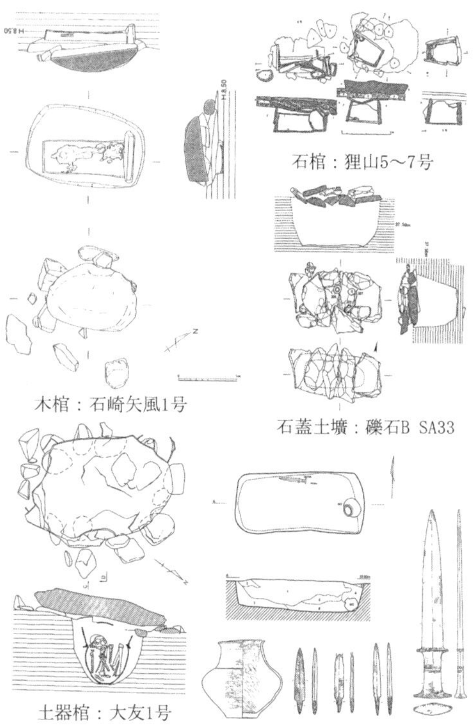

図５　九州における
磨製石剣の副葬
雑餉隈 SR003 木棺墓
（報告書から引用）

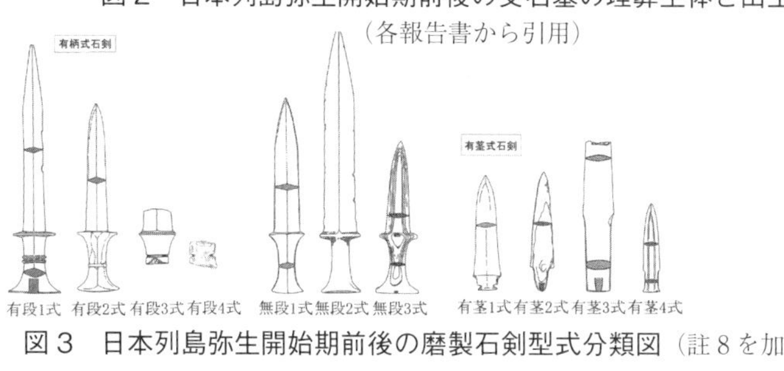

図３　日本列島弥生開始期前後の磨製石剣型式分類図（註８を加工）

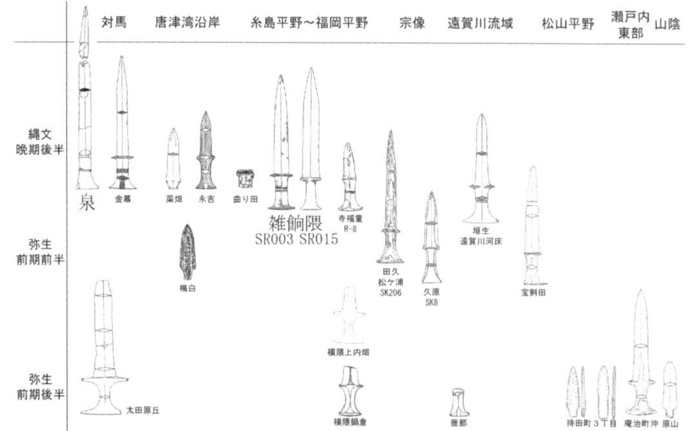

図４　日本列島出土磨製石剣変遷図（縄文晩期〜弥生前期，註８より）

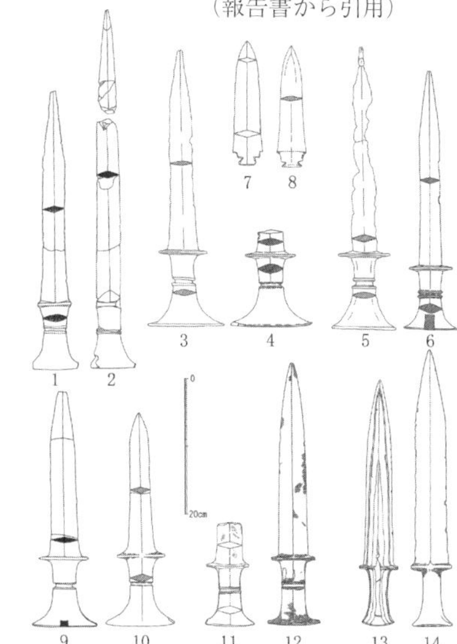

図６　日韓で類似する磨製石剣（註８より）
1：花陽里　2：泉　3：時至洞Ⅰ-15　4：ガヤノキ　5：時至洞Ⅰ-3　6：金幕　7：竹山里　8：菜畑　9：大新洞Ⅰ-3　10：垣生遠賀川河床　11：土津里　12：雑餉隈 SR003　13：麻田里　14：雑餉隈 SR015

いうより多元的である可能性がある。

4 まとめ―弥生時代の始まりと関連して―

東北アジア支石墓・磨製石剣文化圏の南端に位置する北部九州の支石墓・磨製石剣は，縄文時代から弥生時代への転換期に韓半島青銅器時代文化との関わりの中で位置づけできる物質資料である。

支石墓からは大友遺跡のように縄文人の形質的特徴を有する人骨が出土している。宮本一夫は大友遺跡での発掘調査成果を基に遺跡の立地，出土人骨に対するコラーゲン同位体分析結果や縄文時代の結合式釣り針・石鋸の分布と初現期の支石墓の分布が対応する点から，韓半島南部地域の集団と従来から交流関係を結んでいた漁撈民が新たな墓制を受容したとしている[11]。

磨製石剣は縄文時代晩期に対馬を経由して唐津湾沿岸に伝わり，糸島平野・福岡平野にも広がる。墳墓への副葬，副葬位置など韓半島における磨製石剣の「使われ方」と高い共通性を見せている。これも支石墓と同じく単なる磨製石剣のみの流入ではなく，これら石剣を使用・所有した人々の移動・移住の所産と考えられる。韓半島由来の磨製石剣が伝わり日本列島内で受容していく際，支石墓の副葬品としてはあらわれず，分布を異にする木棺墓から故地での使われ方，つまり被葬者が身分の象徴品として生前使用[12]していたものを副葬する形で用いられた。

九州の支石墓や磨製石剣はモノのみが伝わったのではなく，人の渡来・移住に伴って韓半島青銅器時代文化のひとつとして同時に伝わり，それを受け入れることを可能にした基層文化の存在と受容過程を物語る物質資料となる。

註

1) 西谷正『東アジアにおける支石墓の総合的研究』九州大学文学部考古学研究室，1997
2) 端野晋平『初期稲作文化と渡来人』すいれん舎，2018
3) 九州大学文学部考古学研究室「1 長崎県・天久保支石墓の調査」『東アジアにおける支石墓の総合的研究』1997
4) 坂本嘉弘「九州における縄文時代後・晩期の葬制」『弥生時代の墓制（1）』第48回埋蔵文化財研究集会発表資料集，2000
5) 田中良之「弥生時代における日韓の埋葬姿勢について」『弥生時代における九州・韓半島交流史の研究』九州大学，2001
6) 前掲註2に同じ
7) 庄田慎矢「東北アジアにおける金属器受容と短剣形石器の出現」『青銅器の模倣Ⅱ』第65回埋蔵文化財研究集会，埋蔵文化財研究会，2016
8) 平郡達哉「日本列島出土磨製石剣再考―縄文時代晩期～弥生時代前期の資料を中心に―」『島根考古学会誌』34，島根考古学会，2017
9) 張　龍俊・平郡達哉「有節柄式石剣からみた無文土器時代埋葬儀礼の共有」『韓国考古学報』72，韓国考古学会（韓国語），2009
10) 前掲註7に同じ
11) 宮本一夫 編『佐賀県大友遺跡Ⅱ―弥生墓地の発掘調査―』2003
12) 後藤　直「朝鮮青銅器時代」『季刊考古学』70，雄山閣，2000

参考文献

武末純一・平郡達哉「日本の支石墓を巡る諸問題」『巨済大錦里遺跡―考察編―』（財）慶南考古学研究所（韓国語），2009
中村大介「弥生時代開始期における副葬風習の展開」『日本考古学』21，日本考古学協会，2006
平郡達哉「列島における支石墓の受容と変容」『平成26年瀬戸内海考古学研究会第4回公開講座予稿集』瀬戸内海考古学研究会，2014
宮本一夫「弥生移行期における墓制から見た北部九州の文化受容と地域間関係」『古文化談叢』67，九州古文化研究会，2012
森貞次郎「日本における初期の支石墓」『金載元博士回甲紀念論叢』乙酉文化社，1969
李　栄文『韓国支石墓社会研究』学研文化社（韓国語），2002

＊紙幅の関係上，報告書は割愛した。ご容赦されたい。

板付式土器の成立

三阪 一徳　岡山理科大学学芸員教育センター
MISAKA Kazunori

小稿では，北部九州の縄文時代晩期から弥生時代前期の土器の器種組成と製作技術に関する分析を実施し，先行研究の成果をふまえつつ，改めて板付式土器の成立過程について検討したい。

1　資料と方法

時期に関しては，小南裕一，宮地聡一郎，端野晋平らの土器編年案を参照して，黒川式期，夜臼Ⅰ式期，夜臼Ⅱa式期，板付Ⅰa式期，板付Ⅰb式期に区分し[1]，各時期の一括資料を表1のように捉えた。これに従って土器の器種組成と製作技術の時間的変化について検討する[2]。

器種組成については，報告書掲載資料を対象とし，器種分類と各時期の主要器種を図1に，器種組成に関する分析結果を図2に示した。製作技術に関しては，粘土帯の積み上げ方法，器面調整方法，焼成方法の3つを分析項目とし，分析方法は拙稿[3]に従った。分析結果は図3に示している。

2　土器の器種組成と製作技術の時間的変化

黒川式期　主要器種は浅鉢／鉢Ⅰ～Ⅳ類と深鉢／甕ⅠA・ⅠB・ⅡA・ⅡB類である（図1）。大別器種の組成比は，深鉢／甕と浅鉢／鉢がそれぞれ約半数を占め，浅鉢／鉢に脚が付く高杯Ⅰ類も少量存在する（図2-1）。

製作技術は幅狭粘土帯─水平・内傾による積み上げ，非木製板工具調整，開放型野焼きであ

表1　対象資料

地域	時期	遺跡名	遺構・層位	文献 ＊紙幅の都合上，文献情報の詳細は割愛した。	分析	
					製作技術	器種組成
上場台地	黒川式期	高峰	包含層	唐津市教育委員会 1994	+	+
		十蓮Ⅱ	包含層	唐津市教育委員会 1993	+	+
唐津平野	夜臼Ⅰ式期	菜畑	9～12層	唐津市教育委員会 1982	+	+
		宇木汲田	Ⅸ・Ⅹ・Ⅺ層	田崎 1986，横山・藤尾 1986，横山浩一先生退官事業会 1991	-	+
	夜臼Ⅱa式期	菜畑	8層下	唐津市教育委員会 1982	+	+
糸島平野	夜臼Ⅰ式期	石崎曲り田	17・26・28・33・39・40号住居跡，W-3・W-4区包含層	福岡県教育委員会 1983	+	+
		石崎曲り田	11・13号住居跡	福岡県教育委員会 1983	-	+
	板付Ⅰb式期	周船寺10次	B区SD01	福岡市教育委員会 2000	-	+
早良平野	夜臼Ⅰ式期	橋本一丁田2次	SD001-7・8・11層，SX088	福岡市教育委員会 1998	+	+
		橋本一丁田4次	SX100，SX102，SX121	福岡市教育委員会 2004	-	+
	板付Ⅰa式期	橋本一丁田2次	SD010	福岡市教育委員会 1998	+	+
		有田1次	29街区Ⅴ字状溝	福岡市教育委員会 1967	+	+
		有田2次	29街区溝状遺構	福岡市教育委員会 1968	+	+
		有田77次	SD12	福岡市教育委員会 1996	+	+
		鶴町	第Ⅰ・Ⅱ号溝	福岡市教育委員会 1976b	+	+
	板付Ⅰb式期	有田181次	SU020	福岡市教育委員会 1998	+	+
福岡平野	夜臼Ⅰ式期	雀居4·5次	SD003下層	福岡市教育委員会 1995a・b	+	+
		板付30·31次	G-7ab地点下層	山崎 1980，福岡市教育委員会 1995c	+	+
		諸岡F区	黒色粘質土層	福岡市教育委員会 1976a	+	+
	夜臼Ⅱa式期	那珂37次	SD02	福岡市教育委員会 1994	+	+
		板付30·31次	G-7ab地点中層	山崎 1980，福岡市教育委員会 1995c	+	+
		板付60次	SC01	福岡市教育委員会 1995c	+	+
	板付Ⅰa式期	下月隈C6次	SK460・SK488・SK500・SD507	福岡市教育委員会 2005	+	+
		板付15次	G-6a地点粗砂層	福岡市教育委員会 1977，山崎 1980	+	+
		板付20次	F-5a地点2号竪穴	福岡市教育委員会 1979・1997，山崎 1980	-	-
		板付30·31次	G-7ab地点上層	山崎 1980，福岡市教育委員会 1995c	+	+
	板付Ⅰb式期	雀居5次	SK188	福岡市教育委員会 1995b	+	+
		雀居10次	SK018-①～④	福岡市教育委員会 2003	+	+
粕屋平野	黒川式期	江辻第4地点	SX1	粕屋町教育委員会 1998	+	+
宗像地域	板付Ⅰb式期	今川	Ⅴ字溝下層・中層・上層	津屋崎町教育委員会 1981	-	+
紫川流域・下曽根平野	黒川式期	長行	A・B地区包含層	北九州市教育文化事業団埋蔵文化財調査室 1983	+	+
		春日台	1・2号土壙	北九州市教育文化事業団埋蔵文化財調査室 1984	+	+
		貫・井手ヶ本	2・3号土壙	北九州市教育文化事業団埋蔵文化財調査室 1990	+	+

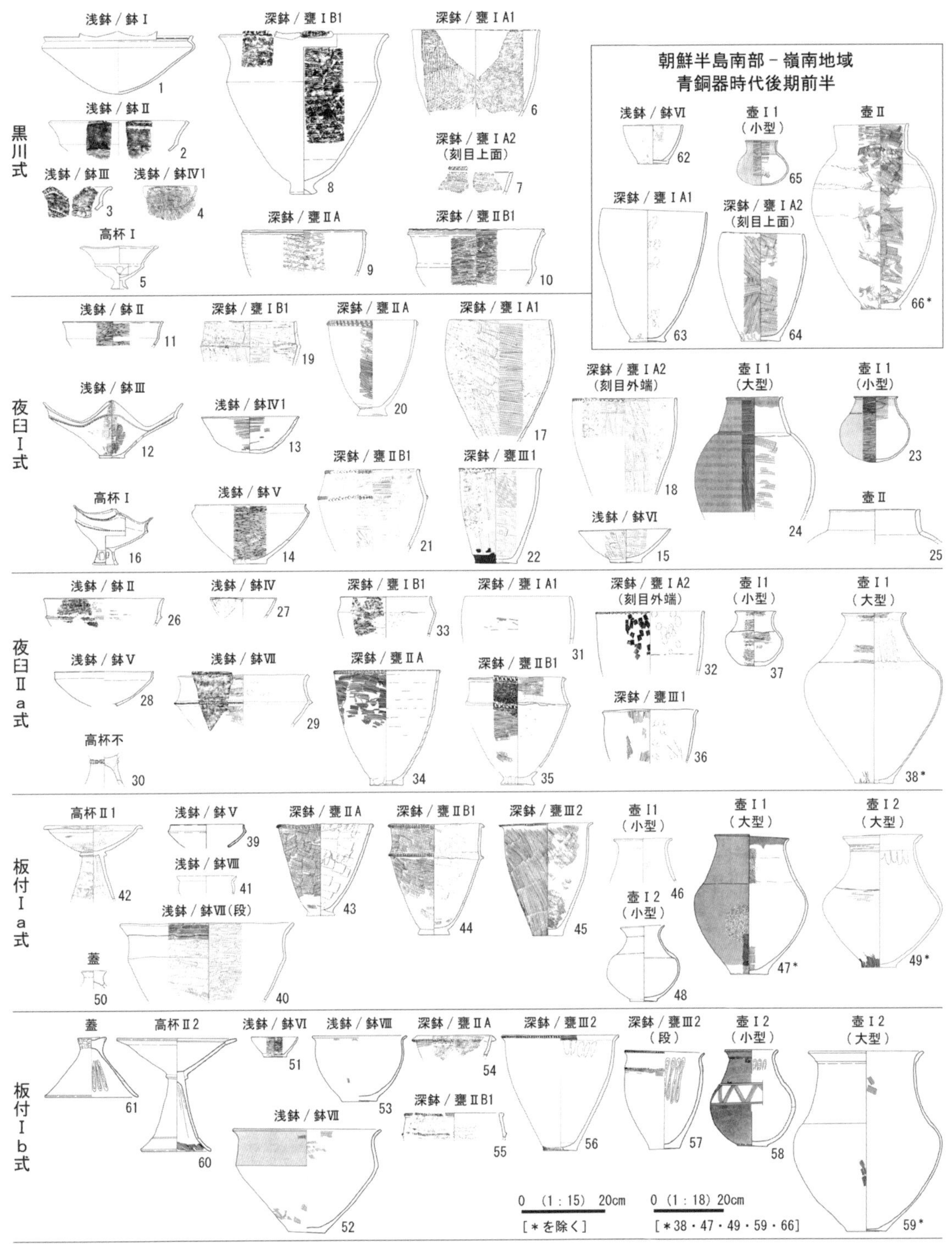

図1　黒川式期～板付Ⅰb式期における主要器種

1：春日台2号土壙　2：長行B地区包含層　3：長行A地区包含層　4～6：貫・井手ヶ本3号土壙　7：貫・井手ヶ本2号土壙　8～10：春日台1号土壙　11・14・23：雀居5次SD003下層　12・13：菜畑9～12層　15：石崎曲り田W-4区包含層　16：宇木汲田第Ⅸ層　17～19・22・25：石崎曲り田W-3区包含層　20：板付30・31次G-7ab地区下層　21：橋本一丁田2次SD001-11層　24：石崎曲り田17号住居跡　26・28・33・36・37：那珂37次SD02　27・30～32：菜畑8層下　29・35・38：板付60次SC01　34：板付30・31次G-7ab地点中層　39・47：板付15次G-6ab地点粗砂層　40・42・44・45：下月隈C6次SD507　41・46：橋本一丁田2次SD010　43：下月隈C6次SK488　48：板付20次F-5a地点2号竪穴　49：板付30・31次G-7ab地点上層　50：有田77次SD12　51・56：雀居5次SK188　52・53・60：今川Ⅴ字溝中層　54：雀居10次SK018-②　55：有田181次SU020　57・58：今川Ⅴ字溝下層・中層　59：今川Ⅴ字溝下層　61：今川Ⅴ字溝上層　62：大坪里玉房9地区44号住居址　63：大坪里玉房2地区6号住居址　64：大坪里玉房3地区27号住居址　65：大坪里玉房1地区（晋州博）3号住居址　66：大坪里玉房1地区（晋州博）4号竪穴

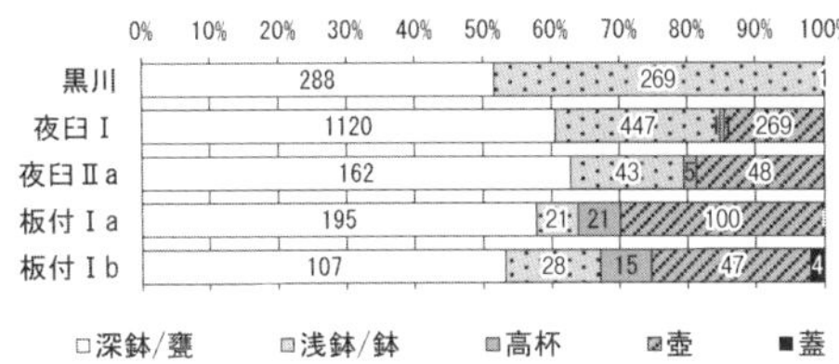

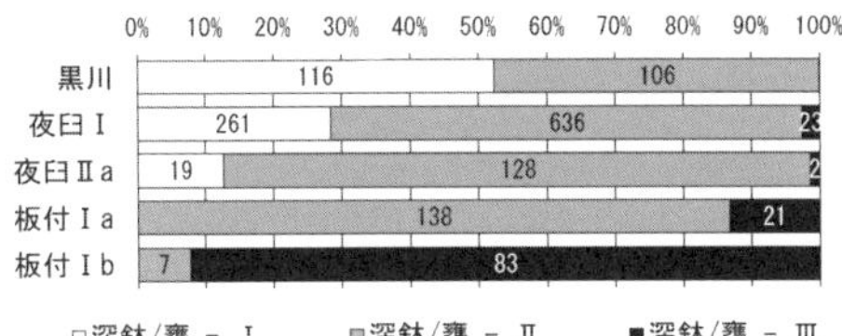

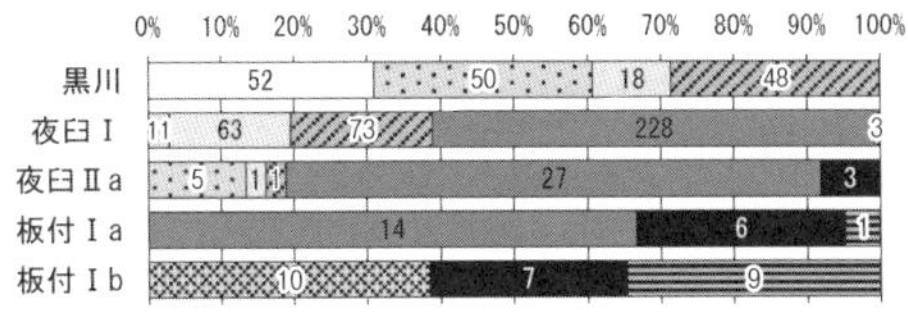

図２　器種組成

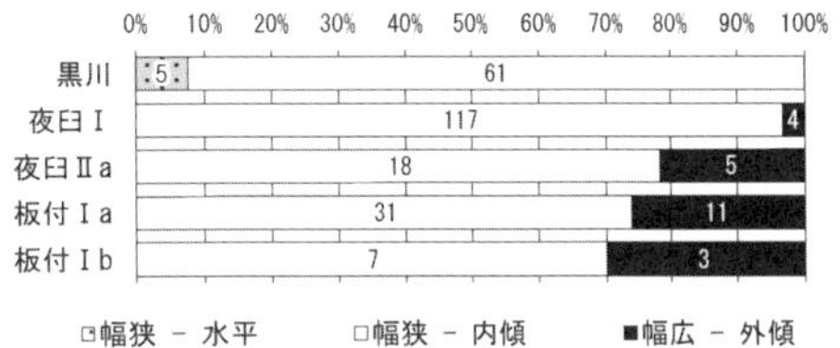

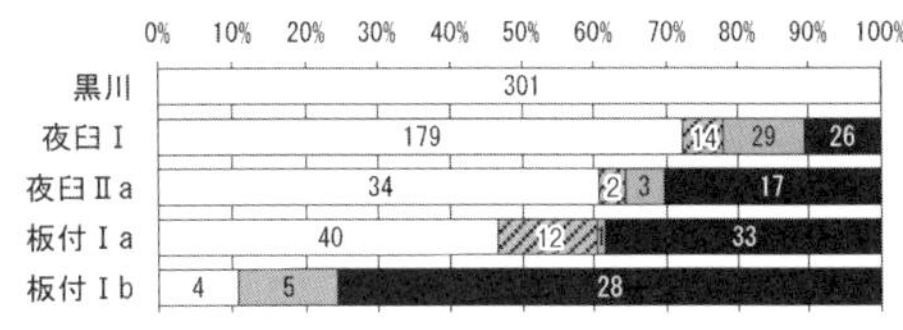

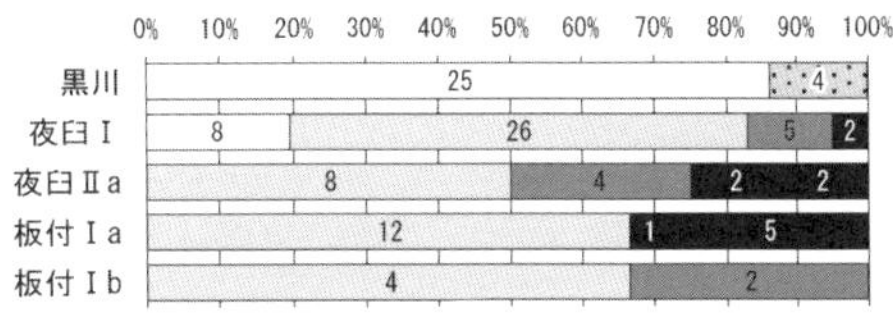

図３　製作技術

り，後述する朝鮮半島南部と共通する要素は現在のところ確認されていない（図3-1～3）。

夜臼Ⅰ式期　主要器種は黒川式系の浅鉢／鉢Ⅱ～Ⅴ類と深鉢／甕ⅠA・ⅠB・ⅡA・ⅡB類，朝鮮半島南部系の浅鉢／鉢Ⅵ類と深鉢／甕ⅠA類，壺Ⅰ1類（小型）・Ⅱ類，両者から変容して成立したと考えられる変容型の深鉢／甕ⅠA2類（刻目外端）・Ⅲ1類と壺Ⅰ1類（大型）の3つに区分できる。なお，砲弾形の器形をもつ深鉢／甕ⅠA1類・ⅠA2類（刻目上面）は黒川式期と朝鮮半島南部の両者に存在し，系譜を限定することは難しい。黒川式系，朝鮮半島南部系，変容型の器種は明確に区分できるわけではなく，境界が不明瞭な点が特徴である（図1）。

大別器種の組成比は深鉢／甕約60%，浅鉢／鉢約25%，壺約15%となり，高杯も少量存在する（図2-1）。黒川式期と比較すると，深鉢／甕の比率はあまり変わらないのに対し，浅鉢／鉢が減少し，そこに壺が加わる。深鉢／甕はⅠ類が約30%に減少，Ⅱ類が約70%に増加し，新たにⅢ類（Ⅲ1類，板付祖型甕）が出現する（図2-2）。浅鉢／鉢はⅠ類が消失する一方で，Ⅴ類が出現し約60%を占める（図2-3）。

製作技術は朝鮮半島南部に系譜をもつ要素（幅広粘土帯―外傾による積み上げ，木製板工具調整，覆い型野焼き）が出現する。粘土帯の積み上げ方法と器面調整方法に関しては，黒川式系の要素の比率がなお高い（図3-1～3）。

夜臼Ⅱa式期　大別器種の組成比を夜臼Ⅰ式期と比較すると，深鉢／甕は約65%とほぼ変わらず，浅鉢／鉢は約15%に減少，壺は約20%に増加する（図2-1）。深鉢／甕はⅠ類が約15%に減少，Ⅱ類が約85%に増加する（図2-2）。浅鉢／鉢はⅤ類がやや増加して約70%となり，それ以外の黒川式系の器種の減少が進行し，Ⅶ類が出現する（図2-3）。

板付Ⅰa式期　大別器種の組成比を夜臼Ⅱa式期と比べると，深鉢／甕は約60%とあまり変化しないが，壺は約30%，高杯は約5%に増加し，浅鉢／鉢は約5%に減少する（図2-1）。深鉢／甕はⅠ類が消失し，Ⅱ類とⅢ類で構成されるようになる。

Ⅲ類は約15%と大幅に増加し（図2-2），遅くともこの段階にはⅢ2類（板付式甕）が成立している（図1）。浅鉢／鉢はⅤ類以外の黒川式系の器種がみられなくなり，Ⅶ類と新たに出現するⅧ類で構成される（図2-3）。壺はⅠ1類（夜臼式壺）に加え，新たにⅠ2類（板付式壺）が出現する。また，定形化した高杯Ⅱ類と蓋の存在が確認される（図1）。

製作技術は黒川式系と朝鮮半島南部系の要素の並存状態が存続し，夜臼Ⅰ式期以降，継続して後者が増加している（図3-1～3）。多くの個体で確認可能な器面調整方法では，黒川式系の非木製板工具調整が約45%，朝鮮半島南部系の木製板工具調整が約40%と互いに半数程度となる（図3-2）。

板付Ⅰb式期　大別器種の組成比は板付Ⅰa式期と大きな違いはない（図2-1）。一方，深鉢／甕はⅡ類が約10%と大幅に減少，Ⅲ類が約90%と大幅に増加する（図2-2）。浅鉢／鉢はⅤ類を含む黒川式系の器種は消失し，Ⅵ～Ⅷ類で構成される（図2-3）。壺はⅠ2類がⅠ1類の比率を上回る（図1）。

製作技術は，朝鮮半島南部系の要素が継続的に増加するが，黒川式系の要素も残存する。器面調整方法をみると，黒川式系の非木製板工具調整が約10%，朝鮮半島南部系の木製板工具調整が約75%となる（図3-2）。粘土帯の積み上げ方法に関しては観察可能な資料が少なく，実際の比率を示すことは難しいが，朝鮮半島南部系の幅広粘土帯―外傾による積み上げに収斂するわけではなく，黒川式系の幅狭粘土帯―内傾による積み上げもなお残存している（図3-1）。

3　板付式土器の成立

以上の北部九州における土器の器種組成と製作技術の時間的変化をふまえ，板付式土器の成立過程について検討する。

夜臼Ⅰ式期は，朝鮮半島南部の要素が受容されつつも，前時期に系譜をもつ黒川式系の要素と並存するなかで，変容した新しい要素が多数創出され，非常に複雑な土器様式が形成される。

夜臼Ⅱa式期には，黒川式系および朝鮮半島南部系の要素が一定程度保持されつつも，さらに変容が進んでいく。この過程で，板付Ⅰa式期に深鉢／甕Ⅲ2類，壺Ⅰ2類，高杯Ⅱ類，浅鉢／鉢Ⅶ・Ⅷ類をはじめとする板付式土器の器種組成が成立するのである。一方で，本時期には黒川式系の器種や製作技術も根強く残存する。

板付Ⅰb式期に黒川式系の要素が払拭され，板付式土器のみで構成されるようになると評価する立場もある。しかし，その内容を詳しくみると，黒川式系の器種（深鉢／甕ⅡA・ⅡB1類）や製作技術が少数ながらも残存しており，この点はこれ以降の土器の変化を考えるうえで重要である。

そして，田畑直彦が板付Ⅰb式土器は「北部九州のほか，山陰（出雲）・中部瀬戸内・土佐を東限とする範囲に分布が広がる」と指摘するように[4)]，この時期以降，農耕を含む多様な文化要素に伴って，板付式土器（遠賀川式土器（おんが））を構成する複数器種がセットで西日本各地に拡散・定着する。これが契機となって，西日本で縄文時代から弥生時代への移行が生じており，やはり板付式土器の成立は重要な画期のひとつといえる。

註

1）　小南裕一「北部九州地域における弥生文化成立期前後の土器編年」『古文化談叢』52，2005，pp.13-44。宮地聡一郎「黒色磨研土器」小林達雄編『総覧縄文土器』アム・プロモーション，2008a，pp.790-797。宮地聡一郎「凸帯文系土器（九州地方）」小林達雄編『総覧縄文土器』アム・プロモーション，2008b，pp.806-813。端野晋平「板付Ⅰ式成立前後の壺形土器―分類と編年の検討―」田中良之先生追悼論文集編集委員会編『考古学は科学か』中国書店，2016，pp.325-349。なお，本稿の黒川式期には，宮地（2008b）の「刻目凸帯文土器Ⅰ期」および小南（2005）の「Ⅰ期」を含む。

2）　拙稿（三阪一徳『土器製作技術からみた稲作受容期の東北アジア』九州大学出版会，2022）では板付Ⅰ式期を一時期としたが，小稿では板付Ⅰ式期をⅠa式期とⅠb式期に区分し分析を行った。また，資料の時期的位置づけや器種分類に若干修正を加え，分析結果を提示している。

3）　前掲註2（三阪2022）に同じ

4）　田畑直彦「遠賀川式土器の特質と広域編年・暦年代」森岡秀人・古代学協会 編『初期農耕活動と近畿の弥生社会』雄山閣，2018，pp.19-38

弥生時代北部九州の米

上條 信彦 弘前大学人文社会科学部
KAMIJO Nobuhiko

大陸から日本列島へ導入されたイネは現在，土器圧痕研究の進展により，弥生時代早期（山の寺・夜臼Ⅰ式土器段階）を遡る直前型式である，縄文時代最末期の江辻SX-1段階[1]まで遡る。これは，土器器壁内部に残る炭化種子の微量炭素年代測定の結果から導き出されたものである。このようにイネが導入された年代の確実な例が増加しつつある。続く，突帯文土器である夜臼Ⅰ式期には唐津市菜畑遺跡や同市宇木汲田（うきくんでん）貝塚，福岡市板付遺跡など，唐津平野から福岡平野において水田跡とイネ種子，大陸系磨製石器がセットで発見される。出土イネへの着目は中山平次郎の八女市岩崎例を皮切りに始まる[2]。これにより出土イネの存在と農耕論への有用性が示された。北部九州における出土イネの形質的研究は，1954（昭和29）年の板付遺跡の調査を皮切りに岡崎敬[3]らが推進した。佐藤敏也[4]は，前期に長幅比1.76～1.89の比較的細粒が多いことを示した。90年代，和佐野喜久生は粒長4.2㎜を基準に九州北岸域は短粒系，筑紫平野には長粒系がみられることから，それぞれが時期差をもって大陸の別々の地域から伝播したと考えた[5]。

日本列島における稲作農耕の拡散の大元となった九州において，イネそのものがどのような変化をたどったのか検討することは，その後の列島内部での拡散過程を知るうえで重要である。とくに，品種改良が進んでいない当時のイネは多様な品種が混ざり合っている状態と仮説立てられる。形質変化の過程は，交配による育種が盛んになる以前である江戸時代まで「選抜育種」という，既存の種類の中から，変わり種を選び，それがこれまでのものに比べて優れた性質をもち，収量を高めるような判断がされれば，採種して殖やす方法

図1　佐賀県菜畑遺跡のイネ（唐津市教育委員会蔵）

があった。この「選抜育種」は，弥生時代までさかのぼり，各地の風土に適応しつつ広がっていったと推察される。

こういった方法は，現代の遺伝的に厳格な品種選抜とは異なり，人々がイネを手に入れた際，気候や立地，耕作地，農耕技術，食文化に合わせつつ，どのようなイネを選択すべきかは，当時の人々も「見た目」から判断していた可能性が高いと考えられ，DNAが示す系統に加え形質や脱粒性などイネが持つあらゆる属性から検討することが有効と考える。そこで本稿ではイネ自体の形質やDNAといった品種面に着目しながら，稲作の導入と普及について考えてみたい。

1　弥生時代北部九州の出土米の全体的傾向

イネは被熱や酸化の影響を受けると，デンプン質の胚乳と，ケイ酸を含む外穎（がいえい）・内穎（籾）では変形が異なるため，多くは胚とぬか層を境に，それぞれ遊離しやすくなる。発掘でフルイがけをした際には，胚乳（結果的には玄米の状態）が残る，あるいは籾ごと融着して塊状になる場合が多い。そのため，イネの形質を調べる際には，最低20

粒以上の胚乳の確保が重要である。形質を見る基準は，形を粒形（長幅比），大きさを粒大（長幅積）で表される。

弥生～古墳時代の北部九州94地点の粒形の範囲は1.47～1.87，粒大は7.2～14.3である。これらのデータをもとに，粒形1.7，粒大11.0を基準にして，表1のような地点ごとに集団パターン①～④（以下，「パターン」を省略）の少なくとも4つに類型化した。なお，本稿での「長粒」,「中型」といった表記は，出土イネの分類基準であり，農学的な品種分類とは異なる。農学の観点では日本におけるインディカ種の基準は粒形3.0以上との長粒米とされるが，少なくともインディカ種が多い遺跡はなく，弥生時代に導入されたイネの形質的な特徴は主にジャポニカ種に属していた。

2　水稲農耕導入期の米

351粒を計測した宇木汲田Ⅸ層・Ⅹ層の中央値は，粒長3.92㎝，その標準偏差0.38である。温帯ジャポニカであるコシヒカリ一株の玄米は，粒長4.6㎜，標準偏差0.266とされる[6]。これと比べると，短くかつばらつきが大きい。また，在来品種100品種から1粒ずつ米粒を取って混ぜた場合，粒長平均5.2㎜，標準偏差0.413である[7]。より短いが，ばらつきは近くなる。よって，水稲農耕が導入された初期は，形質的に幅のあるイネが栽培されていたことを示唆する。

この宇木汲田Ⅸ層・Ⅹ層に加え，突帯文土器期の菜畑Ⅸ・Ⅹ層，板付第6次第1区E17小竪穴の3地点をみると，粒形は1.68にまとまるが，粒大は9.0～11.3で三様、かつばらつきが大きい。わずかながら粒形3.0以上の長粒種も含まれる。

次の前期前葉板付Ⅰ式期の福岡平野の平均は粒形1.61，粒大11.24である。突帯文土器期と比較すると有意差があり，粒形1.7未満，粒大11.0以上の②に変化する。また四分位数と標準偏差をみると，粒形・粒大ともにばらつきが小さくなる。なお，宇木汲田のDNA分析の結果[8]，熱帯ジャポニカ型9粒，温帯ジャポニカ型1粒，インディカ型1粒が判別されている。この結果と比較すると熱帯ジャポニカ型と判別されたイネの粒形質でさえも相当なばらつきが示唆される。

このように，突帯文土器期の米は，形質的にも遺伝的にも多様であり，いわば水陸稲双方に適応可能な耐環境性のイネで，比較的粗放な栽培でも，収量が期待された。ところが前期になるとばらつきが小さくなり，より短粒・中型種が多い②へ変化する。この類型は板付遺跡をはじめ，灌漑システムを備えた大規模水田と関連しており，この時期のイネは大陸から導入されたと考えられる。

表1　出土米粒形質の集団パターン

		粒形	
		1.7≦	1.7＞
粒大	11.0＞	①（長・小）	③（短・小）
	11.0≦	④（長・中）	②（短・中）

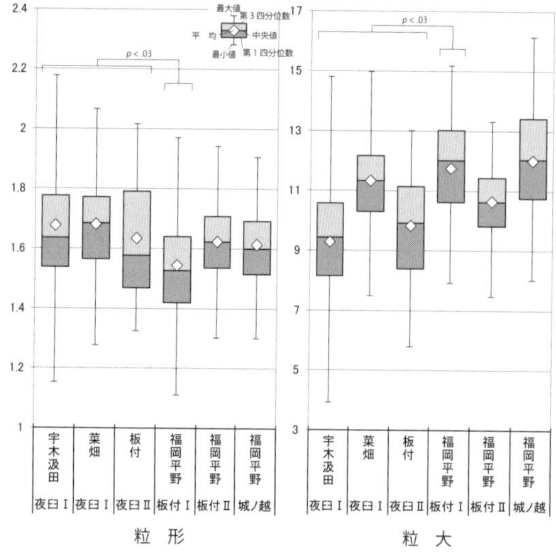

図1　水稲農耕受容期の出土米粒形質

3　弥生時代前期の品種意識の萌芽 ―三国丘陵の事例から―

では，いつ頃から形質差に現れるような品種意識が働き始めたのだろうか，福岡平野の変遷を続けて調べると，板付Ⅰ式期から続く五十川（ごじゅっかわ）遺跡で，粒形に2つのピークが観察される。一つは板付Ⅰ式期にみられた②と同じであるが，もう一つは粒形1.7以上，粒大11.0以上の長粒・中型種である④である。このように前期中葉の板付Ⅱ式期ごろから，

②とは異なるイネの形質が顕著になる。こうした変化には，前期中葉（板付Ⅱ式期）ごろから急増する遺跡群との関連が注目される。

そのうちの１つ，三国丘陵の遺跡群は，宝満川西岸の標高30〜40mのなだらかな低丘陵地帯に広がる。浅い谷が，平野部に向かって八つ手状または舌状に延びる。

16地点の粒形質をみると，粒形1.7，粒大11.0付近で不連続があり，有意差が認められる（図2)。それぞれ①〜③に区分される。板付Ⅰ式期から展開していた②のほか，①と③もある。遺跡単位でみると，①は三沢蓬ヶ浦・津古牟田，③は津古牟田・横隈狐塚７区・横隈山で，その他は②である。この差は何に起因するのだろうか，三国丘陵の前期中葉段階では，大河川氾濫原に接する三国丘陵縁辺部において集落と水田が確認されていて，次の前期後葉には丘陵部に進出する。

三沢蓬ヶ浦の①は畠状遺構で検出された。そのDNA分析の結果，それは熱帯ジャポニカであった。一方，丘陵縁部の谷部にあたる三沢公家隈遺跡では水田が見つかっている[9]。このような丘陵上の居住域と，その下の谷水田という三沢公家隈に類似する集落構造は，津古牟田，横隈狐塚７区，横隈山でも認められ，この栽培地の違いが貯蔵穴ごとの形質差となって現れているようである。これら貯蔵穴は貯蔵穴専用の環濠のなかにある。例えば，下関市綾羅木郷遺跡では，貯蔵穴の配置に粒形質ごとのまとまりが見出され，粒形質を意識した貯蔵が推測される。三国丘陵では，畠，谷水田，氾濫原の３つの立地で稲作が行なわれており，氾濫原の大規模灌漑水田で栽培された②のほか，谷水田で栽培された③，そして陸稲として栽培された①と，栽培立地によって品種を変えていた可能性がある。なお，DNA分析で熱帯ジャポニカが検出されると，その形質は①か④になる。一方，温帯ジャポニカが検出された場合，②が多い傾向にある[10]。また，わずかなインディカ種が含まれていたものの，その土地で積極的に選抜されずに徐々に淘汰されたとみられる。

このように，前期中葉から中期にかけて，これまでの平野氾濫原から，狭隘な谷部や丘陵地といった水稲が難しかった立地へ稲作が展開し始める。その背景には，粒形質レベルでも判別できるほどの，各立地に適したイネの選択性があったと考えられる。

また各立地で栽培されたイネは，動物被害から守るために栽培地から丘陵上の環濠内へ搬入，異なる形質が混ざらないように管理されていたと推測される。この時期の特徴として，各環境下で栽培された複数の形質のイネが相互に補完し合いながら複合的に展開する点が挙げられる。三国丘陵には松菊里型住居など渡来系資料が豊富にある。粒形質の差が生まれた背景には，急激な人口増加において，その生産基盤を維持させるために可耕地の拡大が求められた結果，各立地に適したイネが持ち込まれたためと推測される。

4　弥生時代中期の地域的展開

こうした稲の栽培環境に起因するとみられる粒形質の差は，地域差となっても現われる。例えば，石庖丁の生産地として知られる嘉穂盆地の飯塚市立岩遺跡の形質は，①と④がみられる。この２つは長粒種として共通する。中期以降，④は，北九州市黒ヶ畑，行橋市下稗田，みやこ町徳永川ノ上など周防灘沿岸，古処山地を挟んだ筑前町東小田峯・鳥栖市前田・甘木市平塚山の上など筑後川流域，そして佐賀平野山沿いに広がる。これは，中期前半以降本格的に流通する立岩系石庖丁の供給域とほぼ重なる。

このような周防灘沿岸・筑後・佐賀南部で展開する長粒の①や④は，中期後半には九州島全体，さらには中・四国にも拡大する。例えば，九州南部内陸の都城市平田遺跡が挙げられる。

壱岐島は平地が限られ水稲農耕は現在でも難しい。原の辻遺跡1953年調査資料には，中期のオオムギ，マメ類，イネがあり，複合的な農耕がうかがえる。粒長は3.49〜5.17㎝，粒幅は1.82〜3.29㎝，粒形平均1.78，粒大平均11.46である。これは①・④にあたる。ほかに比べて粒形には大きなばらつきがあり，なかには粒形2.01とかなり長粒種もあ

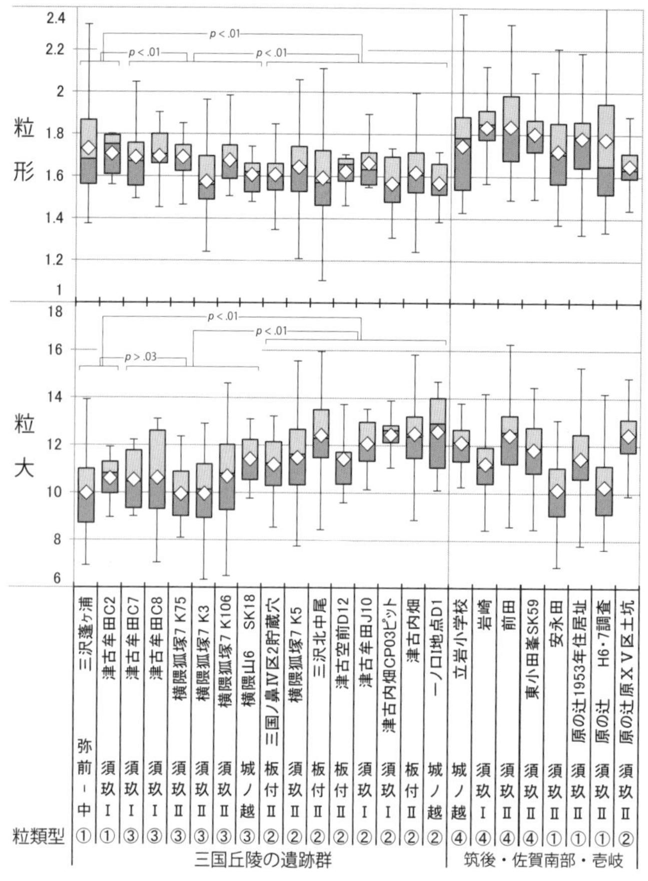

図２　三国丘陵および北部九州イネ粒形質の地域差

る。こうした④の拡大は前期後葉には，集落での選択肢に留まっていたが，中期後半には新しく開発された各所に確認される。その背景には，中期後半から後期にかけての寒冷化と共に，新たな地域を統括する首長層により開発された土地に適したイネが選択された可能性がある。収量維持のために水稲以外の栽培物の強化や，水田不適地への開墾が試みられた結果とも考えられる。

＊

従来，水稲農耕文化の展開には，大陸系磨製石器の展開や土器・石器様相や組成，遺跡立地や墓制の時空的な変化から論じられ，大陸からの影響が複数回あることが指摘されてきた。

以上，検討の結果，これら農耕文化の時空的な特徴との関連性が示され，気候と地理条件に対応する一定のパターンが明らかとなった。これは「炭化」米の粒形質が稲作文化を理解するうえで有効であることを示す。粒形質の変化は偶発的，一様ではなく，複数回にわたって生じ，計画的かつ多様であったと考えられる。

北部九州という限られた地域でも，イネの導入は均一ではなく，地域や集落ごとに異なる過程が見られる。したがって，稲作農耕の普及と受容に関する問題は，各地の稲作の普及時期を文化現象から分離し，文化変化に再評価を行うことで，より正確な稲作の普及と受容の関係が探れるものと考える。

最後に，分析に際し，小郡市埋蔵文化財調査センター，九州大学，唐津市教育委員会の協力を得た。記して感謝申し上げる。

註

1）Hiroki Obata, Dai Kunikita "A new archaeological method to reveal the arrival of cereal farming: Development of a new method to extract and date of carbonised material in pottery and its application to the Japanese archaeological context" *Journal of Archaeological Science*143, 2022

2）中山平次郎「焼米を出せる竪穴址」『考古学雑誌』14―1，1923，pp.10‐21

3）岡崎　敬「日本における初期稲作資料―朝鮮半島との関連にふれて―」『朝鮮学報』49，1968，pp.67‐87

4）佐藤敏也『日本の古代米』雄山閣出版，1971

5）和佐野喜久生「九州北部古代遺跡の炭化米の粒特性変異に関する考古・遺伝学的研究」『育種学雑誌』43，1993，pp.589‐602

6）佐藤洋一郎『稲のきた道』裳華房，1992

7）前掲註６に同じ

8）田中克典「宇木汲田遺跡および有田遺跡から出土したイネ種子のDNA分析に基づく弥生早期の北九州に伝播したイネタイプの検討」『東北アジア農耕伝播過程の植物考古学分析による実証的研究』2018，pp145‐159

9）片岡宏二『弥生時代渡来人から倭人社会へ』雄山閣，2006

10）上條信彦「水稲農耕定着段階における九州出土米の粒形質変異」『九州考古学』93，2018，pp.1‐21

渡来的弥生時代人

米元 史織　九州大学総合研究博物館
YONEMOTO Shiori

1　弥生時代人骨研究小史

形質人類学の分野でなされてきた現代日本人の起源・形成過程に関する議論は，「置換説」，「変形説」，「混血説」に大きく分類することができる。縄文時代に日本列島に住んでいた人々と，縄文時代よりも後の時代に列島に住んでいた人々とでは顔かたちなどの形質的特徴が大きく異なることから，両者の関係をどう考えるか，という点が各説の相違点である。

1953（昭和28）年に山口県土井ヶ浜遺跡と佐賀県三津永田遺跡から弥生時代の人骨が，続く1956年に島根県古浦遺跡，1957年に鹿児島県成川遺跡，1958年に広田遺跡，1960年山口県中ノ浜遺跡から人骨が発掘され，金関丈夫によって渡来（混血）説が提唱された。金関は高身長という特徴を強調し当初は「相当な数の」渡来があったとしていたが，その後，渡来は一時的であり，その数は在来の縄文人に比して遥かに少数で，逆行現象がその後に起こると述べた[1)]。

西北九州地域での弥生時代人骨の発見や当時の日本人の東西差の研究などを受けて1980年に北部九州地域における渡来がおおむね受け入れられる。その後も続々と発掘が行なわれ資料数が増加，さらに頭蓋骨だけでなく歯冠サイズなど新たな分析が行なわれ金関の渡来（混血）説が補強されていく。その後，中橋孝博・永井昌文によって「渡来系弥生人」の特徴は以下のようにまとめられている[2)]。顔面の下半部の高径の大きさを主要因として，上顔高をはじめとする高径が非常に大きく，同傾向は眼窩や鼻型にも認められる。また各幅径も比較的広く，高・広顔である。鼻根部は扁平であり，歯槽性突顎は認められない。

また，松下孝幸・内藤芳篤は地域性の検討の中で本州全域においてあまり形質差のない縄文時代人骨と比較すると弥生時代人骨は狭い地域で著しい地域差が発現しているとし，低顔・低身長の「西北九州タイプ」と，狭・高顔，高身長の「北（部）九州タイプ」，短頭，低・広顔，低身長の「南九州タイプ」と分けた[3)]。

このように弥生時代人骨の研究史において，まずは大陸からの渡来があったか否かが議論され，その後渡来（と混血）がおおむね認められて以降は縄文時代人骨との差や弥生時代人骨の形質的地域性が指摘された。考古学的な現象もふまえ，少なくとも北部九州・山口地域の弥生時代人骨については，あくまで小規模な渡来と在来の人々との平和的な融合が述べられてきた。

一方で，埴原和郎は形質を激変させた渡来の影響を無視できるものではないとした大規模渡来説[4)]を主張した。その後提唱された埴原の二重構造モデルは金関以来の渡来説とは大きく異なるものであった。

この「渡来系弥生人」を渡来人（あるいは渡来人直系の子孫集団）とするような大規模渡来説に関しては多くの反証が重ねられている。渡来の規模をめぐる人口動態・集落動態の諸研究[5・6)]では，小規模な渡来と著しい人口増加によって形質は変わりうるとし，大規模な渡来を否定した。

田中によって提示された[7)]北部九州における混血と文化変化の過程モデルは，考古学的な連続と形質人類学的な不連続を整合的に説明するモデルである。縄文時代の晩期前葉～中葉に，福岡平野を中心とした人口密度の低い地域で小規模の渡来が散発的に起こり，結果として局所的に渡来人と混血した人々の人口比率が高くなり，当地域で混血した人々がいわゆる渡来的弥生人として人口増加を契機に各地へ拡散し，各地の在来集団との婚姻によって各地の弥生人の形質を形成していったと説明している。

先行研究の到達点として再度強調すべきは，いわゆる「渡来系弥生人」とは渡来人そのもの（さらにはその直系子孫集団）ではないということであろう。これは，弥生時代に渡来人そのものがまったく存在しないことを主張するものではないし，渡来人と渡来人の婚姻による渡来系直系の子孫の存在をすべて否定するものでもない。しかし，これまで金関の渡来説およびそれを基にした形質人類学的論考[8)]において「渡来系弥生人」は北部九州地域における半島との相互交流の結果を示す言葉として用いられてきたものである。この点に関しては近年技術革新のめざましい古DNAにおいても「渡来系弥生人」の成立を「古代東アジア沿岸集団の遺伝子をもっていない青銅器文化の人びとと，在来（縄文）系の人びととの混血によって成立した」と述べており[9)]，ある程度検証されたと言えよう。

2　北部九州・山口地域のいわゆる渡来系形質

最近のめざましい技術革新を伴なう研究成果は今後も注視したいが，同時に，北部九州・山口地域の頭蓋形質の網羅的な研究は1989（平成元）年以降行なわれておらず，弥生時代人骨についての体系的な理解が不十分であった。そのため，北部九州・山口地域の弥生時代人骨の顔面部形質について再検討を行なった[10)]。

分析においてはまず北部九州地域を早良平野周辺，福岡平野周辺，三国丘陵周辺，甘木・朝倉周辺，佐賀東部，遠賀川（おんがかわ）流域以東の６つに分けた。ほかにも山口地域の弥生時代人骨，さらに比較資料として山鹿・永犬丸，桑原飛櫛，大友を用いている。

いわゆる「渡来系弥生人」の顔面形質のヴァリエーションを検討するため男女合わせて顔面諸項目（M46，48，51，52，54，55）を用い主成分分析を行なった。この分析では男性も女性も同一の主成分分析に含めているが，男性と女性では生物学的なサイズ差があるため各個体の計測値からSize因子を除きShape因子を抽出するため標準化した[11)]。

第１主成分は固有値2.208，寄与率36.795％であり，第１主成分は顔面部の幅諸項目と負の相関を，高さの諸項目と正の相関を示すため，第１主成分得点がプラスになると高顔傾向が強いといえる。第１主成分得点を棒グラフで表現した図が図１である。山鹿・永犬丸・桑原飛櫛・大友がいずれもマイナスの値を示すことからもわかるように，顔面の高径が低く・幅径が大きいとマイナスをしめす。地域ごとにわかる限り時期順に配列し，0に近いほうが時期的に古い[12)]。

まずは縄文時代人骨がいずれも顕著にマイナスの値を示すこと，大友については時期が新しくなるにつれてマイナスの値が小さくなり，低顔傾向が弱くなることが指摘できる。一方で北部九州・山口地域のいわゆる「渡来系弥生人」とまとめられてきた人々はプラスの値を示す個体が多いが，どの地域・どの時期においてもマイナスの値を示す個体も存在する。男性と女性ではマイナスの値を示す個体の頻度は大差ない。

よって，時期を問わず，いずれの地域にも高顔性と低顔性の人々がそれぞれ一定数存在すること，彼らは墓地を共有し，居住域においても継続して住み分けるような状況が確認されていないことから，北部九州・山口地域内で確認された地域差・個体差は混血が進む中で生じる多様な形質発現の一端ではないかと考えるのである。すなわち各地域における在来の人の存在やその比率．混血の程度や急激な人口増加によって各地のヴァリエーションが発現し，それが若干の地域差をつくりながら，平均値化すると高顔という傾向を共有する渡来的弥生時代人が確立したのではないだろうか。

本研究の結果，北部九州の縄文時代と西北九州の弥生時代の人々の顔面部の均質性とは異なり，弥生時代の顔面部には形質的多様性がより強くみられることが明らかとなった。これは金関以来主張されてきたように小規模な渡来人と在来人との

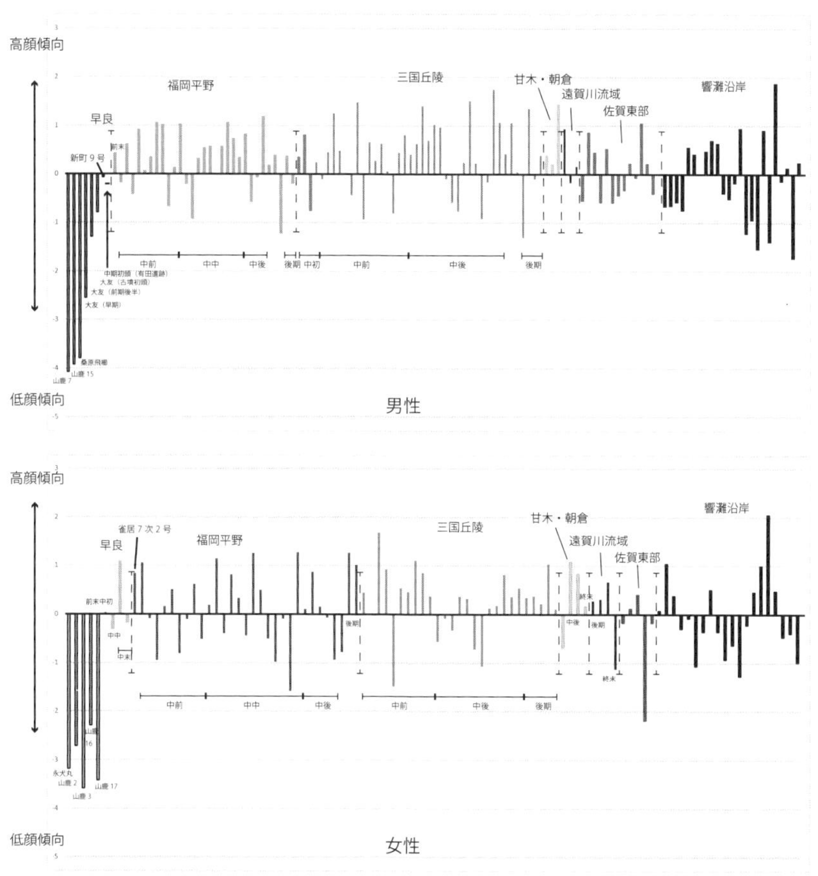

図１　男女の顔面部の形質に関する主成分分析の結果（米元 2023 より一部改変・引用）

混血，そして急激な人口増加によって「渡来系弥生人」が成立したことを示すものであろう。北部九州・山口地域のいわゆる「渡来系弥生人」がその内部において形質的多様性を有する集団であるという点と，在来と外来の文化要素が融合・変容し緩やかに弥生文化が成立したというモデル[13-15]とを併せて考えると，北部九州地域における在来集団と渡来集団は弥生時代の開始期から中期までエスニックグループのような明確に線引きができるようなものではなく密接な交流のある人々であり，その相互交流によって形質的なヴァリエーションの大きい渡来的弥生時代人が形成されたものと考えられる。

3　新町遺跡出土人骨と今後の展望

新町遺跡の９号人骨（図１上段左から７番目）は値自体ほぼ０に近く（-0.00662），明瞭な低顔性を示すわけではないことも指摘できよう。新町９号と金隈 64 号，および山鹿 15 号を 3D データ上で重ね合わせ顔面部の形質が明瞭にわかる位置でその断面図をしめした（図２）。顔高は山鹿 15 号と同程度であるが，頬骨部の形状は金隈 64 号に近い。この点は中橋・永井（1989a）も「頬骨の側方への張り出しがやや弱い点は繊細化の兆候をうかがわせる」と指摘している。確かに渡来系とされる金隈弥生時代人などと大きな形質的へだたりはあるが，津雲・吉胡や西北九州，北部九州の縄文時代の人々の形質とも異なる点があり，また図１から渡来的弥生時代人が含み持つヴァリエーションのとりうる範疇に収まるという見方もできる。もう１つの特徴である低身長についても，数は少ないがほかの遺跡でも個体レベルであれば確認されており，これを根拠として縄文的を強調することは難しい。加えて，抜歯風習が縄文的であ

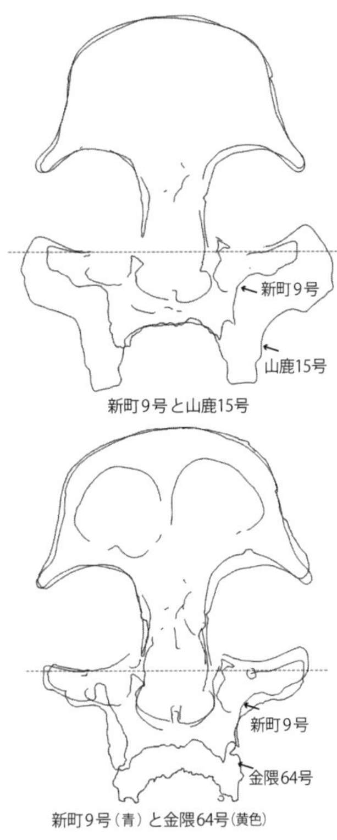

図２　新町９号人骨と金隈・山鹿の3D像比較

るという点も指摘されているが，福岡平野に位置し，時期的にも弥生時代前期中葉と近い雀居（ささい）遺跡出土人骨（女性，成年）のように高顔傾向で縄文的な抜歯の事例も確認されている。また，北部九州・山口地域を対象とした抜歯風習の研究[16]によると北部九州においては弥生時代前期末までは縄文時代晩期の津雲貝塚と同様の抜歯風習が行なわれており抜歯風習が渡来系／在来系を区分する指標にはならないことがわかる。これらのことから，これまで在来系と強調されてきたいずれの要素においても在来系と渡来系という単純な２つの区分では分けきれないということは明らかであり，新町遺跡の集団も在来人のみによって構成されるのではなく，すでに混血がある程度すすんでいたものと考えられる。

本研究で北部九州・山口地域の弥生時代の人々の顔かたちについて検討した結果，一様に高顔傾向を示すのではなく低顔傾向の個体も弥生時代を通じて一定数存在しており，個体のヴァリエーションが大きいという特徴を有することが明らかになった。これこそが渡来的形質の実態であり，縄文時代と弥生時代で明確に区分されるエスニックグループが形成されていたかのようなイメージはもはや適切ではないと言えよう。今後は，より詳細な形質について地域性の検討を行い，その意味を考えていく予定である。

註

1）　金関丈夫『日本民族の起源』法政大学出版局，1976

2）　中橋孝博・永井昌文「3.弥生人 1.形質」永井昌文・那須孝悌・金関　恕・佐原　眞 編『弥生文化の研究　1.弥生人とその環境』雄山閣，1989，pp.23 - 51

3）　松下孝幸・内藤芳篤「3.弥生人 3.地域差」永井昌文・那須孝悌・金関　恕・佐原　眞 編『弥生文化の研究　1.弥生人とその環境』雄山閣，1989，pp.65 - 75

4）　Hanihara, K. Estimation of the number of early migrants to Japan: A simulative study. *Journal of the Anthropological Society of Nippon* 95, 1987, 391 - 403

5）　田中良之・小澤佳憲「渡来人をめぐる諸問題」田中良之 編『弥生時代における九州・韓半島交流史の研究』九州大学大学院比較社会文化研究院基層構造講座，2001，pp.3 - 27

6）　中橋孝博・飯塚　勝「北部九州の縄文～弥生移行期に関する人類学的考察（2）」『Anthropological Scence（Japanese series）』2008, 116 ―2, pp.131 - 143

7）　田中良之「弥生人」佐原　眞 編『古代を考える 稲・金属・戦争―弥生―』吉川弘文館，2002. pp.47 - 76

8）　中橋孝博『日本人の起源』講談社，2005

9）　藤尾慎一郎・篠田謙一・坂本　稔・瀧上　舞「考古学データとDNA分析からみた弥生人の成立と展開」『国立歴史民俗博物館研究報告』237，2022，pp.17 - 69

10）　米元史織「北部九州の弥生時代人達―いわゆる渡来系形質について―」『九州大学総合研究博物館研究報告』20，2023，pp.49 - 73

11）　高椋浩史「九州における古墳時代人骨の頭蓋形質の研究」『九州大学総合研究博物館研究報告』19，2022，pp.51 - 67

12）　詳細については米元（2023）を参照のこと。

13）　前掲註８に同じ

14）　端野晋平『初期稲作文化と渡来人―そのルーツを探る―』すいれん舎，2018

15）　三阪一徳『土器製作技術からみた稲作受容期の東北アジア』九州大学出版会，2022

16）　舟橋京子「弥生時代抜歯風習の研究―北部九州・山口地方を中心として―」九州大学考古学研究室50周年記念論文集刊行会編『九州と東アジアの考古学―九州大学考古学研究室50周年記念論文集―』九州大学考古学研究室50周年記念論文集刊行会，2018，pp.217 - 229.

石斧生産と弥生社会

森　貴教　新潟大学人文学部
MORI Takanori

1　本稿の目的

北部九州地域における弥生時代の磨製石器については，福岡市西区の今山遺跡における両刃石斧（太形蛤刃石斧）の生産をはじめとして，古くから研究が蓄積されてきた[1]。とくに石器生産の専門化と地域間の「分業」の進展といった観点から，農耕開始期における石器製作活動の歴史的な特殊性が注目され，重要性が高く評価されてきた。

本稿では，石材資源の利用に注目して，石斧（伐採斧，木材加工斧）の出土数量の変遷を総合的に検討することを通して，弥生社会の展開について考察してみたい。

2　資料と方法

(1) 対象資料

本稿では北部九州地域の弥生時代における日常的な物財としての石斧を対象とし，特徴的な石器石材の利用の在り方に着目して時期的変遷について検討する。北部九州では伐採斧である両刃石斧の石材として玄武岩，片刃石斧の石材として層灰岩（そうかいがん）が特徴的に用いられている。両刃石斧の石材として多用される玄武岩については，一般的に今山系石斧と生産遺跡の名称を付して呼称されている。

(2) 方法

北部九州地域の弥生時代における石斧（今山系石斧，層灰岩製片刃石斧）を時期別に計上する。使用石材の構成（組成比）に着目して各石器の出土数量の時期的変遷を検討する。また，木製斧柄の組成分析から把握される石斧から鉄斧への変化（鉄器化）との関係をふまえ，変遷の背景について考察する。

3　石斧生産の変遷過程

(1) 石斧数量・石材構成の変遷の概観（表1）

まず，両刃石斧に用いられた石材構成の変遷をみる。弥生早期～前期前半においては砂岩ホルンフェルスや硬質砂岩などの堆積岩系の石材が主体を占め，今山系石斧は客体的な存在である。

弥生前期後半になると今山系石斧が169点（66.8％）と大幅に増加する。これに呼応するように堆積岩系石材製石斧は52点（18.1％）に減少している。堆積岩系石材製石斧の形態は扁平なものが多いことから，前期後半を画期として両刃石斧の主たる使用石材が今山産の玄武岩へと変化したことにともない，厚斧化したと考える。

弥生前期末から中期初頭は今山系石斧の出土量が最も多量な時期である。この時期に所属する

表1　北部九州における石斧数量の変遷（註7森2018を基に筆者作成，2018年時点の暫定的なもの）

時　期	両刃石斧	柱状片刃石斧	扁平片刃石斧	鑿形石斧	計
弥生早期～前期前半	182（60）	22（2）	34（3）	4（0）	242
前期後半	253（169）	116（31）	119（62）	46（24）	534
前期末～中期初頭	1,392（1,214）	188（44）	345（147）	84（43）	2,009
中期前半	230（157）	88（23）	131（78）	31（20）	480
中期後半	52（51）	1（0）	10（0）	1（1）	64
中期末以降	24（0）	0（0）	0（0）	0（0）	24
計	2,133（1,651）	415（100）	639（290）	166（88）	3,353
	（ ）は今山系	（ ）は層灰岩製			

両刃石斧 1,392 点のうち，今山系石斧が 1,214 点（87.2%）を占めている。前期後半から 7.2 倍の量的増加であり，その背景には，この時期の伐採活動にともなう石斧需要の高まりが考えられる。厚さや硬度といった石斧の機能性を満たす石材として，各地の石材環境において様々な石材のなかから玄武岩が選択され用いられたのである。北部九州一円の集団共有の「志向性」として，両刃石斧を今山系石斧に強く依存することは集団の「共同性」が最も顕在化した状態といえる。弥生前期後半から前期末にかけて，安定的な製品流通と，それを支える高品質で規格的な製品製作が発達した。

弥生中期前半は前期後半の石材構成に類似している。今山系石斧の出土量は依然として高率であるが堆積岩系石材製石斧も 48 点（20.9%）を占めている。中期後半は今山遺跡における石斧生産が終了した時期とされており[2]，両刃石斧の数量自体も激減する。

片刃石斧も両刃石斧と同様，弥生前期末から中期初頭に出土量のピークがあり，中期後半以降激

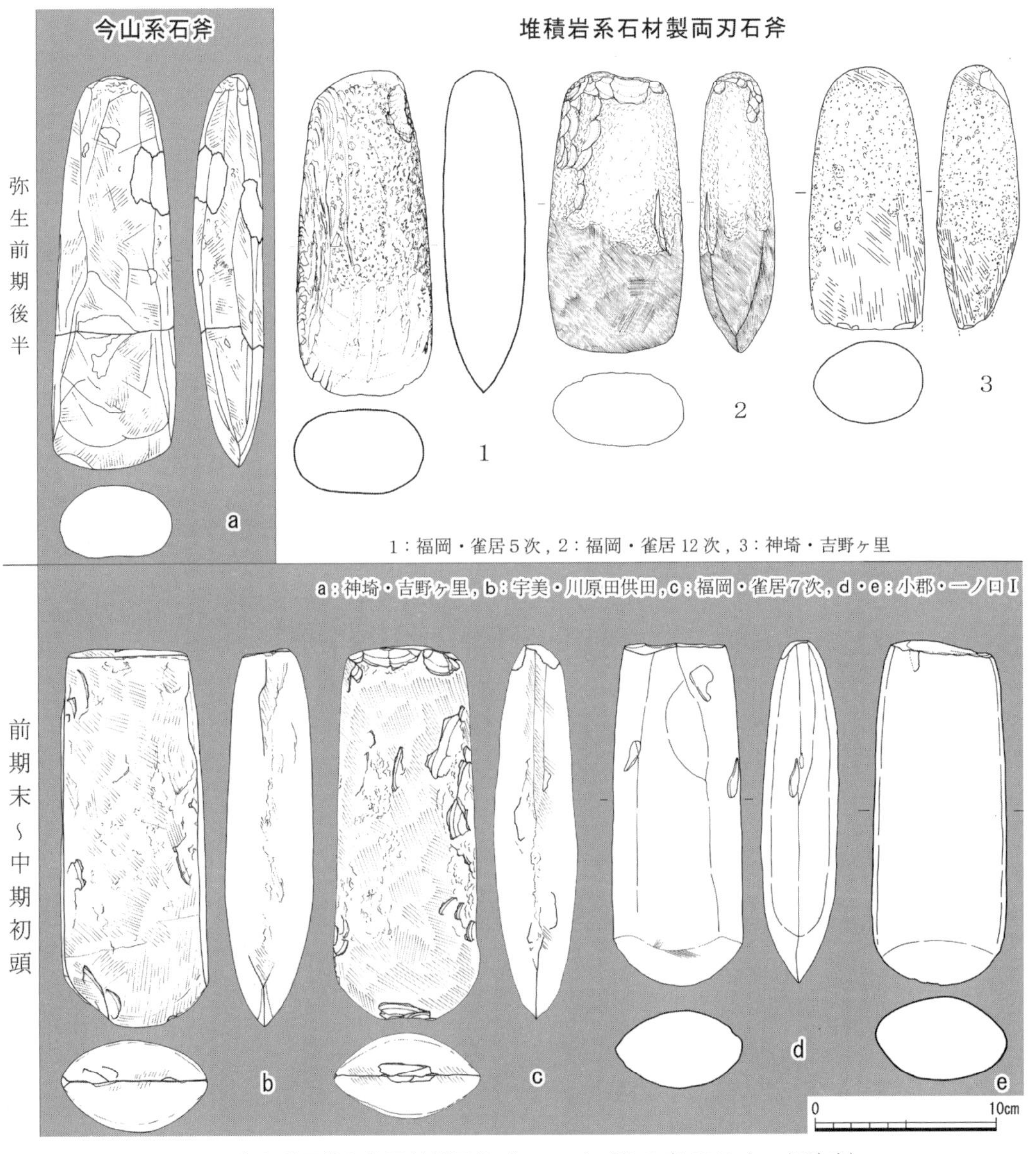

図 1　今山系石斧と他石材製石斧（S=1/4）（註 7 森 2018 を一部改変）

減するという変遷を辿る。後述する層灰岩製のものは弥生前期後半に増加し，各時期で約半数程度の組成比を占めている。

以上のことから弥生中期後半以降，斧身は基本的に鉄斧に変化したと評価できる。

(2) 各時期の内容：通時的なモデル化

①弥生時代早期から前期後半

弥生早期には片刃石斧や石庖丁など，大陸系磨製石器がセットとして伝来する。一部の石器器種単体でなく，道具体系全体が伝わったとみられる。ただし，朝鮮半島南部で認められる伐採用の厚斧は伝わらず，縄文系の薄手の両刃石斧が継続的に使用されるなど，選択的な文化要素の受容と評価できる[3)]。また，弥生早期に時期的に並行する朝鮮半島南部・青銅器時代後期の原産地集中型の石器生産システム[4)]は北部九州に移転されなかった。弥生時代は，遺跡周辺の石材を用いるような自給的な石器生産から開始したといえる。また，弥生前期後半までの今山系石斧のサイズは，小地域間で変異変動が認められることから，石斧の製作単位はそれぞれの地域に分散していたと判断される。石斧生産において石材原産地の共同利用の在り方がみられる。

②弥生時代前期末から中期前半

弥生前期を通じて石器の器種と石材が固定化され，弥生前期末になると，生産規模が増大し広域流通する石器が出現する。今山遺跡における石斧生産はこの時期が最盛期であり，石斧形態は等質的（規格的）になる（図1）。石斧のサイズは小地域間で変異変動が非常に小さくなることから，特定の製作者により製作されたと考える[5)]。

次に片刃石斧であるが，日韓において製作遺跡の調査・研究が限定的であるため，その生産はまだ判然としない点が多い。しかしながら近年，福岡県行橋市の下稗田遺跡出土の片刃石斧に対する岩石学・地球化学的研究によって，石器に用いられた「層灰岩」の石材原産地が，朝鮮半島東南部の慶尚超層群新洞層群（慶尚北道高霊郡義鳳山）であると推定されたことは非常に重要である[6)]。これまで筆者は，長崎県壱岐市の原の辻遺跡に「層灰岩」礫が搬入され，そこで片刃石斧製品に加工され北部九州へと広く流通したと考えていた[7)]。これは，層灰岩製片刃石斧の未成品や製作関連資料が多量に出土している遺跡として，原の辻遺跡が北部九州ではほぼ唯一であったためである。

ところが近年，福岡県糸島市の海徳寺遺跡でも層灰岩製片刃石斧の未成品や製作剝片が多く出土し，その石材原産地も朝鮮半島東南部と推定された[8)]。製作剝片には礫面が残存するものがあることから，「層灰岩」の礫素材が搬入されていたといえる。包含層出土資料であり石器生産の規模も不明であるため，海徳寺遺跡で製作された層灰岩製片刃石斧が自家消費的なものか，あるいは生産拠点と判断できるか不明であるが，少なくとも九州島沿岸部の一部の集落は朝鮮半島東南部の「層灰岩」礫を何らかのかたちで入手し，片刃石斧が製作されていたようである。

このように層灰岩製片刃石斧の流通は，石材資源の利用に注目すれば朝鮮半島の粘土帯土器文化・集団との接触と関連するとみられ，広域的かつ重層的な過程を想定する必要がある。いずれにしても，弥生前期末には今山系石斧や層灰岩製片刃石斧など，石器の器種ごとに個別の石材原産地が存在し，製作遺跡も限定化していく傾向が認められることはたしかである。石器石材の供給源を地理的に異にしながらも，地域間が相互に連係を図りながら複数の石器製品が組み合わさって用いられる状況は，「共同体間分業」が広域的に発達・整備された結果とみることができる[9)]。

③弥生時代中期後半から後期

前述したとおり，弥生中期後半は今山遺跡における石斧の製作が終了した時期とされ，両刃石斧の数量自体も激減する。木製斧柄の分析に基づくと，中期後半を画期として工具類の鉄器化が進行したといえる。伐採斧（分断・分割）としての機能が想定される縦斧の鉄器化は弥生前期後葉～前期末にはじまり，中期後半を画期として急速に進行した。一方，木材加工斧（ハツリ・切削）としての機能が想定される横斧も前期末に鉄器化がはじまるが，縦斧に比べて漸移的に鉄器化が生じた。石器から転換した鉄製工具，とくに鍛造の袋状鉄斧は後期以降には機能・用途に応じてさらに形態的に多様化した[10)]。弥生後期は鍛冶技術の水準がまだ限定的で低かったにせよ，鉄という「共通」の素材を用いて様々な器種を生産しはじめたことは，弥生時代の前半期に「共同体間分業」として発達化した石器生産システムとその流通網，既往の道具の体系性を大きく揺動させたといえる。

4 石斧生産からみた弥生社会

本稿では，北部九州地域における弥生時代の石斧生産の変遷を概観し，以下の点を指摘した。

①弥生時代開始期においては各集落を単位とした自家消費が一般的な在り方であった。

②弥生前期を通じて良質な石材産地の開発が進行し，前期末を画期として，今山系石斧にみられるような石器器種と石材の固定化（石器石材産地の限定化）に基づく「共同体間分業」が生じた。資源の偏在性や限界性を克服するために共同性を最大限に高め，集落間のネットワークが発達した時期であったと評価できる。

③弥生中期を通じて工具類の鉄器化が進行した。後期以降には，鉄素材を含む列島内で調達できない資源を入手する必要性が生じ，弥生時代の前半期を通じて発達した石器生産システムから質的に大きく変化した。

以上のような変遷の過程は，東アジアにおける国際情勢や長距離交易ネットワークの伸張と関係した社会変容の一側面を反映したものと考える。

なお本稿は拙書[11)]の内容をもとに近年の研究成果を取り入れ，加筆・再構成したものである。

註

1) 中山平次郎「筑前糸島郡今山に於る石斧製造所址」『考古学雑誌』6―6，1924，pp.39 - 52。中山平次郎「筑前糸島郡今山に於る石斧製造所址（下）」『考古学雑誌』15―1，1925，pp.13 - 26。中山平次郎「今山の石斧製造所址」『福岡県史蹟名勝天然記念物調査報告書』6，1931，pp.67 - 82。下條信行「北九州における弥生時代の石器生産」『考古学研究』22―1，1975，pp.7 - 21。藤田等「農業の開始と発展―とくに石器の生産をめぐる問題―」『私たちの考古学』9，1956，pp.4 - 11・19。寺前直人「石器の生産と流通」甲元眞之・寺沢　薫 編『弥生時代（上）』（講座日本の考古学 5），青木書店，2011，pp.618 - 650

2) 米倉秀紀 編『今山遺跡第 8 次調査』（福岡市埋蔵文化財調査報告書第 835 集），福岡市教育委員会，2005。米倉秀紀「今山遺跡の石斧製作」『月刊文化財』548，2009，pp.22 - 25

3) 下條信行「生産具（磨製石斧）からみた初期稲作の担い手」公益財団法人古代学協会 編『列島初期稲作の担い手は誰か』すいれん舎，2014，pp.175 - 228

4) 韓国慶尚北道高霊郡義鳳山の周辺では鳳坪里（ボンピョンニ）遺跡をはじめ，大興里（テフンニ）遺跡，快賓里（クェビンニ）遺跡でホルンフェルスを用いた大規模な石器製作址が確認されている。黃昌漢『青銅器時代 石器 生産 体系』書景文化社，2020

5) 森　貴教「弥生時代北部九州における石斧生産―今山系石斧の製作技法と規格性の検討―」『九州考古学』85，2011，pp.1 - 19

6) MORI, T., YUHARA, M., UMEZAKI, K., and KAWANO, Y.,"Estimating the sources of stone tools made of tuffites during the Yayoi period and their archaeological significance", *Japanese Journal of Archaeology* 9（2）, 2022, pp.117 - 140

7) 森　貴教「弥生時代北部九州における片刃石斧の生産･流通とその背景―「層灰岩」製片刃石斧を中心に―」『古文化談叢』69，2013，pp.95 - 116。森　貴教『石器の生産・消費からみた弥生社会』（九州大学人文学叢書 13），九州大学出版会，2018

8) 森　貴教・柚原雅樹・平尾和久・川野良信「海徳寺遺跡出土片刃石斧生産関連資料の岩石学･地球化学的分析と考古学的意義」『糸島市立伊都国歴史博物館紀要』18，糸島市立伊都国歴史博物館，2023

9) 都出比呂志のいう共同体間分業のうち，生産用具生産での分業（B 類型）に該当し（都出 1968，p.46），石斧に適した良質な石材の偏在性を背景として，分業化が進行したものと考える（森 2018）。都出比呂志「考古学からみた分業の問題」『考古学研究』15―2，1968，pp.43 - 54。前掲註 7（森 2018）に同じ

10) 田中　謙「弥生時代後期における鉄製工具の機能分化―中九州・下扇原遺跡を対象として―」『九州考古学』89，2014，pp.1 - 22

11) 前掲註 7（森 2018）に同じ

「漢委奴国王」金印

大塚 紀宜 福岡市史跡整備活用課
OTSUKA Toshinori

はじめに

福岡市博物館で所蔵・展示されている国宝金印「漢委奴国王」は天明4（1784）年，現在の福岡市東区（当時は筑前国那珂郡）の志賀島で「発見」されたと伝えられているものである。総高2.236㎝，印台の1辺が当時の漢尺の1寸と同じ2.347㎝，重量108.729ｇの，後漢・光武帝が西暦57年に倭・奴国に下賜した古代印章の一つとされている。

この「漢委奴国王」金印については，その真贋も含め，これまで他の遺物・遺構とは異なった取り扱われ方をされており，北部九州の弥生文化を論じる際にも積極的には扱われてこなかった。高倉洋彰が「金印国家群」という語を用いてこの時期の弥生社会の様相について述べているが[1]，金印が北部九州の国々に与えた影響については明らかになっておらず，金印は象徴的な存在を超えるものではないのである。

これからの金印の研究について，研究の現状と，今後金印の研究が九州の弥生時代の研究とどのように関わっていくべきかを改めて検討するために，これまで金印が研究者の間でどのように扱われてきたかのを振り返りたい。

1 「漢委奴国王」金印の研究史

フェイズ1～発見から幕末まで　発見の状況については，当時の郡役所への届出書と鑑定書，そして藩校甘棠館（かんとうかん）の祭酒亀井南冥による『金印弁』の記載しかない。また，発見された地点も正確にはわからない。周到に準備を行って実施した考古学的な発掘調査ではなく，農作業中の土木作業中に見つかった，いわば「不時発見」であったことと，残された記録が考古学的な目的意識を持ったものではなく，現代の研究者の検討に耐えうるデータがないことなど，考古学的な検討を進める上で情報が大きく欠落している。この「情報の欠落」が金印の資料的信憑性を語る上で支障になっているのも事実である。

亀井南冥の『金印弁』は金印の出土状況をはじめ，金印の位置付けについて検討する際の基礎になるものである。というのは，江戸期の金印を検討する際にどのような学問・思想的プラットホームに立っていたかを端的に示す文献だからである[2]。さらに金印発見の報は即時に上方や江戸に伝えられ，上田秋成，本居宣長ほか多数の学者，古文化研究者の管見するところになった。

フェイズ2～大正期　この時期は北部九州の在野の研究者によって，地域の遺跡，遺物の検討が進み，後の時代へと続く考古学的な検討のベースが確立した時期にあたる。すでに明治25（1892）年に三宅米吉によって，それまで「イト」または「ヤマト」と読まれていた「委奴」の読み方を「ワノナ」と読むことが提唱され[3]，金印の位置付けを「北部九州の小国（クニ）だった奴国に下賜されたもの」とすることが定説となっていた。

中山平次郎の一連の金印研究は，福岡在住の研究者の立場から，北部九州の弥生時代について検討を進める中で行なわれている。中山の研究は金印の出土地，出土遺構，金印からみた弥生時代のクニのあり方まで論が進められており，当時の中山の土器論，遺構論からみた弥生時代研究に連なるものとなっている。中山の研究でもっとも注目すべきことは，志賀島の地元の古老からの聞き取りにより金印の発見地を確定させ，江戸期の金印に関する論を整理し，さらに金印の埋納遺構が墳墓ではないことを指摘し，出土位置と遺構の性格という金印の考古学的な検討に欠かせないことについて論じていることである[4]。余談だが，当時の金印の保管状況からみて中山は金印の実物を見ていなかった可能性が高いにもかかわらず，金印の重要性を十分に認識し，金印を北部九州の弥生時代を語るものとして検討していることは尊敬に値するものである。

フェイズ3〜昭和後期　戦後，とくに中国古代史の方面から，金印を古代印章制度の中で位置付ける動きが出現した。栗原朋信は金印が当時の印章制度に合わないことを指摘し，偽印説を提示する（後に撤回した）など，金印を東洋史の中で位置付けようとした。このことは，金印が下賜された奴国（あるいは倭）を，中国冊封制度の中でどのように位置付けられるかという視点をもたらしたことに意義を見出せる[5]。また，国分直一は印章制度にない蛇鈕の形について，「モンスーン世界の稲作漁労民社会」の首長に与えられたものと解釈し，東アジアの民俗学的考察の中での倭の位置付けについて論じている[6]。昭和48（1973）年には九州大学考古学研究室による金印公園付近の発掘調査が実施され，具体的な成果はあげられなかったが考古学的な手法で金印にアプローチする動きも増えていった[7]。

昭和53（1978）年に福岡市美術館の開館にともない，黒田家の所蔵品の多くが福岡市に寄贈された。その中に，東京国立博物館に寄託されていた金印も福岡市美術館で展示されることになった。金印の実物がほぼ100年ぶりに福岡に帰り，市民が常時金印の実物を見ることができるようになったことで，研究者や市民の中で金印を再度弥生時代の北部九州の社会を研究するための資料として俎上に上げる動きが出てきた。その中でも，福岡市教育委員会（当時）の塩屋勝利の金印に関する一連の研究は，これまでの研究を総括し，金印の出土地について再検討を加えて新たな問題提起を行なうなど，金印をより考古学的な研究の素材として活用する試みを行っているものといえる。塩屋は甚兵衛口上書をはじめとする文献の再検討を行い，金印の出土地を現在の叶崎付近が適当とし（後に北側の叶浜へ翻意するが），遺構を箱型石組と推定している[8]。塩屋の金印への取り組みはこの論文だけでなく，1984年に開催された金印発見200年の特別展の企画にもみられ，この展示で金印の研究の成果を整理し，発掘成果との連携，中国古代印章の中での金印の位置付けを行ったことで，この展覧会の意義は大きなものであった[9]。

この時期に文献史学から金印に大きくアプローチし続けたのが大谷光男である。大谷が分析の対象としたのは，中国古代史，日本近世史，志賀島に残る地誌，そして金印そのものと非常に多岐にわたる。また既存の金印関係の論文の再検討も行い，総合的な観点で金印の歴史的意義を論じている。おそらく，金印研究の歴史の中で最も幅広く金印について考察を加えた研究者であろう[10]。

フェイズ4〜平成・令和　平成18（2006）年に三浦佑之が発表した金印偽造説は，それまでの金印偽造説とは一線を画し，発見時の経緯について詳細に検討し，その結果見出された不明点について偽造の可能性を提示してその妥当性を主張したものである。前述のとおり金印の発見に関する文献資料は少なく，内容も断片的である。三浦は文献に書かれた内容の間隙を縫うように偽造の可能性を検討している[11]。また，鈴木勉は金工技術の視点で中国古代印章の詳細な観察と分析を行い，「漢委奴国王」金印に見られる金工技術に江戸期の印章との共通点を見出している。三浦と鈴木の見解は，あらためて金印の資料的な検討が不足していたことを露見させた上で，金印研究に新たな視点を加えたことで評価されるべきであろう[12]。

三浦，鈴木の贋作論は既存の金印研究のいわば盲点に対しての問題提起であった。この贋作論については多くの研究者からの反論が出されたが，その中で高倉洋彰はそれまでの金印研究の成果を整理することで，あらためて金印が真印であることを示そうとした[13]。一方，それまでの既存の研究成果にとらわれない視点からの反論もなされた。石川日出志は一連の研究の中で，中国古代印章の鈕の形態を型式学的に分類，検討しており，令和3（2001）年には製作後の鈕の改作の可能性と,「漢委奴国王」金印につながる蛇鈕の型式学的変化について論じている[14]。「漢委奴国王」金印の蛇鈕の形態については,同時期の中国古代印章の駝鈕の形態との共通性を拙稿中で提起しており,駝鈕の編年から「漢委奴国王」金印の年代観を検討した[15]。本田浩二郎も金印の鈕孔の形状について検討を行っている[16]。

このフェイズでの金印研究は金印の真贋論に端を発した文字通りの「論争」を行ったことに大きな意義がある。それは,各々の研究者が既存の研究成果に頼らない独自の新たな視点や手法で分析・検討を行い,短期間での意見の交換と,それを踏まえての再検討を早いサイクルで実施したことにより,それまでにないスピード感で研究が進んだことが特徴である。

「漢委奴国王」金印研究は実際にはそれぞれのフェイズでの問題意識に応える形で展開されたものである。そして,金印を考古学的な遺物として検討し始めたのは,ごく最近のことである。

2 中国古代印章史と金印

中国古代印章をはじめとする印章研究は,当然ながら中国で盛んに行なわれており,「漢委奴国王」金印のはるか以前より検討が進んでいた。金印発見の際に亀井南冥も『金印弁』[17]の中で明代の『集古印譜』を参照して鈕形を検討しており[18],中国の研究成果が日本の金印研究の基礎になっていた。

現代の中国・香港・台湾でも文献史学,美術史学などの分野での印章研究が盛況で,その研究成果は膨大なものがある。日本の金印研究を含む中国古代印章研究に大きな影響を与えた研究だけでも,葉其峰による官印の研究[19],羅福頤による古代印章の分類と印章の年代別特徴などの検討[20],発掘資料と字体の分析による分類と編年を行った孫慰祖の研究[21]などが挙げられ,それ以外の研究者による成果も膨大なものがある。

「漢委奴国王」金印が西暦57年に後漢で製作された背景,古代印章制度の中での金印の位置付けなど,「漢委奴国王」金印の研究には中国での先行研究は欠かすことができないものであるが,これら中国での古代印章研究と,日本の弥生時代研究とは問題意識が異なっており,中国古代印章の研究がそのまま弥生時代の政治社会の検討の参考になることは少なく,それ故に弥生時代研究者が中国古代印章と関わることはごく一部なのが現状である。

本稿では古代印章制度や中国の先行研究に詳しく触れることはできないが,日中両国のインターネットの普及や,それにともなう中国書のサプライチェーンの整備により今後,日本国内での中国古代印章研究がさらに進んでいくことが望まれる。

3 弥生時代研究に対する金印研究の可能性

金印について,出土直後から現代までの国内外での研究を振り返ってきた。以下では,今後の金印研究の可能性について言及したい。

出土状況の検討 出土地の検討と志賀島の地理的位置付け金印が下賜された西暦57年前後の北部九州の状況と,そこにもたらされた金印の影響を考える上で,金印が発見された志賀島の地理的な位置付けについて検討することが必要となる。とくに,志賀島がナ国,イト国といったクニの中心地でないことをどのように解釈すべきか,という点である。

金印の時代の志賀島の遺跡の状況については拙稿で述べているが[22],この時代の志賀島には金印に直接関係する遺跡も,金印を下賜されるべきクニの存在を示す大規模な集落・墳墓も見つかっていない。この点は金印の出土遺構を考える上で考慮すべき点であろう。

もう1点,金印の出土遺構を考える際に,出土状況を記録した1次資料である「甚兵衛口上書」の記載である。口上書には「小さな石の下に大石があり,その下から金印が出土した」との記述がある。金印の出土場面での口上書の記述は非常に具体的で,誤認や捏造の入る余地はないため,想定される遺構の形状は積石塚のような形状だった可能性が高いが,金印が出土した北部九州の弥生時代後期初頭に積石塚のような石を積み上げた遺構は，ない。金印の出土遺構について検討することで，金印に付随する新たな要素が判明する可能性は高い。また，そのことで金印の出土遺構の性格，ひいては志賀島に金印があった意義も明らかになるものとみられる。

外来系遺物としての金印　西暦57年に下賜された金印は弥生時代後期初頭に属するものである[23)]。金印が日本に到来した後に伝世があったかどうかは検討の余地があるが，比較的すぐに埋納されたものと思われる。

金印が下賜された意義を踏まえると，弥生中期後半から後期初頭には北部九州のクニ（クニグニ）は単独あるいは複数で中国と直接交渉する能力を持っていたことになる。それを前提として弥生中期末～後期初頭の遺跡の動態について改めて検討することが可能である。

このことは，1990年代に高倉洋彰が提起した「金印国家群」のコンセプトを最新の発掘調査成果に応じて再度整理することにつながり，社会構成と対外交渉の面から弥生時代を再検討することができるものであろう。

最新の研究により新たな知見が加わった「漢委奴国王」金印を，西暦57年に奴国（倭）にもたらされた1顆の小さな，しかし政治・外交的に非常に重要な遺物と認識し，弥生社会の様相を物語る資料として積極的に活用することが望まれる次第である。

なお，本稿では触れることができなかったが，三宅米吉が「ワノナ」と読んだ「委奴」の読み方についても近年再検討が行なわれており，久米雅雄は「イト」と読む説を提起している[24)]。金印の歴史的解釈にも関わることであり，今後新たな視点での検討が求められる。

註

1)　高倉洋彰『金印国家群の時代 東アジア世界と弥生社会』青木書店，1995
2)　亀井南冥『金印弁』1784
3)　三宅米吉「漢委奴国王印考」『史学会雑誌』37，1892
4)　中山平次郎「漢委奴國王印の出所は奴國王の墳墓に非ざるべし」『考古学雑誌』5―2，1914，pp.53‐71
5)　栗原朋信『秦漢史の研究』吉川弘文館，1960
6)　国分直一「蛇鈕の印をめぐる問題」『えとのす』11，新日本教育図書株式会社，1979，pp.78‐87
7)　九州大学考古学研究室編『志賀島―「漢委奴国王」金印と志賀島の考古学的研究』金印遺跡調査団，1975
8)　塩屋勝利「金印出土状況の再検討」『福岡市立歴史資料館研究報告』9，福岡市立歴史資料館，1985，pp.37‐56
9)　福岡市立歴史資料館 編『特別展図録「漢委奴國王」金印展―金印発見二百年―』福岡市立歴史資料館，1984
10)　大谷光男『研究史 金印』吉川弘文館，1974
11)　三浦佑之『金印偽造事件』株式会社幻冬社，2006
12)　鈴木　勉『「漢委奴国王」金印・誕生時空論―金石学入門Ⅰ金属印章編―』株式会社雄山閣，2010
13)　高倉洋彰「漢の印制からみた「漢委奴國王」蛇鈕金印」『國華』Vol.112 No.12，2007，pp.5‐15
14)　石川日出志「秦漢魏晋代印･蛇鈕の型式学」『古代学研究所紀要』31，明治大学日本古代学研究所，2022，pp.3‐30
15)　大塚紀宜「中国古代印章にみられる駝鈕・馬鈕の形態について」『福岡市博物館研究紀要』18，福岡市博物館，2008，pp.1‐14
16)　本田浩二郎「国宝金印「漢委奴国王」の鈕孔に関する視点」『福岡市博物館研究紀要』25，福岡市博物館，2016，pp.61‐66
17)　前掲註2に同じ
18)　王常・顧従徳 編『集古印譜』1575
19)　王人聡・葉其峯『秦漢魏晋南北朝官印研究』香港中文大学文物館，1990
20)　羅福頤『古璽印概論』文物出版社，1981
21)　孫慰祖『両漢官印匯考』上海書画出版社，1993
22)　大塚紀宜「「漢委奴国王」金印と志賀島の弥生遺跡」『新修福岡市史 資料編 考古2 遺跡からみた福岡の歴史―東部編―』福岡市史編集委員会，2020，pp.312‐313
23)　石川日出志「金印と弥生時代研究―問題提起にかえて―」『古代学研究所紀要』23，明治大学日本古代学研究所，2015，pp.99‐109
24)　久米雅雄「国宝金印「漢委奴国王」の読み方と志賀島発見の謎」『立命館大学考古学論集』Ⅳ，立命館大学考古学論集刊行会，2005，pp.55‐68

弥生時代の墓制

溝口 孝司　九州大学大学院比較社会文化研究院
MIZOGUCHI Koji

Ⅰ　はじめに

北部九州地方の弥生時代墓制は，中期を中心として背振山地を取り巻く地域で行われた甕棺墓葬が，棺自体が相対編年可能であること，また製作年代の限定が可能な副葬品を持つ場合があることから，弥生時代の年代比定・弥生社会の歴史的動態への接近のための貴重な研究対象として探求が続けられてきた。殊に，詳細緻密化された甕棺の型式分類・編年に依拠して個々の墓地の形成過程を把握し，個々の時期における「墓群」の様相を検討し，墓群個々を一定の規模内容の人間集団が営んだ小墓域と措定することによって，そのような集団の規模・内容と相互の関係の変容過程を分析し，弥生社会の長期にわたる変化の歴史叙述を行うことが試みられてきた。

しかしながら，良好な発掘事例の増加により可能となった個々の墓地の空間構造形成過程の詳細復元の結果，多くの場合，これまで「家族程度」の規模・内容の集団の小墓域と措定されてきた墓群を実態的に把握・認定することが実は困難なことが判明した。この成果を踏まえ筆者は北部九州地方の弥生墓制の変遷を「墓地空間構造形成原理とそれが可能とし媒介した葬送機会参加者のさまざまな（コミュニケーション）体験モードの変容・変遷過程」として把握し，それを産み出し，遺した葬送行為（の指向性）と，その他の社会的行為それぞれが形成した社会的再生産の諸領野（fields/domains of social formation/reproduction）との共変動の分析を通じて，墓制の変遷史を一つの軸とする弥生社会の歴史の叙述を試みてきた[1)]。以下に，その軌跡に認められる四つの相／フェイズの様相を記述し，その成果の概要を紹介する。

Ⅱ　概要

A. フェイズ1：弥生早期～Ⅰ期

弥生早期～Ⅰ期の墓地空間構造形成原理には，＜系列形成指向＞と＜列形成指向＞が併存し，墓地ごとに異なる展開を見せつつ全体として前者から後者へと移行する（図1-A）。本段階の埋葬施設には土坑墓，木棺墓，支石墓／配石墓，甕棺墓がある。甕棺墓は当初は乳幼児埋葬容器の場合が多く，Ⅰ期の末葉になり成人用埋葬容器として形式的な分化が完成する。

＜系列形成指向＞は既存の埋葬施設に近接して新たな埋葬施設を意図的に設置することを繰り返すことにより物象化され，福岡県糸島市新町遺跡形成過程の前半に典型的にみられる。墓地類型としては＜系列墓＞と略記する。系列の背後には墓地全体の形成に参画する規模・内容の集団よりも小規模な集団の存在が想定される。これに対し，列形成指向は既存の埋葬施設と長軸線を共有しつつ，一定の距離を空けて新たな埋葬施設を設置することを繰り返すことにより物象化され，新町遺跡形成過程の後半に典型的にみられる。福岡県福岡市下月隈天神森遺跡のように，帯状空間に沿って線状に二列に埋葬施設が配置される事例がⅠ期の末葉から増加する。このような埋葬施設の二列配置により特徴付けられる墓地を＜列形成指向墓b（列墓bと略称）＞，前者のように数列をなすものを＜列墓a＞と略記する。

＜列形成指向＞は，その導入を弥生時代の定義要件とする水田稲作農耕社会―技術複合／パッケージの直接の起源地である朝鮮半島南部の墓地の空間構造構成原理の中核をなし，この導入も上述パッケージの一構成要素を成していた可能性が

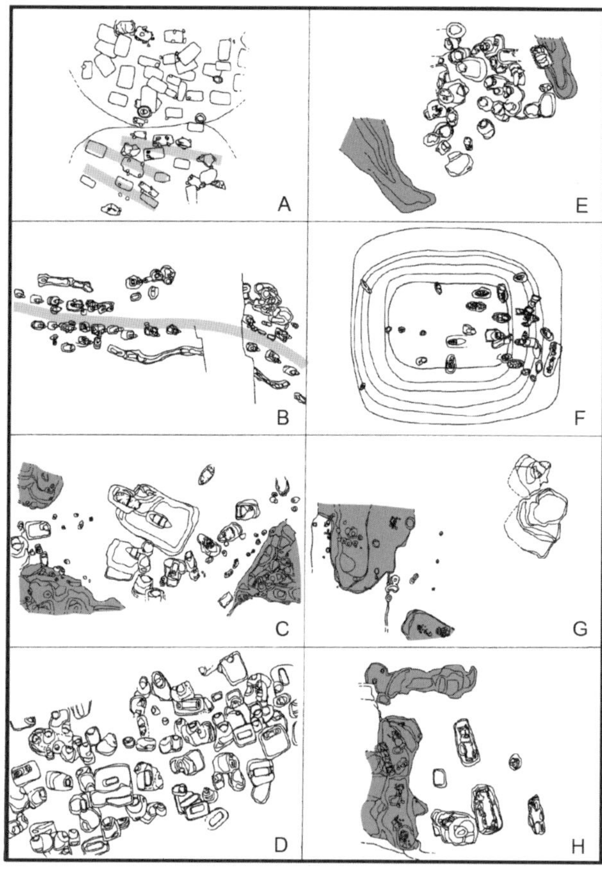

図1　弥生時代北部九州地方の墓地空間構造構成原理の諸類型
A：新町（系列形成指向墓 a），B：永岡（列形成指向墓 b），C：栗山D群（区画墓Ⅰ），D：狐塚（系列形成指向墓），E：栗山C（区画墓Ⅱ a），F:吉武樋渡（区画墓Ⅱ b），G:三雲南小路（厚葬墓），H:三雲寺口（区画墓Ⅲ）（上掲註1溝口2002文献，p.142，図34.1）

高い。しかし，墓地によって系列形成から列形成への空間構造構成原理の移行のスピードやタイミングがまちまちであることからすると，この移行には，墓地を形成する集団ごとの，葬送コミュニケーション・システムによる処理が期待される社会的課題（対応を必要とされるコミュニケーション・社会関係維持の困難化要因）の相違やその変容過程の進行速度の相違が関与している蓋然性が高い。＜列形成指向＞の社会機能的含意については次のフェイズ２にて詳述する。

B. フェイズ２：弥生Ⅱ期〜Ⅲ期

弥生Ⅱ期からⅢ期にかけては，甕棺葬が主要な墓制としておこなわれた脊振（せふり）山地を取り巻く地域全域で，ほぼ全ての墓地が＜列形成指向＞に準拠して形成されるようになる。すなわち，このフェイズに形成された墓地，ないしは墓域はほぼ全て＜列墓ａ＞もしくは＜列墓ｂ＞（上述）の範疇に属する（図1-B）。

本フェイズの＜列墓ｂ＞は，本フェイズの集落の典型的パターンである，個々の集落を構成する複数の居住集団（近藤義郎の＜単位集団＞に相当する）の個々に近接して営まれる小規模なものと，多く＜中心地的大型集落＞に営まれ，それを構成する複数の居住集団のいずれにも付属しないものの二者が存在する。両者ともに道路状の帯状空間を挟んで埋葬施設が二列に延々と線状に配置され，多くの場合，それらの外側に土坑群，もしくは溝が配置される。それらの中には壺形土器を中心として，完形に復元されない土器群が置かれる（／放置される）ことが多い。詳細な形成過程の復元成果によれば，これらは比較的にランダムに当初はかなりの間隔を空けつつ配置され，その後累々たる線状配置へと発展する場合（＜列墓ｂ-１＞と仮称する。例：福岡県筑紫野市永岡遺跡，同春日市門田遺跡），形成開始時は上と同様であるが，その後いつくかの大きなグループを形成するように帯状空間各所に近接したり間隔を空けたりしつつ新たな埋葬が配置され，それら複数のグループを内包しつつ累々たる線状配置へと発展する場合（＜列墓ｂ-２＞と仮称する。例：佐賀県吉野ヶ里町吉野ヶ里遺跡四波屋四ノ坪地区）がある。

＜列墓ｂ-１＞の空間構造形成は，当該墓地を営んだ，その内におそらく複数の集団単位を含む大きな集団単位の一体性の表象が優先されての葬送コミュニケーションの反復の結果であり，＜列墓ｂ-２＞の空間構造形成は，当該墓地を営んだ，その内におそらく複数の集団単位を含む大きな集団単位（複数のクラン的出自集団により構成される部族的集団の場合が想定される：後述）の一体性の表象とともに，それよりも小規模な集団（クラン的出自集団：後述）の一定の独自性も意識された（しかし意図的明示的な表象の対象とはなっていない）葬送コミュニケーションの反復の結果であるとすることができよう。大規模な＜列墓ｂ＞の多くは弥生Ⅱ期以降創発的に分化／出現した＜中心地的大型集落＞の一隅に存在することが多い（例：吉野ヶ里遺跡四波屋四ノ坪地区，福岡県筑紫野市隈・西小田遺跡第２地点）。紙幅の制限から詳細に踏み込むことはできないが，これら中心地的大型集落には，創発的に分化した部族統合領域的地域社会を構成するクラン（clan）的出自集団（＜非居住団体（non-residential corporate groups）＞）複数それぞれの分節（sub-clans/lineages）が集合して，地域社会内部・地域社会間のさまざまな相互交渉，物財・（婚姻を中心とする）人間・情報の交換などの媒介・調整が集約的に行われていたことが推測され，遠隔地からの諸種の搬入物財の集積，媒介・調整の具体的な場面の一つとしてのさまざまな祭祀に用いられた金属製その他の祭祀具の集中からも支持される。吉野ヶ里遺跡四波屋四ノ坪地区，隈・西小田遺跡第２地点などの大規模な＜列墓ｂ＞には当該集落だけではなくそれらに依存する周辺の衛星的小型集落の住人の埋葬もあったことが，これら大規模列墓ｂが特定の居住単位に付属しないことからも示唆される。

このような地域社会の中心—周辺分化の背後には，弥生Ⅰ期以降進行した人口増加に伴う既存集落周辺生態環境の人口支持率（carrying capacity）の突破と，その解消のための分村の進行がある。中心地的大型集落は，各地域の初期農耕集落の最古のものの一つである場合（例：福岡県福岡市有田遺跡）と，分村の集中により新たに形成され，集落間ネットワークの形成とともに中心地化した場合（例：同春日市須玖遺跡群）があるが，

- 既存の社会関係—相互交渉の維持（親村—分村（子村）関係の維持）
- 分村先で遭遇する，他の出自集団から分村した集団との相互交渉の（緊張関係の緩和を前提とする）新たな形成

が，これら大型集落の主要な機能として浮上したと考えられる。これら二つの機能的要件の充足のため

- 列の共有
- 道路状帯状空間と埋葬を被覆する土饅頭群・土坑／溝により構成される空間構造が必然とする＜葬列（funerary procession）＞の組織（→葬列は共同／協働性と序列形成を同時に達成するテクノロジーである：註１溝口 2022, pp. 155-156 参照）（図２-Ａ右）
- 個々の埋葬時の葬送参列者の空間体験（視覚体験を含む）（→長軸を揃えて配置された個々の埋葬における葬送機会参列者は多くの既存埋葬を被覆する土饅頭を視野に入れることになる：註１溝口 2022, pp. 155-156 参照）（図２-Ａ右）

が，それぞれ＜共同性／協働性＞の醸成・喚起に貢献したと考えられたことは重要である。

中心地的大型集落に位置する大規模＜列墓ｂ＞近傍には溝口の分類における＜区画墓Ⅰ＞（図1-C）が存在することが多い（例：吉野ヶ里遺跡北墳丘墓，隈・西小田遺跡第２地点，福岡県朝倉市栗山遺跡Ｄ群墓域など）。これらの被葬者は副葬品を持つものも多く，ある種の「上位層」を構成すると考えられる。しかし，甕棺一型式程度の時間

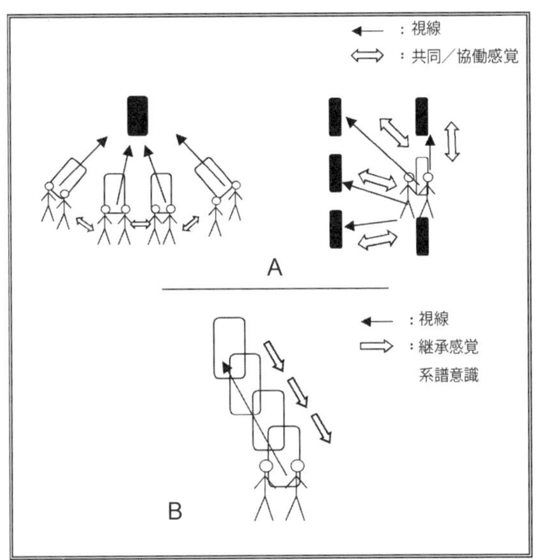

図２　埋葬施設の配置と葬送コミュニケーション参画者の身体運動・視線のコントロール

Ａ：フェイズ２の共同／協働性喚起モード　Ｂ：フェイズ３の継承感覚・系譜意識喚起モード

幅に数人の被葬者が埋葬される事実（例：吉野ヶ里遺跡北墳丘墓，隈・西小田遺跡第３地点，福岡県朝倉市栗山遺跡Ｄ群墓域，同福岡市西区吉武高木遺跡墓群など）からすると彼らは能力や達成により地位を得たある種の＜エリート（elite）＞達であり，＜区画墓Ⅰ＞の空間構造も，中心埋葬が墓域の初葬者でありつつも質的・量的に最も豊富な副葬品を持つわけではなく（例：吉野ヶ里遺跡北墳丘墓→中央埋葬 SJ1006 が細形銅剣一口を副葬するのに対し，その西方に位置し，SJ1006 方向へと挿入埋置された SJ1002 には有柄細形銅剣一口とガラス製管玉 79 個が副葬されていた），また特定の既存埋葬に近接して新たな埋葬を設置するなどによって被葬者間の（血縁を含む）系譜的関係の近さの表象を企図するわけでもなく，中心埋葬に向かって甕棺を挿入するというルールを遵守しつつ＜列墓＞同様に一定の間隔を空けて埋葬を設置してゆくモードから，＜列墓＞と同じく，＜区画墓Ⅰ＞において反復された葬送コミュニケーションにおいては＜共同／協働性＞の醸成・喚起がその重要な機能であったことが推測される（図２-Ａ左）。

C. フェイズ３：弥生Ⅳ期

弥生Ⅳ期には墓地空間構造に大きな変化が生じる。＜列形成指向＞から＜系列形成指向＞への急速な移行と，その結果としての，墓地空間構造類型における＜系列形成指向墓＞（図１-D）と＜区画墓Ⅱ＞（図１-E・F）の出現・主要類型化である。また，本フェイズから，一～二基の埋葬が他の埋葬群から離れて設置され，量的質的に隔絶した副葬品や埋葬施設を与えられた＜厚葬墓＞（図１-G）が出現する。

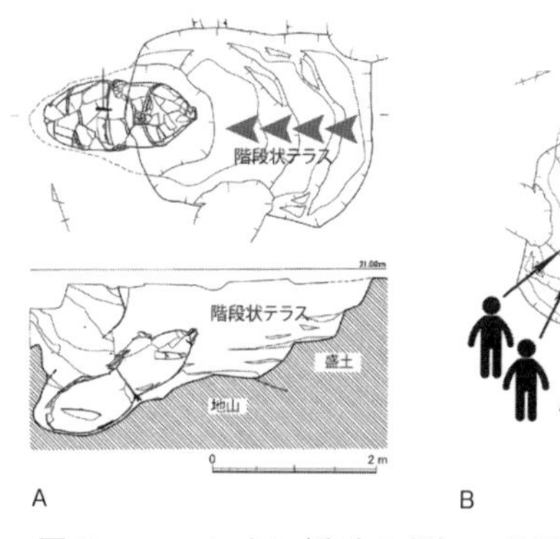

図３　フェイズ３（弥生Ⅳ期）の典型的甕棺墓と葬送における人々のポシショニングと配視
（上掲註１溝口 2022 文献，p.149，図 4-2）

＜系列形成指向＞は新たな埋葬施設を既存の埋葬施設に意図的に近接して設置することを繰り返すことにより充足・表象される。また多くの場合，甕棺は既存の埋葬施設を被覆する土饅頭の方向に挿入される形で，立坑の一側面に掘り込まれた棺挿入坑へと埋置される。挿入坑の対向側面には階段上のテラス数段が設置されることが多く，棺内への遺骸の安置その他の行為を遂行する人はこれを用いて坑底に降りる（図３-A）。また，挿入坑上部に葬送参列者が立つことは，落盤の可能性から避けられたと考えられる。これらのことから，葬送行為の儀礼正面は甕棺挿入坑を見下ろす墓坑上面の三辺ということになる（図３-B）。そうすると，例えば三つの埋葬により形成された埋葬系列においては，既存の埋葬を被覆する土饅頭に向かって新たな甕棺が挿入される葬送行為時において，参列者は既存埋葬を被覆する土饅頭を視野の端に収めつつ死者を葬送することを通じて，

- 既存埋葬被葬者の記憶
- 今，葬送される死者（とそれぞれの関係）の記憶
- 既存埋葬被葬者と今，葬送される死者との関係の記憶
- 既存埋葬被葬者と今，葬送される死者との関係とそれぞれの関係性

以上３種の記憶と１種の社会マイクロ・ネットワーク的関係性認識を喚起され，もしくは構築を促されることとなる（図２-B）。そのような記憶と認識の喚起を媒介し，それに媒介された葬送コミュニケーション行為の物象化としての＜系列形成指向墓（系列墓）＞は，＜列墓＞においては喚起・構築の対象とならなかったクラン的出自集団よりもはるかに小規模な集団（サブクラン／リネージ，もしくはそれよりも小規模な）の系譜的連続性の喚起をテーマとしたと推測される。このような埋葬系列＝マイクロ・クラスター多数から構成される＜系列墓＞（例：福岡県筑紫野市道場山遺跡，同小郡市狐塚遺跡，同朝倉市栗山遺跡Ｂ群墓

域）では，そこに埋葬をおこなったサブクラン／リネージ程度の規模・内容の集団の共同性／協働性とともに／にも増して，それを構成するさらに小規模な分節（サブリネージ／竪穴住居一棟の居住グループ程度のスケール？）個々のメンバーシップとその系譜的連続性・継承感覚が表象・確認・構築されているのである（図 2-B）。

墓地空間構造類型における＜系列墓＞の多数化と同時に出現する＜区画墓Ⅱ＞は，矩形の低墳丘と周溝にマーキングされる場合の多い区画内に複数（栗山遺跡 C 群墓域の場合には 6 個）の埋葬系列＝マイクロ・クラスターが形成される（図 1-E）。＜区画墓Ⅱ＞の被葬者はフェイズ 2 の＜区画墓Ⅰ＞と同様に＜エリート（elite）＞達であることは確からしいが，これが上述の埋葬系列の複合から構成されることから，＜区画墓Ⅰ＞では表象・喚起・構築の対象とならなかったエリート／上位層の系譜的連続性・継承性が前景化してきたと推測されることは重要である。＜区画墓Ⅱ＞は＜区画墓Ⅰ＞と同様，中心地的大型集落の，フェイズ 2 には大規模＜列墓＞を形成していた墓地の近傍に存在する事例が認められる（例：栗山遺跡 C 群墓域）ことから，ここにも

A）部族的地域社会を構成する複数のクラン的出自集団それぞれの代表的エリートが，クラン的出自集団の系譜的連続性を代表して埋葬された可能性

がある。その一方，本フェイズにおいては，フェイズ 2 に創発した部族的地域社会の＜中心―周辺分化＞の進展の結果，

B）中心地的大型集落に所在する複数のクラン的出自集団分節の代表者が各系列に葬られた可能性

もある。

学説的には，

C）中心地的大型集落を構成する複数居住単位のうちの一つが部族的地域社会の支配層としてすでに析出され，そのメンバーがこのような墓域に葬られた

というモデルもある。しかし，フェイズ 3 の中心地的大型集落を構成する複数居住集団は相互に等質性を維持しており，一個の単位が貯蔵施設を独占したり，一角に手工業生産の痕跡を集中させつつ溝などの防御施設に囲まれたりする事例は確認されない。このことは，＜区画墓Ⅱ＞の被葬者の内容が上記 A もしくは B である可能性の確からしさを示唆する。

＜系列墓＞，＜区画墓Ⅱ＞の検討結果を敷衍すると，＜厚葬墓＞（図 1-G）は部族的地域社会を構成する複数のクラン的出自集団を代表するエリートからさらに選ばれた／最高リーダーの位置を達成した人物の埋葬ということになる。最高ランクの厚葬墓である三雲墓，須玖墓が大規模な区画と低平な墳丘を占有するのに対し，これらに準ずる福岡県飯塚市立岩堀田遺跡 10 号墓（前漢鏡 6 面，中細形銅矛 1 口，鉄剣 1 口，鉄ヤリガンナ 1 口，砥石 2 点）をはじめとする，前漢鏡 1~2 面とおもに鉄製武器／利器，ガラス製玉類，各種貝輪などをさまざまな組み合わせで副葬された厚葬墓はいずれも＜区画墓Ⅱ＞を構成する埋葬系列中に存在することも，このことを傍証する。要するに，中心地的大型集落を構成する複数居住単位として（広域化する相互交渉／コミュニケーション・ネットワークの維持・再生産の媒介者として）有力化した複数クラン分節のリーダー層の中から達成的に析出された部族的集団単位の代表者に，おそらくは最高厚葬墓被葬者が入手した前漢鏡などの物品が臨機的かつ戦略的に贈与されることによって，下條信行氏などが指摘されるところの副葬品アセンブリッジ・葬送に動員されるその他さまざまな財・労力の成層構造が形成されたと考えられる。

D. フェイズ 4：弥生Ⅴ期

弥生Ⅴ期の動態は複雑かつ目まぐるしい。その前半（高三潴（たかみずま）式期），ことにその前葉には集落数の減少が見られるとともに，存続する墓地における埋葬数の減少も顕著である。それと同時に，フェイズ 2 に営まれた＜区画墓Ⅱ＞に，100 年以上の埋葬空白期を経て，単数ないし少数の副葬品を有する甕棺墓が設けられる例が栗山遺跡 D 群（K6）や佐賀県鳥栖市柚比本村遺跡（1105，1106，1112）

フェイズ	葬送コミュニケーションの指向性	葬送コミュニケーションの形式	墓地空間構造	地域社会構造／分化様態
1（早期-Ⅰ期）	系譜性→共同／協働性	見つめる→そろえる／秩序の共有・遵守	系列墓→列墓	初期農耕集落（中心－周辺未分化）
2（Ⅱ－Ⅲ期）	共同／協働性	行列する	列墓・区画墓Ⅰ	分村→中心－周辺分化創発・進行
3（Ⅳ期）	系譜性／隔絶性	見つめる／隔てる（傾向発現）	系列墓・区画墓Ⅱ・厚葬墓	中心－周辺分化安定 相互交渉ネットワーク広域化開始
4（Ⅴ期）	グリッド形成／隔絶性	（グリッドに）埋葬を配置する／隔てる	区画墓Ⅲ・厚葬墓	相互交渉ネットワーク広域化継続 中心－周辺構造広域化→広域成層化

図４　各フェイズ墓地空間構造形成におけるa）指向性，b）コミュニケーション行為の形式的特徴，c）墓地空間構造類型，d）社会構造・分化モードの特徴

などで見られる。筆者はこれらの特異な少数の埋葬を，フェイズ３に分化を本格化させ始めた上位層の権威の源泉のゆらぎ，すなわち王莽新建国に伴う楽浪郡の一時的独立，青銅鏡などの戦略的配布物財（原初的な<威信財>的な性格を創発しつつあった可能性がある）の入手の途絶などに起因する広域社会関係のゆらぎへの対応として，動揺する既存の社会ネットワークの基盤が形成された時期＝フェイズ２の上位層の（おそらく口承伝承の形で保存された）記憶を喚起し，それと特定死者との間に系譜的連続性を仮構することにより，社会諸関係の再構築・安定化が企図された結果であると推測している。また，同じくフェイズ２に営まれ，その後墓域としての使用が途絶えていた<列墓>の使用が「再開」される例（佐賀県鳥栖市儀徳遺跡）や，厚葬墓を含む<列墓>が新たに形成される事例（同佐賀市七ヶ瀬遺跡）などから，このフェイズに，動揺したさまざまな位相の社会関係，また動揺の後に急速に広域化を再開した相互交渉ネットワークへの対応として，葬送コミュニケーション・システムにおけるフェイズ２同様の共同性／協働性の喚起が選好されたと考えられる。

同時に，Ⅴ期前葉後半（高三潴式期後半）以降，<区画墓Ⅲ>（図1-H）が登場し，一般層の埋葬そのものが急速に減少する中，墓地空間構造形成パターンの主座を占めるようになる。<区画墓Ⅲ>の空間構造形成の指向性は<グリッド形成指向>，すなわち乳幼児も含む，サブクランないしはリネージ，もしくはそれよりも小さな規模の集団構成員を，それらの所属単位内における関係性により「グリッド的秩序」（誰それは生前においてこのような位置付けにあったから／（乳幼児の場合）成人すればこのような地位に就くはずだったからここに）に空間的に位置付けし埋葬することの反復である。

弥生Ⅴ期後半（下大隈式期）には，貯蔵施設の占有と希少財の集中に考古学的に特徴づけられる<エリート区画（elite precincts）>が初めて明確化する（例：佐賀県鳥栖市千塔山（せんどやま）遺跡）。これらは規模的に見てクラン的出自集団分節／サブクラン／リネージ的規模・内容の集団の居住単位と見られる。社会的諸関係の混乱期を経て，再び広域化傾向を強める相互交渉ネットワークを背景として，調整媒介対象となる社会諸関係の多様化，複雑化，対面的処理機会の頻度の不可避の減少などが，媒介者の地位の特定出自集団分節への固定化と，共同性／協働性の喚起という二つの機能的要件を導いたものと考えられる。

Ⅲ　まとめ

最後に，各フェイズ墓地空間構造形成におけるa）指向性，それに準拠したb）コミュニケーション行為の形式的特徴，葬送コミュニケーションの反復により形成され，それを媒介したc）墓地空間構造類型，そして，それらの背景／環境としてのd）社会構造・分化モードの特徴について図４のように図式化することでまとめにかえる。

註　＊紙幅の制約により引用参照文献は全て省略させていただいた。お許しいただきたい。

1）以下の分析の全容については下記など筆者の一連の作業を参照されたい。溝口孝司『社会考古学講義：コミュニケーションを最小基本分析単位とする考古学の再編』第４章，同成社，2022

弥生時代の小形仿製鏡

田尻 義了 九州大学アジア埋蔵文化財研究センター
TAJIRI Yoshinori

1　弥生時代の小形仿製鏡の現在の理解

弥生時代の小形仿製鏡の出土面数は，約350面ほどであり，毎年数面が新たに出土報告されている。弥生時代の青銅器の中でも，数量が多い形式として捉えることが出来るだろう。分布は朝鮮半島の全羅南道から，本州島の群馬県まで出土している。また，南は種子島屋久島などの南西諸島では知られていないが，鹿児島県指宿市において確認されており，広域に分布している。時期は弥生時代後期を中心に認められ，一部の製品は古墳からの出土品として古墳時代まで残る場合もある。この小形仿製鏡は，古墳時代の小型鏡と文様構成や元になったモデルの違い，鋳造に関する製作技法の点で区別することができる。なお，小形仿製鏡の成立要因については，漢鏡の流入不足を補うためと解されている。

2　これまでの研究史

弥生時代の小形仿製鏡に関する研究は，それ以前の発見報告の段階を踏まえ梅原末治による総括的な研究報告によって始まる[1)]。そこでは，製作地を「当初半島南部で（中略）その後北部九州」という変遷の中でとられ，以降の研究の方向性を示している。戦前に慶尚北道漁隠洞遺跡出土の小形仿製鏡群の発見報告があり，漢鏡とは異なるこれらの鏡の位置づけを踏まえたためであろう。その後，高倉洋彰による一連の研究[2)]によって，小形仿製鏡を内行花文日光鏡系と重圏文日光鏡系に区分し，文様構成，縁の幅などの属性を用いて基本的な分類編年が試みられる。筆者は高倉洋彰の分類編年を土台にして，新資料を基に修正を行い，分類編年を提示している[3)]。

小形仿製鏡の製作地に関して，これまで2つの点で議論が交わされている。1つは，朝鮮半島産の小形仿製鏡の有無である。当初は小形仿製鏡の起源とも関連し，上述したように朝鮮半島において初期の鏡が製作され日本列島に伝来し，その後，日本列島においても製作され各地へ配布されたと解されていた。したがって，朝鮮半島において小形仿製鏡が成立し，一定量の生産がなされていたとされていた。この点については，根拠となっていた初期の小形仿製鏡の出土量が，調査が進むにつれ日本列島において多く出土していること，また，初期の小形仿製鏡の鋳型が福岡県の須玖坂本遺跡（図1-5）や寺徳遺跡（図1-11）において出土していることなどから否定され，小形仿製鏡は北部九州で成立し，各地に配布されたものであり，朝鮮半島産の小形仿製鏡は基本的に存在しないとされている[4)]。

もう1つは北部九州産ではない小形仿製鏡の存在である。近畿地方においてはこれまでも「十」文の特異な文様を持つ小形仿製鏡群が確認されていた。これらの鏡はモデルにした漢鏡のモチーフが異なることから近畿地方において製作されたと考えられている[5)]。このような特異な文様を持つ鏡群が一定の地域でまとまって出土している地域は関東においても認められている[6)]。したがって，小形仿製鏡の日本列島内における製作地には，現在のところ北部九州，近畿地方，関東地方において想定がなされている。また，これらの製作地では製作に用いた鋳型素材が異なっており，北部九州では石製鋳型で，その他の地域ではおもに土製鋳型による鋳造が行なわれており，鏡面の文様の鮮明さの度合いによって製品を区分することができる。

3　小形仿製鏡の用いられ方

小形仿製鏡の成立要因が，漢鏡の不足を補うためとされていることから，漢鏡に準じる取り扱いが小形仿製鏡になされたと考えたいが，実態はそうではない。漢鏡は基本的に墓の副葬品として取り扱われているが，小形仿製鏡は様々な取り扱われ方をしており，時期別に取り扱い方が変化していく様相も認められていない。ただし，対馬においては銅矛が墓から出土するように小形仿製鏡も墓から出土する。青銅器を大量に製作した福岡平野では，その製品の取扱いが統一されるべきであるが，集落の溝や住居跡から出土する事例もあることから一貫した取り扱いはなされていない。したがって，小形仿製鏡は製品を受けとった側が，それぞれの対応で様々な取り扱いをしていると考えられている。製品を配布する側は，一定の用いられ方を期待しているが，受け取った側では十分にその意図や期待を受け止めていないようである。このような現象は小形仿製鏡が漢鏡とは異なるカテゴリーであり，その性格をよく表している。

また，1つの集落遺跡から複数の小形仿製鏡が出土する様相も確認されている。5面以上確認されているのは，佐賀県吉野ケ里遺跡や熊本県方保

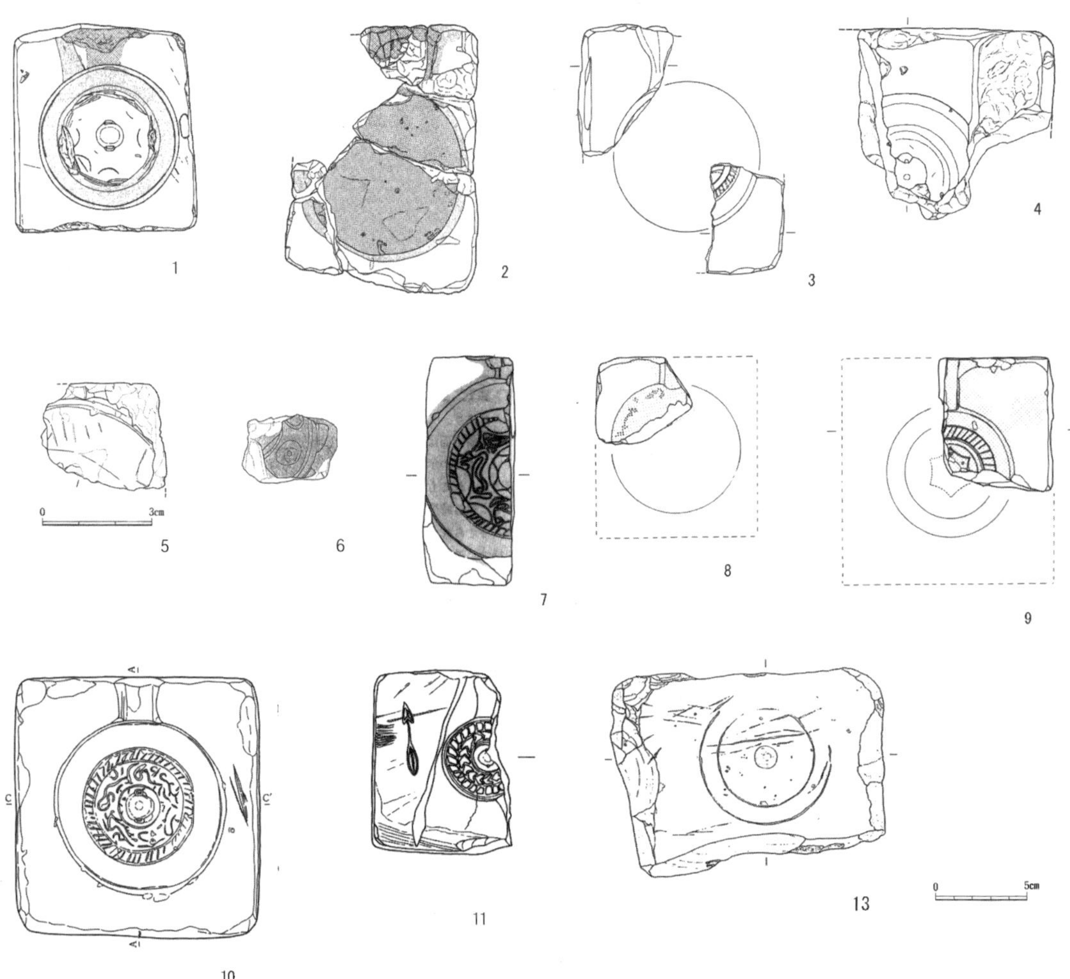

図1　小形イ方製鏡石製鋳型（S = 1/4，5・6は1/2）

1：須玖岡本遺跡坂本地区1次調査出土　2：須玖岡本遺跡坂本地区試掘調査出土　3：須玖永田遺跡1次調査出土　4：須玖永田遺跡4次調査出土　5：須玖坂本遺跡B地点2次調査出土　6：野藤遺跡4次調査出土　7：井尻B遺跡6次調査出土　8・9：飯倉D遺跡1次調査出土　10：ヒルハタ遺跡出土　11：寺徳遺跡出土　12：垂水遺跡出土

田東原（だひがしばる）遺跡，小野崎遺跡などである。これらの遺跡では，特定の型式のみが出土するのではなく，複数の型式が出土することから，長期に渡って小形仿製鏡を入手し続けたことが判明している。配布元との関係が継続的に維持された結果であると解される。

小形仿製鏡の具体的な使用方法に関しては，紐孔に繊維質が残存している事例があることから，実際に懸垂して使用されたと想定できる。しかしながら，何から懸垂していたのかを復元することはできない。特定個人の身体や衣服などからの属人的な懸垂と，住居や樹木などからの特定個人ではない集団的な懸垂が想定できるが，不明である。なお，小形仿製鏡には穿孔されたり，破鏡化した事例も報告されている。穿孔された小形仿製鏡は基本的に鈕孔部が欠損していることから，やはり懸垂が基本的な使用方法であろう。また穿孔部を観察すると，かなり紐ずれして楕円形の形状をしている。特別な時期や場所でのみに懸垂して使用したのではなく，日常的な懸垂の結果と推定している[7)]。

4　小形仿製鏡の生産

弥生時代の青銅器の一角を占める小形仿製鏡は，上述したように鋳造された数量としてはかなりの多量であったことが判明している。これまでに鋳造に用いられた鋳型は12点出土している（図1）。これらは石製鋳型であり，土製鋳型は発見されていない[8)]。発見された石製鋳型のうち1点は大阪府吹田市垂水遺跡（図1-13）から出土した資料であるが，この時期の近畿地方における青銅器生産は土製鋳型が中心であると考えられているため，イレギュラーな資料として理解されている。出土している小形仿製鏡の鋳型のなかには，湯口と紐孔が残存している資料がある（図1-1･4･7･10･11）。これらに共通するのは湯口方向に紐孔方向が一致しているという点である。この湯口と紐孔方向の一致という痕跡は，製品側の観察でも認めることができる。多くの小形仿製鏡の文様は不鮮明であるが，よく観察すると不鮮明な範囲が紐孔の一方向のみに広がっていることが確認できる。この鋳出される文様が一方向のみの範囲において不鮮明になるという現象こそが，鋳型の湯口方向を推定できる。鋳型を縦に固定して鋳造する際，湯口方向は上面に位置するため押湯がなされるが，十分に押されないために文様が不鮮明に鋳出されるからである。これまで筆者が観察確認している弥生時代の小形仿製鏡は，基本的にこの法則が貫徹されている。不鮮明な文様範囲が紐孔方向と異なるような事例が発見されれば，異なる技術体系での鋳造と考えられる。今後も注意深く観察を行っていきたい。

5　新たな研究手法への展開期待

小形仿製鏡は文様が不鮮明であることから，面径や縁の幅，文様構成が主要な分析項目として扱われ，文様が鮮明な一部の鏡種に限って同范鏡などの研究が行なわれているが，圧倒的に多くの鏡は分析の対象にすることが出来なかった。近年，デジタル技術の進化により，不鮮明な文様を鮮明化する方法が開発され，実際に実施報告されている[9)]。筆者も現在この技術を応用して不鮮明であった文様の鮮明化に取り組んでいる。今後は，まずは基礎的な文様の把握を行い，その結果，文様間の比較を通じて，同范鏡の認定や鋳型の補修痕による鋳造順序の復原など様々な研究への応用が期待される。350面近い小形仿製鏡は研究途上の資料であり，またこれから様々な研究が進展すると思われる。

6　和泉市惣ヶ池遺跡出土の小形仿製鏡の位置づけ

近年，大阪府和泉市惣ヶ池遺跡より新たな重圏文系小形仿製鏡第3型に位置づけることができる小形仿製鏡が出土した[10)]。この鏡を上記のデジタル技術によって文様を明確化した文様は非常に興味深いものである（図2-1）。銘文帯が表現されており，明らかに漢字状の表現である。問題は，この鏡がどこで製作された鏡であるかという点である。モデルとなるべき漢鏡は北部九州を中心に出土し

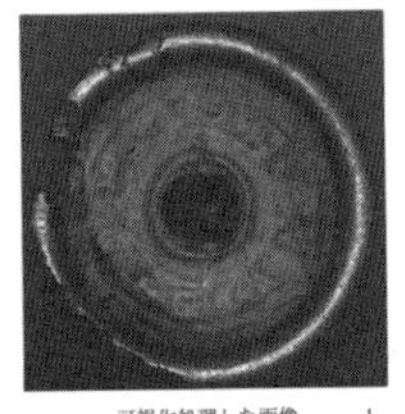

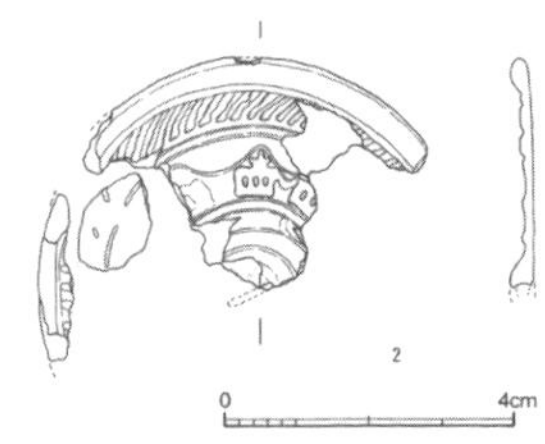

図２　近畿出土の小形佑製鏡の一例
（1：縮尺任意 2：S = 1/2）
1：和泉市惣ヶ池遺跡出土　2：有田川町１日吉備中学校校庭遺跡出土

ていることから，北部九州産と考える考え方と，近畿地方において生産されたと考える見方もあろう。筆者はこれまで近畿地方で出土していた「十」字状の文様を持つ鏡とは異なっていることから北部九州産の鏡と考えている。しかし，上述した鈕孔方向と文様が不鮮明な範囲が一致しておらず，90 度ずれているようである。この点を評価すれば，北部九州における鋳造方法とは異なり非北部九州産の可能性がある。仮に近畿地方においてこの鏡が製作されたとなれば，モデルとなる漢鏡，もしくはモデルとなる仿製鏡の存在もふくめて議論しなければならない。そのように考えるならば，近畿地方に流入してきた仿製鏡をモデルに近畿地方において製作された説も成り立つ。例えば和歌山県有田川町旧吉備中学校校庭遺跡出土鏡（図 2-2）などは，その候補となるかもしれない。現状では，惣ヶ池遺跡出土鏡を北部九州産としておくが，もう少し事例が増えることを期待して結論を出したい。

註

1）　梅原末治「上古初期の仿製鏡」『国史論集』1959，pp.263 - 282 ほか
2）　高倉洋彰「弥生時代小形仿製鏡について」『考古学雑誌』58—3，1972，pp.1 - 30。高倉洋彰「弥生時代小形仿製鏡について（承前）」『考古学雑誌』70—3，1985，pp.94 - 121。高倉洋彰「弁韓・辰韓の銅鏡」『韓半島考古学論叢』2002，pp.235 - 248 ほか
3）　田尻義了「弥生時代小形仿製鏡の製作地—初期小形仿製鏡の検討—」『青丘学術論集』22，2003，pp.77 - 95。田尻義了「弥生時代小形彷製鏡の生産体制論」『日本考古学』18，2004，pp.53 - 72 ほか
4）　前掲註 3（田尻 2004）。後藤　直「弥生時代の倭·韓交渉」『国立歴史民俗博物館研究報告』151，2009，pp.307 - 341
5）　寺沢　薫「巫の鏡—「十」字小形仿製鏡の新例とその世界—」『考古学と生活文化』同志社大学考古学シリーズⅤ，1992，pp.411 - 433。森岡秀人「「十」状図文を有する近畿系弥生小形仿製鏡の変遷」『文化史論叢（上）』横田健一先生古稀記念会，1987，pp204 - 230。田尻義了「近畿における弥生時代小形彷製鏡の生産」『東アジアと日本』2，2005，pp.29 - 45
6）　田尻義了「関東地方における弥生時代小形仿製鏡について」『東アジア古文化論攷』2014，pp.154 - 166
7）　田尻義了「弥生時代小形彷製鏡の保有者と使用方法」『古代文化』59 - 1，2007，pp.1 - 19
8）　唐古鍵遺跡では，土製の外枠鋳型が発見されており，それを用いて小型の鏡を製作していた可能性はある。
9）　須山貴史・上田裕人「三次元モデルを活用した鏡背文様可視化処理について—和泉市惣ヶ池遺跡出土銅鏡の調査から—」『日本文化財科学会第 39 回大会研究発表要旨集』2022，pp.244 - 245
10）　前掲註 9 に同じ

図版出典文献

図 1 - 1：井上義也「須玖遺跡群出土鏡鋳型の概要」『鏡范研究』1，2004，p.22，2：同上 p.23，3：同上 p.18，4：同上 p.20，5：同上 p.25，6：同上 p.26，7：比佐陽一郎「福岡市域出土鏡范の概要」『鏡范研究』1，2004，p.34，8･9：同上 p.38，10：佐藤正義「ヒルハタ遺跡出土鋳型の概要」『鏡范研究』1，2004，p.49，11：江島伸彦「寺徳遺跡出土鏡范の概要」『鏡范研究』1，2004，p.55，12：増田真木「垂水遺跡出土鏡范の概要」『鏡范研究』1，2004，p.68，
図 2 - 1：川口修実ほか編『旧吉備中学校校庭遺跡発掘調査報告書』有田川町遺跡調査会，2008，p112，2：須山貴史・上田裕人「三次元モデルを活用した鏡背文様可視化処理について—和泉市惣ヶ池遺跡出土銅鏡の調査から—」『日本文化財科学会第 39 回大会研究発表要旨集』2022，p.245

弥生時代のガラス製玉類

谷澤 亜里 奈良文化財研究所
TANIZAWA Ari

はじめに

弥生時代のガラス製玉類は，勾玉や一部の管玉など列島内で加工されたと考えられるものを除き，基本的に舶載品であることが2000年代以降広く知られるようになった。北部九州は大陸や半島と地理的に近いこともあり，ガラス製玉類の出土が特に多くみられる地域である。弥生時代のガラス製玉類については多くの議論がなされてきたが，近年の材質分析事例の増加は著しい。分類や変遷の再整理もおこなわれており[1]，これをふまえたうえでの議論が必要であろう。以上のような視点から，北部九州におけるガラス製玉類の流入・流通状況を通時的に概観したい。

1　出現期のガラス製玉類：前期〜中期中葉

ガラス小玉のもっとも古い事例として取り上げられることのあった東山田一本杉19号甕棺墓・78号甕棺墓出土資料は，近年材質分析がおこなわれた。78号甕棺墓の1点は後世のカリウム鉛ガラスであること，19号甕棺墓の4点は引き伸ばし技法で製作された *Indo‐Pacidic Beads*（以下IPB）ではあるが，材質からみて位置づけがやや難しい資料であることが確認されている[2]。ただし，同時期の例としては吉武高木117号甕棺墓でコバルト着色のIPBが確認されており，少なくとも金海式甕棺段階には少量のガラス小玉が列島へと流入しているという理解に大きな変更を加える必要はなさそうである[3]。

このほか，中期中葉までにみられるガラス製玉類として，鉛バリウムガラス製のトンボ玉，巻き付け技法による大型の管玉，環状のガラス小玉がある。

トンボ玉は原の辻石田大原地区2号甕棺墓，同3号甕棺墓より出土しており，どちらも甕棺編年では城ノ越式に位置づけられる。分析により鉛バリウムガラス製であることが確認されており[4]，中国の戦国時代のトンボ玉と材質が共通する。なお，材質やデザインの類似するトンボ玉が雀居遺跡18次調査で出土している[5]。古墳時代前期に埋没した大型土坑からの出土だが，弥生時代の遺物も混在しており，弥生時代の段階に九州本土へも少量のトンボ玉が持ち込まれていた可能性を考えることができる。

大型のガラス管玉は，大賀克彦が「TY Ⅰ型」，小寺智津子が「WC吉野ヶ里タイプ」とするもので[6]，吉野ヶ里北墳丘墓SJ1002甕棺からの出土が著名である。韓半島南部でも無文土器時代後期後半に同様の特徴をもつガラス管玉がみられ，忠清南道・全羅北道に偏って分布することから，当該地域を経由しての流入が想定されている。列島での分布は北部九州地域に限られる。

韓国完州新豊カ‐42号土壙墓では，TY Ⅰ型ガラス管玉に巻き付け技法による環状のガラス小玉が共伴している。北部九州では，この2種類の玉が共伴する事例はみられないが，中期の環状ガラス小玉の例としては，宇木汲田92号甕棺墓，同80号甕棺墓，大友2次9号石囲墓などがあり，TY Ⅰ型ガラス管玉の分布との重なりが注目される。

また，固化した状態のガラス片に穿孔して製作したガラス小玉が高木7号土壙墓で出土している。近年，材質が分析され，鉛バリウムガラスであることが確認された。注目されるのは，中期後葉の京都府奈具岡遺跡で製作されたとみられる鉛バリウムガラス製の固化後穿孔の小玉とは材質が微妙に異なり，むしろTY Ⅰ型と近いと指摘されている点である[7]。中期前半段階に，単発的にではあるが北部九州で固化状態のガラスの加工が行なわれた可能性を考えることができよう。

2　厚葬墓とガラス製玉類：中期後葉

立岩式甕棺の段階になると，ガラス製品の内容とその分布傾向は大きく変化する。舶載されたガラス製品としては，璧，塞杆状製品，小型のガラス管玉があり，いずれも鉛バリウムガラス製である。列島内で加工されたものとして，ガラス勾玉や璧の二次加工品がある。これらは，須玖岡本D地点甕棺墓と三雲南小路1号・2号甕棺墓を頂点とするこの時期の厚葬墓に特徴的に副葬されることが注目されてきた[8]。

これらのガラス製品は，前漢鏡をはじめとする漢系遺物と同様，楽浪郡を介した中国王朝との接触を契機として列島へともたらされた可能性が考えられてきた。ただし，ガラス璧や小型のガラス管玉は楽浪郡や半島南部では分布が希薄で，これらが比較的多く確認される長江中流域から直接的に獲得したと想定する見解もある[9]。とはいえ，ガラス製品以外に長江中流域との直接的な交渉を示す遺物は確認されておらず，ガラス製品流入の大陸側の窓口は基本的には楽浪郡であったと考えたい。筆者は，この時期の舶載ガラス製品が特定の種類に偏る点が重要と考えており，この偏りの背景には，大陸側の列島の集団に対する評価と，列島側の嗜好の両方が関わっていると考えている[10]。後述する後期前半～中頃を除いて，列島の集団は石製かガラス製かを問わず一貫して管玉を使用し続けている点を重視したい。

この時期のガラス管玉は，大賀が「TYⅡ型」，小寺が「WC立岩タイプ」とするもので，製作技法を振り引き技法とみるか巻き付け技法とみるか，弥生時代後期以降にみられるガラス管玉と同一の分類単位に含めるかどうかという点で議論がある。筆者は，一つの埋葬から出土したセットのなかで，表面にみられる螺旋状の痕跡の角度がゆるやかなものから孔にほぼ直交するものまでばらつきがあるという点から振り引き技法によるものとみて，大賀のTYⅡ型の範疇で理解している。ただし，この時期のTYⅡ型ガラス管玉は，後期のものと比べて法量的なまとまりがきわめてよい。加えて，同じ鉛バリウムガラスではあっても後期のものとは材質の傾向が微妙に異なることが知られており[11]，鉛同位体比もよくまとまる[12]。人工顔料である「漢青」とみられる粒子を含むものと，同様な粒子が確認できないものもあるが，どちらも全体的な色調は濃青緑色で，後期～終末期のTYⅡ型でしばしばみられる典型的な漢青着色の鮮やかな青色とは異なっている。以上から，この時期のTYⅡ型を後期～終末期のものと区別する視点も有効であろう。筆者は，この時期のTYⅡ型ガラス管玉の資料群としてのまとまりのよさは，これらが入手された機会が極めて限定的であったことを示すものと考えている。

須玖岡本遺跡や三雲南小路遺跡では，ガラス製の勾玉も確認される。ガラス勾玉の製作に関連する資料は，鋳型と未製品を出土した須玖五反田遺跡をはじめとして，福岡平野を中心に複数事例が確認されている。現状ではいずれも後期～終末期に位置づけられるが，同様な内容の勾玉生産が中期まで遡るものと考えられる。

3　ガラス小玉の普及：後期～終末期

後期に入ると，列島へ流入するガラス製品の様相は一変する。すなわち，カリガラスやソーダ石灰ガラスを素材とするガラス小玉が多量に流入するようになり，その分布は北部九州にとどまらず，東は関東地域まで一定量が流通する。

ただし，後期から終末期にかけて流入するガラス製玉類の種類や量は一定ではない。おおまかに述べるならば，後期前半～中頃には銅着色・コバルト着色カリガラスのIPBが多量に流通するが，後期後半にはこれらが激減し，終末期にかけてコバルト着色のIPBでも大型品や紫色味の強い極小型品，あるいは鉛ガラスの環状の小玉が主体となる[13]。近年では韓半島南部におけるガラス製玉類の出土傾向の整理が進んでおり[14]，これを参照すると，とくに嶺南地域ではガラス小玉の流通量の増減が列島とほぼ連動するようである。ガラス小玉の流入量の増減と種類の変化の要因が，列島外に求められることがうかがえる。

この時期のガラス製玉類の広域的な分布のなかで，北部九州はとりわけ出土量が多く，他地域では出土が稀な種類も多く確認できる。具体的には，(1) 黄緑色半透明〜不透明，赤褐色不透明，淡緑色透明などのカラフルな色調のIPB，(2) コバルト着色で大型のIPBのなかでも材質が「ナトロン主体」タイプのもの，が北部九州地域に分布が偏る種類として挙げられる。近年，これらの種類については材質分析事例が増加し，新たな議論が可能となった部分があるため，以下，その論点をまとめておきたい。

(1) 黄緑色，淡緑色，赤褐色のIPBに関しては，2000年代の段階ではその材質が「高Alソーダ石灰ガラス」と考えられていたが，分析事例の増加とともに，黄緑色のものにカリガラスの事例が存在すること[15]，また，ソーダ石灰ガラスのものは，高Alソーダ石灰ガラスと植物灰ガラスの中間的な化学組成をもつ材質グループ（Group S V）[16] をなすことがあきらかとなった。

大賀はこのGroup Vを銅着色やコバルト着色のIPBよりも後出し，後期中葉に出現する要素と位置付けた。そのうえで，ガラス製品の組成の変遷観を改め，ガラス製品の組成の変遷を細分するなかでの時期区分の指標としている[17]。いっぽう，これまで筆者は，銅着色やコバルト着色のIPBの流入量が激増する時期を高三潴式新段階（＝後期前半）とみたうえで，Group Vを含むカラフルな色調のIPBもほぼ同時期に出現するものと考えてきた。あらためて検討すると，井原ヤリミゾ遺跡の様相などからみて，GroupS Vの出現がやや後出する可能性は考えられる。ただし，GroupS Vには土器を伴わない木棺墓や土壙墓からの出土もあり，墓域の様相から後期前半〜中頃の幅をもたせて考えたほうがよい例があることや，後期中頃（＝下大隈式古段階）にも銅着色・コバルト着色のIPBを主体とする組成の例が多くみられることから，後期前半と中頃を段階として分離するのは，現状では困難なように思われる。

また筆者は，後期前半〜中頃においてGroupS Vをはじめとする黄緑色・赤褐色のIPBが北部九州のなかでも糸島平野と福岡平野で多くみられることから，この両地域がガラス小玉の入手にとくに主体的であったと考えていた[18]。しかし，近年調査された佐賀県七ヶ瀬遺跡では，この時期のガラス製玉類の副葬が多数確認され，その組成のなかに赤褐色や淡緑色のIPBが含まれるようである[19]。背振山地を取り巻く諸地域のあいだでのガラス製玉類の種類構成の差は縮まりつつあるというのが現状で，糸島平野と福岡平野の突出性もやや控えめに理解したほうがよいかもしれない。

(2) コバルト着色のIPBでも大型品は，後期後半〜終末期に主体となる。近年，その材質にはカリガラスのものと，ソーダ石灰ガラスのなかでもナトロンガラスを主体として混合がなされたとみられるもの（「ナトロン主体ガラス」＝Group S Ⅳ）があることがあきらかにされた[20]。北部九州では，汐井掛遺跡において木棺墓から出土したものはカリガラスであるのに対し，石棺墓や石蓋土壙墓から出土したものはナトロン主体ガラスであったことが判明し，後者が前者に後出するという時期差を想定する見解が示されている[21]。

かつて筆者が指摘したように，北部九州では後期後半（＝下大隈式新段階）の確実なガラス小玉の副葬事例は少ない[22]。土器を直接伴なう事例が少ないことが難点ではあるが，ナトロン主体ガラスとみられるIPBを副葬する埋葬は終末期に多いようである[23]。以上から筆者も，コバルト着色IPBの大型品の材質の違いを時期差とみる理解は有効と考える。そのうえで，北部九州においてはカリガラスのものが主体となるタイミング（後期後半）に，ガラス小玉の流入量が少なくなっており，ナトロンガラスのものが主体となる段階（終末期）にふたたび流入量が増加するものと理解しておきたい。

注目されるのは，後期後半の段階には近畿北部でもガラス製玉類の流入量が減少しているとみられるいっぽうで，岡山県楯築墳丘墓や島根県西谷3号墓においてガラス製玉類の副葬がみられるようになるといった分布の変動がみられる点である[24)]。この点から，弥生時代後期～終末期のなかでのガラス製玉類の流入・流通においては，後期後半が大きな画期であると位置づけることができる。

ガラス製玉類の流入状況には，古墳時代の開始とともにさらに大きな変化が生じるが，その内容と背景については別稿をご参照いただきたい[25)]。

註

1） Oga , K. & Tamura, T. 2013. Ancient Japan and the Indian Ocean Interaction Sphere: Chemical compositions, chronologies, provenances and Trade Routes of Imported Glass Beads in the Yayoi－Kofun periods（3ed Century BCE－7th Centhury CE ）. *Journal of Indian Ocean Archaeology,* 9, 35－65. 大賀克彦「ガラスの材質分類と時期区分」『いにしえの河をのぼる 古川登さん退職記念献呈考古学文集』同制作委員会，2020，pp.55－64

2） 田村朋美・大賀克彦「佐賀県内出土ガラス製玉類の考古科学的研究」『佐賀県立博物館・美術館調査研究書』39，2015，pp.1－18

3） これよりもさらに時期が遡る可能性のある例として，雀居13次1号土壙墓（前期後半か），原の辻石田大原地区43号甕棺墓（前期後半）が挙げられる。これらについては，列島外でのガラス小玉の流通状況との比較も必要と考える。

4） 片多雅樹「長崎県壱岐市・原の辻遺跡出土ガラス製品の蛍光X線分析」『長崎県埋蔵文化財センター研究紀要』7，2017，pp.42－47

5） 比佐陽一郎・松園菜穂「金属・ガラス・石製品，赤色顔料，被熱粘土塊」『雀居14』福岡市教育委員会，2020，pp.237－240

6） 大賀克彦「弥生時代におけるガラス製管玉の分類的検討」『小羽山墳墓群の研究』―研究編―福井市立郷土歴史博物館・小羽山墳墓群研究会，2010，pp.213－230。小寺智津子「弥生時代のガラス製品の分類とその副葬に見る意味」『古文化談叢』55，2006，pp.47－79。小寺智津子『古代東アジアとガラスの考古学』同成社，2016

7） Tamura, T. & Oga, K. 2015. Distribution of Lead－barium Glasses in Ancient Japan. *Crossroads*, 2014, 63－82.

8） 藤田 等『弥生時代ガラスの研究 考古学的方法』名著出版，1994。前掲註6（小寺2006・2016）

9） 大賀克彦「ルリを纏った貴人―連鎖なき遠距離交易と「首長」の誕生―」『小羽山墳墓群の研究』―研究編―福井市立郷土歴史博物館・小羽山墳墓群研究会，2010，pp.231－254

10） 谷澤亜里「玉類からみた日韓交渉―弥生時代前期後半～後期を中心に―」『新・日韓交渉の考古学―弥生時代―（最終報告書論考編）』「新・日韓交渉の考古学―弥生時代―」研究会・「新・韓日交渉の考古学―青銅器～現三国時代―」研究会，2020，pp.597－613

11） 前掲註7に同じ

12） 前掲註6（小寺2016）に同じ

13） 大賀克彦「紀元3世紀のシナリオ」『風巻神山古墳群』清水町埋蔵文化財発掘調査報告書Ⅶ 清水町教育委員会，2003，pp.72－90。谷澤亜里「弥生時代後期におけるガラス小玉の流通―北部九州地域を中心に―」『九州考古学』86，2011，pp.1－39。谷澤亜里『玉からみた古墳時代の開始と社会変革』同成社，2020

14） 趙晟元「原三国時代ガラス玉文化―墳墓副葬品を中心に―」『新・日韓交渉の考古学―弥生時代―（最終報告書 論考編）』「新・日韓交渉の考古学―弥生時代―」研究会・「新・韓日交渉の考古学―青銅器～現三国時代―」研究会，2020，pp.561－575

15） 弥生後期前半～中頃の事例では門田辻田13号土壙墓例が該当する。大賀克彦・田村朋美「日本列島出土カリガラスの考古科学的研究」『古代学』8，2016，pp.11－23

16） 前掲註1（Oga&Tamura 2013）に同じ

17） 前掲註1（大賀2020）に同じ

18） 前掲註13（谷澤2011・2020）に同じ

19） 佐賀市教育委員会『さがの遺跡を掘る―七ヶ瀬遺跡発掘調査速報―』佐賀市発掘調査速報展2021リーフレット，2021

20） 前掲註1（Oga&Tamura 2013）に同じ

21） 大賀克彦・田村朋美「弥生時代後期におけるガラス玉の地域性に関する考古科学的研究」『日本文化財科学会第32回大会研究発表要旨集』2015。前掲註1（大賀2020）に同じ

22） 前掲註13（谷澤2011）に同じ

23） 具体的には中原遺跡，蒲生石棺群，徳永川ノ上遺跡などを想定している。

24） 前掲註14（谷澤2020）に同じ

25） 前掲註14（谷澤2020）に同じ

弥生時代の鉄製武器
―刀剣研究を中心とした課題と展望―

立谷 聡明 唐津市教育委員会生涯学習課
TACHIYA Toshiaki

刀剣類をはじめとする鉄製武器は，その製作技術や素材・製品の入手経路にかんしての研究が盛んであり，その背景には社会体制の変動，ひいては国家形成などの議論への参画が挙げられる。

なかでも，列島内でいち早く鉄製武器が出現する北部九州は，弥生時代中期後葉～古墳時代前期前半を通して，列島内でもっとも高い鉄器製作技術を有していたことは通説ともなっている。

いっぽう近年では，鉄剣の精緻な観察にもとづき，弥生時代後期に生産体制・技術の断絶があったとする指摘や[1]，総じて高いと評価される北部・中九州の鍛冶技術の詳細把握も急務とされ[2]，通説に対する再考を求める動きもある。

そこで本稿では，鉄本体の観察主眼にかんする研究史をおもに確認した上で，九州内における各時期・段階の鉄製武器研究の現状と課題をまとめる。

1　鉄製武器研究の現状と本稿における課題

実際の整理・検討にあたっては，資料数や研究史の蓄積も多い刀剣類を中心に進める。

(1) 弥生時代の鉄製刀剣についての研究略史

刀剣研究は，鉄剣が先行する形ながら，ほぼ同様の変遷をたどり現在に至る。2000年代前半頃までの研究は，両武器ともに型式分類にもとづいた生産論が言及・展開されつつも，その観察主眼は法量や関形態などの平面的属性が中心であった[3]。

これに対し，村上恭通は，列島と朝鮮半島の資料比較の中で，鉄器の重厚さが製作技術の高低と関連していることを指摘した[4]。以後の刀剣研究は，鉄本体の厚みや断面形状から，立体的に本来の形状を把握，検討する段階に移行している[5]。

(2) 弥生時代における刀剣研究の到達点と課題

近年の刀剣研究は，断面情報の取得により製作技術の検証が進み，舶載品の抽出だけでなく，北部九州と他地域産の区別のほか，九州内での複数の製作地の峻別を検討する段階に入った。

しかし，中国大陸・半島に準じるとされる九州の鍛冶技術の高低・推移については，資料の多さも障害となり，各器種の詳細観察にもとづいて，総論を語るまでに至っていないのが実状である。

とくに，重厚な鉄剣・長大な鉄戈が弥生時代後期前半以前に製作可能かという議論や[6]，鞴羽口（ふいごはぐち）を欠くとされる弥生時代だが，終末期頃には汎列島的に全長40㎝超の列島産刀剣が出現する現象への解釈，すなわち弥生時代の鍛冶技術の到達点にかんする研究は[7]，重要な課題として残されている。

2　弥生時代の九州における鉄製武器の様相

本章では，先述した二つの課題を整理するため，鉄製武器出現以降の弥生時代を中期後半～後期前半と，後期後半～終末期（古墳時代初頭）に二区分し，各時期の鉄製武器を概観する[8]。

(1) 弥生時代後期前半以前の様相（図1）

当該期は，九州に偏在する中・大型鉄戈を根拠に，北部九州で重厚な鉄剣が製作可能となった時期とされてきた。しかし，鉄戈自体もいまだ鋳造・鍛造の議論が続いており，製作に大陸・半島の技術的関与があった可能性も指摘される[9]。また，弥生時代後期前葉頃に消滅する鉄戈は，同時期に激減する重厚な長茎鉄剣や鉄鉾，大型鏡などの舶載品群と酷似した動きをみせることは重要である[10]。

現状では，鉄戈を基準に北部九州の鍛冶技術を推し量ることは難しい。ほかの大型武器はもちろん，鉄斧などの利器についても用いられた鍛冶技術の高低を整理し，当該期に列島で製作可能だった鉄器について，今一度再検討が必要である。

(2) 弥生時代後期後半以降の様相（図2）

確実な弥生時代後期中～後葉頃の資料は少ないが，終末期頃には資料数が急増する。これは，九州各地で鉄器生産が活発になったことを示すと考えられ，なかでも福岡平野・唐津平野・中九州地域はその中核を担っていた可能性が高い。

なお，当該期に九州内で製作されたと考えられる刀剣は，大陸・半島からの距離に対応するように，舶載品の形態からの改変が認められる[11]。

具体的に，鉄剣では身部断面が厚い菱形を呈する舶載品（厚菱）から，薄い菱形（薄菱）や凸レンズ状（薄丸）を呈するものや，身部が非常に薄い扁平状への形態変化・製作技術の簡素化が確認できる。これに応じるように，唐津平野（薄菱）から福岡平野（薄丸）・中九州地域（扁平）へと，集中分布する製品が異なる。同様に素環頭刀子では，舶載品（Ⅰ・Ⅱ型ａ類）からの形態変化（Ⅰ・Ⅱ型ｂ・ｃ類）と各型式の分布傾向（西北九州から福岡平野・中九州地域へ）が対応する傾向にある。

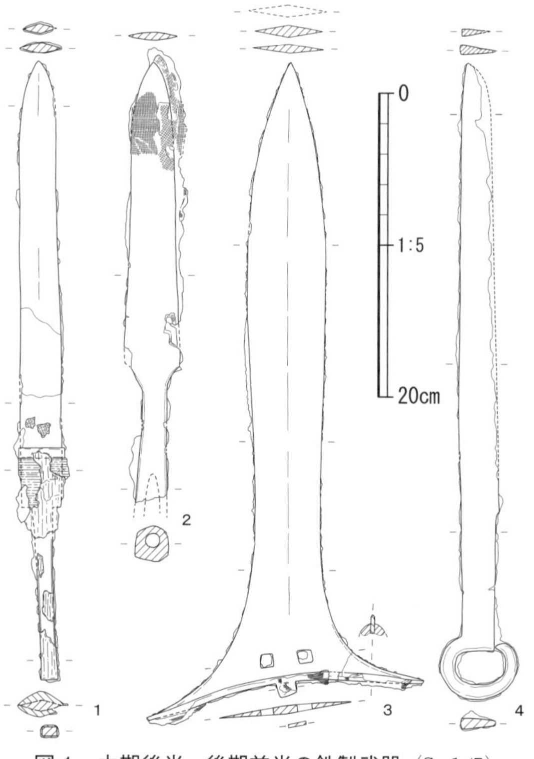

図1　中期後半～後期前半の鉄製武器（S=1/5）

1：福岡・立岩（厚手長茎鉄剣）　3：福岡・東小田峯（鉄戈）
2：佐賀・中原（鉄鉾）　4：福岡・飯倉C（素環刀）

当該期に主体をなす薄丸鉄剣は，長短様々な法量が汎列島規模で認められ，弥生時代終末期には大量生産・広域流通が達成されていたと考えられる[12]。また，古墳時代初頭に鞴羽口を用いた鍛冶の革新が指摘される博多遺跡群では，長大な刀剣をも生産していた可能性がある[13]。しかし，古墳

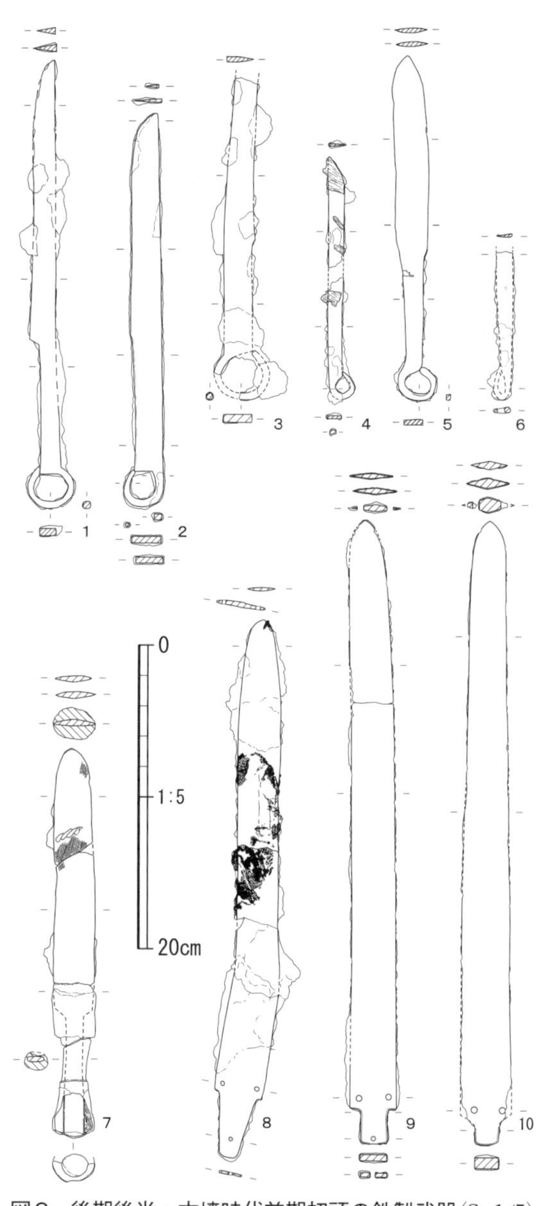

図2　後期後半～古墳時代前期初頭の鉄製武器（S=1/5）

1：福岡・汐井掛（Ⅰ型ａ類）　6：福岡・博多（Ⅱ型ｃ類）
2：長崎・門前（Ⅱ型ａ類）　7：福岡・那珂（薄丸）
3：佐賀・中原（Ⅰ型ｂ類）　8：大分・都野原田（扁平）
4：佐賀・中原（Ⅱ型ｂ類）　9：佐賀・中原（薄菱）
5：熊本・二子塚（Ⅰ型ｃ類）　10：福岡・高島（厚菱）

図3　北部九州における薄丸・薄菱鉄剣とI・II型b・c類素環刀の分布
（弥生時代後期後葉～古墳時代前期前葉）

1：原の辻　薄菱剣1
2：車　出　b類刀1
3：里田原　薄丸剣1
4：門　前　b類刀2
5：中　原　b類刀5 薄菱剣4
6：茂　手　b類刀1
7：古　子　b類刀2
8：琵琶原　薄丸剣1
9：吉野ヶ里　b類刀1 薄菱剣1
10：西一本杉　薄丸剣2
11：吉武樋渡　薄丸剣1
12：唐　原　c類刀1
13：博　多　c類刀1 薄丸剣2
14：那　珂　薄丸剣1
15：堺　田　薄菱剣1
16：光正寺　薄菱剣1
17：貝　元　c類刀1
18：立明寺　薄丸剣1
19：三沢栗原　b類刀1
20：以来尺　薄丸剣1
21：津古生掛　薄丸剣1
22：津古永前　薄丸剣2
23：内　精　b類刀2
24：ヘボノ木　c類刀1
25：祇園山　薄丸剣2
26：汐井掛　b類刀4 薄菱剣1
27：原　田　薄丸剣3
28：向　田　薄菱剣1
29：蒲生石棺群　b類刀1
30：高津尾　薄丸剣1
31：延永ヤヨミ園　薄丸剣1
32：竹　並　薄丸剣5
33：徳永川ノ上　b類刀1 薄丸剣2
34：穴ヶ葉山　b類刀2 薄丸剣1
35：能満寺2号　薄丸剣1
36：鏡　迫　b類刀1
37：佐　知　b類刀1
38：中屋敷　薄丸剣1
39：川　部　薄丸剣1
40：ヒルハタ　b類刀1
41：宮ノ前　b類刀1
42：琴ノ宮　b類刀1
43：頓田高見　薄丸剣1
44：神　蔵　薄丸剣1
45：外之隈II1号　b類刀1 薄丸剣1
46：朝日宮ノ原　b類刀1
47：草場第二　薄丸剣2

時代前期中葉までの大型武器は，舶載品が多数を占めるとの考えもあり[14]，生産遺跡側と消費地側からの見解には，齟齬が生じている段階といえる。

したがって，古墳時代初頭に起きたとされる鍛冶技術の画期を，副葬鉄製武器（おもに鉄剣）側から評価することはいまだ困難な状況にある。

鉄剣と比べ，明瞭な状況変化が認められるのは，弥生時代終末期に九州で多数生産されていたとみられる素環頭刀子である。この時期の素環頭刀子は，大多数が唐津平野・中九州産である可能性が高く，両地域の鉄器生産が下火になる古墳時代前期以降，急速に姿を消していく[15]。

このように，弥生時代終末期前後に九州内で盛行した刀剣類は，古墳時代初頭以降に異なる変遷をたどる。今後，各鉄器製作地の盛衰と流通（消費）武器の様相が，どのように変化・連動しているのかを，鉄製武器そのものの観察にもとづき，通説を再検証していくことが当該期の大きな課題として残されているといえよう。

3　古墳時代開始期における刀剣類の分布

前章で触れた古墳時代開始前後の課題解決に向け，現状九州産であると考えている鉄剣・素環刀の分類と分布傾向を確認する（図3）。弥生時代終末期以前，薄菱鉄剣とI・II型b類素環刀は，西北九州に偏在しつつ，壱岐島（いきのしま）や筑後平野，周防灘沿岸にも存在するが，福岡平野には分布しない。薄丸鉄剣とII型c類素環刀は各地に分布するいっぽうで，西北九州では稀な存在である。よって，九州産刀剣の各型式の分布には，一定の排他性をうかがうことができる。さらには，古墳時代初頭以降，b・c類素環刀や薄菱鉄剣が激減・消滅していくのに対し，薄丸鉄剣は，西北九州を除く九州各地に変わらず主体的に存在する点も見過ごせない。

以上のような現象の背景には，古墳時代開始期という社会体制の大変革の中で，畿内勢力の意向を反映した生産・流通品，副葬品の選択が起こったことが推測される。

しかし，古墳時代開始期にすべてが一様に変化したと断言することも難しい。実際，古墳時代開始前後の吉備地域を対象に，副葬刀剣類と古墳自体の諸要素を比較検証したライアン・ジョセフの研究では，古墳時代開始以降も継続する弥生社会の基層に，点的に新しい政治体制が重なっていく様相変化が指摘されている[16)]。

4　おわりに―今後の展望―

以上，九州における鉄製武器研究の現状と課題を概要ながらも羅列してきた。すでに述べたこととも重なるが，九州の鉄製武器は，弥生時代中期後半の出現以降，高い鍛冶技術の産物という評価を受けつつも資料の多さが障害ともなり，各器種への詳細観察が追いつかず，小地域単位での鍛冶技術レベルの詳細把握や，その発展過程が不明確なままとなってしまっている。

いっぽう，九州以東地域では，武器のみならず，複数器種の鉄本体への詳細観察から，改めて鍛冶技術の実態にせまる研究が成果をあげている[17)]。

いま一度，九州においても，資料の詳細観察に依拠した鍛冶技術の再評価を進めることはもちろん，出土遺構の性格・階層性を加味した検証や，通説にとらわれない鍛冶関連遺物・鍛冶遺構からの研究・冶金学的分析結果との突合せも急務といえるであろう。

註

1）ライアン・ジョセフ「弥生時代の北部九州における鉄剣生産の再検討」『考古学研究』68―1，2021，pp.31‐52

2）ライアン・ジョセフ「剣状刀子と剣先刀子の意義」『別冊季刊考古学』36，2022，pp.85‐93　立谷聡明「弥生時代の九州地方における鉄製武器の普及」『古代武器研究』16，2020，pp.5‐36

3）大庭泰時「弥生時代鉄製武器に関する試論」『考古学研究』33―3，1986，pp.94‐106。池淵俊一「鉄製武器に関する一考察」『古代文化研究』1，1993，pp.41‐104ほか

4）村上恭通「鉄製武器形副葬品の成立とその背景」『先史学・考古学論究』Ⅲ，1999，pp.59‐85，ほか

5）前掲註1に同じ。杉山和徳「日本列島における鉄剣の出現とその系譜」『考古学研究』61―4，2015，pp.45‐64。豊島直博「弥生時代における素環刀の地域性」『待兼山考古学論集』2005，pp.227‐246ほか

6）前掲註1に同じ。長家　伸「弥生時代の鍛冶技術について」『細形銅剣文化の諸問題』九州考古学会・嶺南考古学会，2002，pp.99‐115。村上恭通『古代国家成立過程と鉄器生産』青木書店，2007ほか

7）前掲註1・6に同じ。立谷聡明「唐津・中原遺跡における鍛冶関連遺物の再検討」『七隈史学』24，2022，pp.69‐88ほか

8）刀剣類の型式分類や帰属時期については，前掲註1・2に準じる。

9）前掲註1・6・7ほか

10）前掲註1に同じ。辻田淳一郎『鏡の古代史』，2020，角川選書ほか

11）前掲註2に同じ

12）前掲註1に同じ

13）真鍋成史「鍛冶遺跡出土の鉄製武器について」『古代武器研究』13，2017，pp.29‐38。水野敏則「博多遺跡群にみる古墳時代前期の鉄器生産の一様相」『古墳文化基礎論集』2021，pp.303‐312ほか

14）前掲註13に同じ。文献，豊島直博『鉄製武器の流通と初期国家形成』塙書房，2010ほか

15）前掲註2に同じ。杉井健「弥生時代後期集落の消長よりみた古墳時代前期有力首長墓系譜出現の背景」『国立歴史民俗博物館研究報告』211，2018，pp.351‐407ほか

16）ライアン・ジョセフ「古墳出現期における刀剣類の生産と流通の二相」『日本考古学』49，2019，pp.23‐44

17）鈴木崇司「鉄器生産からみる近畿中部と中部高地・南関東の比較」『近畿地方における弥生時代～古墳時代初頭の金属器生産と社会』2022，pp.69‐84ほか

＊紙幅の都合により，多くの参考文献や報告書は割愛した。ご了承ください。なお，図2‐1～4以外の掲載実測図は再トレース図である。

楽浪系・三韓系土器からみた弥生時代の北部九州

森本 幹彦　福岡市文化財活用課
MORIMOTO Mikihiko

弥生時代中期後半から古墳時代初頭に北部九州を中心に日本列島（倭）に搬入される楽浪系土器や三韓系土器（瓦質土器）からは，倭の長距離交易の拡大とその変遷を読み取ることができる。

出土資料とその調査報告が充実してきた近年，特にここ5年の研究成果はめざましい。

武末純一を代表とする日韓の研究者で構成された研究プロジェクトの最終報告書が刊行され，これまでの研究蓄積と今後の展望が総括された[1)]。

宮本一夫は楽浪系をはじめとする中国系土器の型式的検討をおこない，遼東・山東系と楽浪・帯方系の土器編年を示して，環渤海交易圏の拡大と倭の長距離交易を論じている[2)]。

当該資料がもっとも多く出土する壱岐では，原の辻遺跡[3)]とカラカミ遺跡[4)]の総括報告がなされ，様相の整理が進んでいる。楽浪系土器の器種の豊富さと出土密度の高さが注目されてきた糸島の三雲遺跡群番上地区は近年，重要確認調査が実施されており，その報告がなされた[5)]。同地域の元岡・桑原遺跡群も総括報告書が刊行され，粘土帯土器と三韓系土器の関係が課題となっている[6)]。また，同地域西部の御床松原遺跡の再整理が柳田康雄によって進められている。

対馬は朝鮮半島系を含む土器の副葬が注目されてきたが，集落遺跡の様相解明が課題である。過去調査資料の再整理のほか，下條信行・村上恭通を代表とするオテカタ遺跡と瀬の[illegible]遺跡の発掘調査が2022（令和4）年におこなわれ，報告に向けて整理が進められている。

筆者は博多湾沿岸を中心とする玄界灘沿岸域の朝鮮半島系土器の様相を整理し，器種構成の差異などから，対外交流における集落単位の役割分化と国のネットワークの変遷を論じてきた[7)]。本稿では壱岐，対馬，博多湾沿岸，さらに出雲の資料を通じて弥生時代後半期の対外交流（交易）を考察する。

1　弥生時代後半段階の朝鮮半島系土器

鋳造鉄斧など，舶載金属器の広範な分布に比べると，朝鮮半島系土器はごく限られた地域に集中しており，直接的な交渉を考える手がかりとなる。

半島北部の楽浪郡周辺で生産されたと考えられる「楽浪系」土器は，楽浪土城や古墳出土の土器が基準となっている。胎土と焼成により，泥質，滑石混和，石英混和に大別されるが，日本列島で出土する多くは泥質灰色土器（おもに壺，鉢類，以下で特記のない楽浪系はこの胎土・焼成）で，滑石混和土器（おもに煮炊用の深鉢）が少数ある。3世紀代は帯方郡の土器があるとみられるが，楽浪郡の土器と同じ技術系列と考えられ，明確に抽出することは難しい。また，中国東北部の遼東から山東にかけての地域に系譜のある土器が少数出土している。

半島南部の三韓系瓦質土器は広口短頸壺と長頸壺が主体である。器形や製作技法から南東域の弁・辰韓系と西南域の馬韓系に分かれるが，産地の特定が困難な胴部破片の出土が多い。同時期には新相の三角形粘土帯土器群や後続する軟質土器もあるが，粘土帯土器群は瓦質土器と分布または消長時期を異にする傾向にあり，別々の流入と考えられるものが多い。

これらの朝鮮半島系土器は環濠などの大溝や台地斜面の堆積層などから，時期幅のある弥生土器（土師器）と混在して出土する場合が多い。本稿での時期区分はⅠ期（弥生時代中期後半～後期前半），Ⅱ古期（同後期後半～終末期前半），Ⅱ新期（終末期後半～古墳時代初頭）とする。図1（楽浪系など）と図2（三韓系）には略完形品など全形のわかる資料を中心に示し，一部に古墳時代前期前半（Ⅲ期）の資料を含めている。

（1）壱岐・対馬の様相

壱岐の原の辻遺跡では楽浪系土器368点，三韓系土器474点が計上されており，その出土量は群を抜いている。カラカミ遺跡は比較的小規模な調査にとどまるが，優品の出土が目立つ。

楽浪系土器（図1）は，原の辻遺跡で，須玖Ⅱ式土器と滑石混和深鉢（花盆形土器）の土坑共伴があり，6もⅠ期であろう。楽浪系の煮炊用土器である。環濠出土の広口短頸壺（1）や小型鉢（8）も出土層位からⅠ期の可能性が高い。

カラカミ遺跡の（3）などの細頸長頸壺もⅠ期の型式ではあるが，環濠の下層から出土した鉢（9）と同様，Ⅱ古期に下る。9に共伴する弥生土器は後期中葉の高杯である。Ⅱ期とみられる12は法量の近い鉢であるが，「周」線刻のある遼東系の折腹盆である。原の辻遺跡でも搬入時期の特定が難しいが，遼東系の壺や蓋の破片が出土している。カラカミ遺跡の11はⅡ古期とみられるが，紅褐陶で胴部に沈線のある耳付の釜である。類例を確認できなかったが，楽浪から中国東北部の土器であろう。原の辻遺跡の垂下口縁の細頸壺（4・5）は楽浪系土器の範疇とみるが，遼東系壺との親縁性がある[8)]。

カラカミ遺跡の細頸短頸壺（2）はⅡ新期の竪穴建物から出土している。原の辻遺跡の楽浪系土器もこの頃が下限と考えられる。

三韓系瓦質土器（図2）は，カラカミ遺跡のⅡ古期の広口短頸壺（2・3）が弁・辰韓系であり，同時期の瓦質小型深鉢なども出土している。

原の辻遺跡も破片資料にⅠ～Ⅱ期のものを含むが，略完形品（9~11）はⅢ期であり，後続する陶質土器の出土も少なくない。9・11は弁韓の良洞里280号墓副葬土器に類似するものであるが，11は横型把手など馬韓的な要素を有する。10も弁・辰韓で一定の出土があるが，馬韓系の有孔壺である。

対馬では集落の瀬の隈遺跡で，Ⅰ期とみられる滑石混和深鉢が出土している。ほかの集落遺跡からもⅠ～Ⅱ期とみられる楽浪系壺・鉢や三韓系壺，鉢の出土が一定量あるが，整理が十分でない。三根遺跡群山辺区の三韓系軟質深鉢（図2-5）など，対馬は他地域に比べて三韓系の深鉢／甕の出土が目立つ。煮炊きに使用される生活容器である。

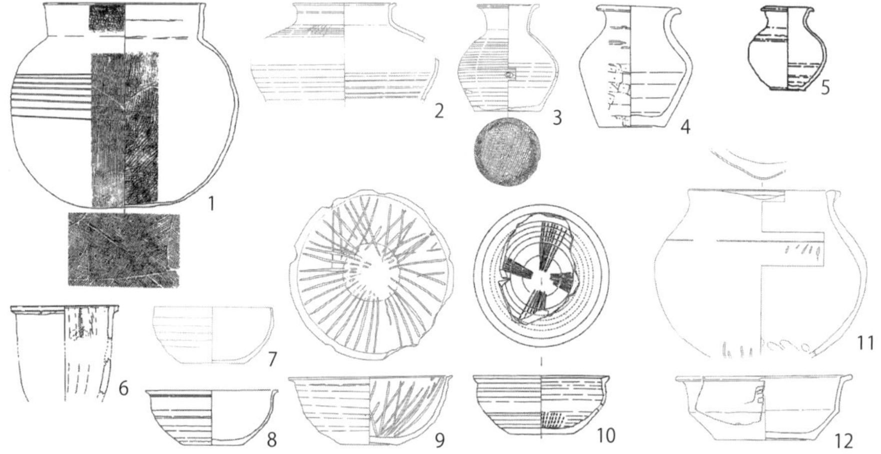

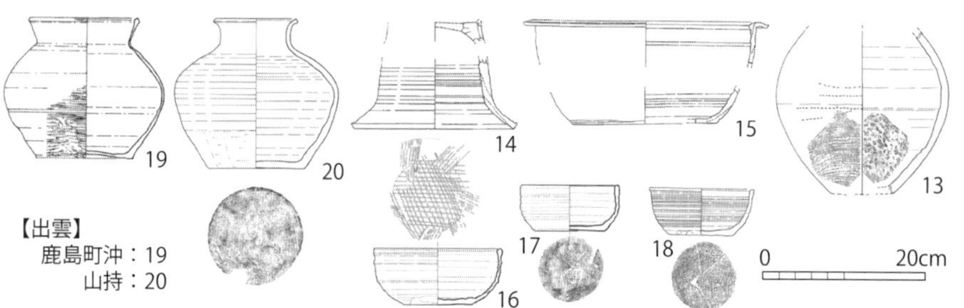

図1　楽浪系・遼東系土器

墳墓に副葬される楽浪系土器は小型鉢が主体であり，経隈1号墓（図1-7）は三韓系瓦質壺とⅠ期の弥生壺・甕が，小式崎1号墓（同10）はⅡ古期の弥生壺がともなう。三韓系土器の副葬の方が，器種は豊富で，事例も多い。小姓島3号墓からはⅠ期の広口短頸壺（図2-1），上ガヤノキ4号墓の巾着袋形壺（同4）もⅠ期で，弁・辰韓系である。巾着袋形瓦質壺は，弁・辰韓の副葬土器の主要器種であるが，倭では少なく，ほぼ対馬のみからの出土である。Ⅱ新期の塔ノ首2号墓は棺内足元に三韓系土器を配置するが，瓦質深鉢（6），軟質小型鉢（7），瓦質把手付小型壺（8）という構成は三韓の墳墓と共通性に乏しい。8は馬韓系の把手付平底壺である。

弥生時代後半期の倭では珍しい，朝鮮半島南部との関連がうかがえる土器副葬であるが，器種構成や配置方法など，地域色が強い。三根湾周辺の母体集団などとのネットワークを通じて，土器副葬や楽浪系土器が島内に広がったと考えられる[9)]。

(2) 博多湾沿岸の様相

玄界灘沿岸の中央に位置し，壱岐（・対馬）の次に朝鮮半島系土器の出土が多いが，破片資料が中心で，略完形資料は限られる。糸島の三雲遺跡群はⅠ期からⅡ期にわたって番上地区に楽浪系土器が集中する。器台（図1-14）や大型鉢（15）を含む豊富な器種があるが，すべて破片資料である。略完形資料は糸島の今宿五郎江遺跡や深江井牟田遺跡出土の小型鉢（16～18）で，いずれもⅡ古期である。

姪浜遺跡の近年の調査で出土したⅠ期以前の可能性がある灰陶壺（13）は胴部外面の縄目圧痕と横位の縄目タタキ，内面の麻点文当て具痕が特徴で，口縁と底部を欠くものの山東から遼東地方に分布する前漢後期型式の壺である[10)]。

三韓系土器（図2）ではⅠ期から瓦質土器の搬入があるが，略完形資料はⅡ新期から目立ちはじめる。糸島・今宿遺跡の広口短頸壺（12），福岡・比恵遺跡群の大型甕（13）はいずれも馬韓系である。

(3) 出雲の様相

楽浪系土器搬入の東限は山陰西部の出雲である。山持遺跡からは細頸壺（図1-20）と広口短頸壺の破片が出土し，Ⅰ期の可能性が高い。19の短頸壺は海揚がり資料で，Ⅱ期とみられる。三韓系瓦質土器は古くともⅡ新期以降であり，Ⅲ期以降が多い[11)]。

19・20のような略完形品の出土事例は博多湾沿岸にもなく，壱岐に匹敵する事例である。断続的な，玄界灘を介さずダイレクトに出雲へ向かう交流（漂着かもしれないが）も

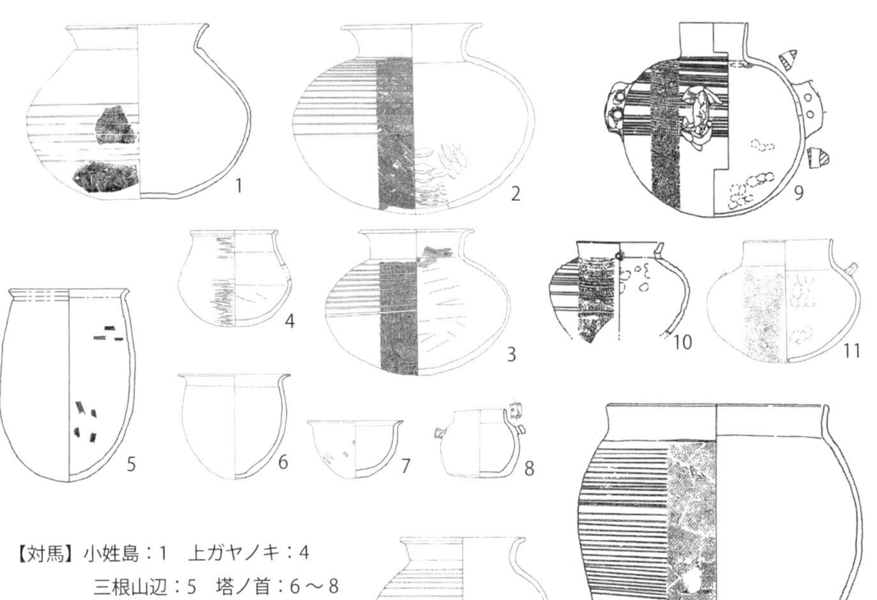

図2　三韓系土器

あったのであろう。

2　朝鮮半島系土器からみた交易システムの変遷

「博多湾貿易」[12]については，その呼称を特定時期と地域の様相に限定するよりも，糸島を含む博多湾沿岸域とその連携地域における弥生時代中期後半から古墳時代前期の動態として捉えたい[13]。

Ⅰ期の楽浪系土器をはじめとする新たな外来系土器の分布拡大は対馬と壱岐を通じて，博多湾沿岸や出雲に及ぶ。糸島（「伊都国」）と福岡（「奴国」）の長距離交易システムの形成期である。高久健二が漢式遺物等の様相から示した「大楽浪郡成立期の交易」は，朝鮮半島において重層的な交易システムが形成される段階である[14]。

Ⅱ古期の壱岐・カラカミ遺跡の活性などは糸島と福岡の各々で進む交易システムの確立に大きな作用を及ぼしたであろう。

Ⅱ新期の福岡における朝鮮半島系土器の増加は，主導権を握ろうとする糸島に対抗する動態であり，Ⅲ期には両地域の中間に位置する西新町遺跡が一大拠点となる。その成立には近畿を含む複数勢力が絡む。壱岐・原の辻遺跡の三韓系土器や後続する三国系土器の様相はこの西新町体制前後に強く関連している。

Ⅱ期以降の動態は，高久の「楽浪郡復興期の交易」に対応し，長距離交易が三韓をセンターとする鉄の交易にシフトしていくが[14]，北部九州の鉄器生産の変遷とも密接に連動している[15]。

註

1）新・日韓交渉の考古学―弥生時代―研究会・同―青銅器～原三国時代―研究会編『新・日韓交渉の考古学―弥生時代―（最終報告書論考編）』2020。武末純一「弥生時代日韓交渉を巡るいくつかの問題―総論に代えて―」同書，pp.3-31。古澤義久「壱岐島・対馬島における楽浪系土器・遼東系土器と三韓系土器」同書，pp.419-437。森本幹彦「玄界灘沿岸域周辺の中国系・楽浪系土器と瓦質土器」同書，pp.438-451

2）宮本一夫「遼東・山東系土器と楽浪系土器からみた弥生時代後半期の国際関係」『史淵』157，九州大学大学院人文科学研究院歴史学部門，2020，pp.31-55

3）長崎県教育委員会『原の辻遺跡 総集編Ⅱ』2016。古澤義久「大陸・半島系土器」同書，pp.53-150。武末純一「日本列島の楽浪系土器概観」同書，pp.153-168

4）壱岐市教育委員会2022『カラカミ遺跡総括編Ⅰ』宮本一夫「カラカミ遺跡と対外交流」同書，pp.475-491

5）糸島市教育委員会『三雲・井原遺跡Ⅺ―三雲番上・石橋地区の調査―』2019

6）福岡市教育委員会『元岡・桑原遺跡群34』2019。森本幹彦「元岡・桑原遺跡群の弥生時代遺物からみた交流」同書，pp.123-142

7）森本幹彦「外来系土器からみた対外交流の様相」『古代文化』66―4，古代学協会，2015，pp.44-65。前掲註1（森本2020）ほか

8）寺井　誠「日本列島出土楽浪系土器についての基礎的研究」『古文化談叢』56，九州古文化研究会，2007，pp.85-108

9）森本幹彦「弥生時代後期の対馬の埋葬儀礼からみた日韓交流」『海峡を通じた文化交流』（第13回九州考古学会・嶺南考古学会合同考古学大会資料集），九州考古学会，2018，pp.125-136。前掲註1（古澤2020）に同じ

10）前掲註2（宮本2020）に同じ

11）池淵俊一「山陰における朝鮮半島系土器の様相」『日本出土の朝鮮半島系土器の再検討―弥生時代を中心に―』第59回埋蔵文化財研究集会実行委員会，2010，pp.89-108

12）白井克也「勒島貿易と原の辻貿易―粘土帯土器・三韓土器・楽浪土器からみた弥生時代の交易―」『弥生時代の交易』第49回埋蔵文化財研究集会実行委員会，2001，pp.157-177。久住猛雄「博多湾貿易の成立と解体―古墳時代初頭前後の対外交易機構」『考古学研究』53―4，考古学研究会，2007，pp.20-36

13）前掲註7（森本2015）に同じ

14）高久健二「楽浪郡・三韓・倭の交易と社会変化」『日本考古学協会2022年度福岡大会研究発表資料集』，同大会実行委員会，2022，pp.77-86

15）森本幹彦「考古学からみた新技術」『考古学研究』69―4，考古学研究会，2023，pp.19-23

弥生時代の板石硯

久住 猛雄　福岡市埋蔵文化財センター
KUSUMI Takeo

弥生時代の「板石硯」は，田和山遺跡[1]や三雲遺跡[2]での認識以来，その認定作業が進んでいる[3]。書写文化の開始に関わるため慎重意見もあるが，認定基準を示し，その展開を述べる。

1　板石硯の「認定基準」

「板石硯」は，中国漢代の長方形板石硯の特徴，とくに「使用痕」（図1）を認識し，列島出土の類似石製品と比較検討をして認定できる。長方形板石硯は，使用面中央が略楕円形状にやや凹み，多くは長辺に直交する略横位方向の往復運動的細密研磨痕（図2）を観察できる[4]。ただし比較的大型の板石硯には，長辺にほぼ平行する往復運動的研磨痕がある[5]（図3）。この場合は楽浪彩篋塚例のように机案上で硯研台を「横置」使用したのであろう。同様の往復細密研磨痕は，漢代の円形板石硯[6]にも存在し，これらは板石硯上で「墨丸」や「墨石」を磨り潰す過程で研石と硯が接触した「使用痕」と判断できる。列島出土の「板石硯」認定資料には同様の使用痕が観察され（図4）[7]，かつ通有の「砥石」とは異なる特徴がある。板石硯とも一見類似する板状「定型砥石」や「仕上げ砥石」とは区別される特徴を以下に示す。①上記の略楕円形状の使用研磨範囲がある。砥石の研ぎ研磨の場合は「略楕円形状」範囲を逸脱する研ぎ軌跡がある。②通有の砥石より薄い傾向が強い。多くは厚さ10㎜以下，5㎜未満もある。ただし厚さ10m以上も列島には少なくなく[8]，15～19㎜の資料も少数存在する。③側面の二次使用は稀である。④「再生硯」[8]で両面使用の個体以外では（当初形態保持個体），下面調整は「剝離未調整」や，それに近い剝離整形後微調整が多く，剝離後に研磨されても使用面と比べ肌理が明らかに粗い。⑤当初形態保持個体は，当時の砥石には非必須の対称形で，側面はある程度の丁寧な加工（研磨）がされることが多いが，粗い側面加工に留まる個体も少なくない[9]。以上「板石硯」の特徴をあげたが，実際の資料は多様であり，「使用痕」観察を重視した個別判断が必要となる。石材は様々で各地の「仕上げ砥石」と同じ細密粒度の石材が使用される。北部九州では楽浪や遼寧の資料と同じ砂質頁岩／泥岩やシルト岩が多く，石材選択も楽浪郡や遼東の板石硯との類似度が高い。なお列島の類似石材資料は今も「舶載品」と認識されることがあるが[10]，それらも製作技法や想定全形からほぼすべて列島産であり[11]，砂質頁岩／砂質泥岩製板石硯に北部九州製硯の搬出がある[12]。

2　板石硯の導入と「再生硯」

板石硯は北部九州の須玖（すぐ）Ⅰ式古相後半[11]に登場する。その事例には，糸島市御床松原（みことまつばら）遺跡14号土坑の未製品（図5）や，古賀市鹿部東町遺跡土器溜資料がある[12]。ただし柳田康雄が「中期初頭」とする筑前町薬師ノ上遺跡土器溜資料[13]は，遺構出土土器の大半は確かに古いが，弥生後期前葉や後期終末の重複遺構土器を含み，「円頭笏状形」[14]の底辺部加工は仕上げ研磨で不明確だが鉄鑿使用が推定され（図6），後期前葉と考える。また柳田が別に指摘する行橋市下稗田（しもひえだ）遺跡の中期初頭貯蔵穴の「板石硯」は，板石硯特有の使用痕が観察できない。このように一部認定が分かれるが，御床松原14号土坑未製品は，「工程」を示す諸資料や形態から，板石硯以外にはなりえず，未実見だが鹿部東町土器溜資料は御床松原例と同形態が使用されている[15]。さらに須玖Ⅰ式新相には，唐津市中原遺跡に大小の板石硯未製品と研石未製品が[16]，糸島市潤地頭給遺跡にも研石[17]がある。

問題はこれらが中国の長方形板石硯[18]とは異なる「不整方形」で，研石も正方形ではないという点である。この形態特徴から，これらの「板石硯・研石」説を否定する論者もいる。しかし矩形長方形板石硯や正方形化研石は，中国の前漢中期に成立して以後普及したもので，前漢前半期には柳田が「方形板石硯」とした「不整方形」板石硯や正方形化未確立の研石が存在する[19]。すなわち「矩形長方形」が板石硯の，「正方形」が研石の必須条件ではない。列島最初の板石硯や研石の模倣が，前漢前半期併行であれば問題はない。

さらに柳田が提起した「再生硯」の問題がある[20]。その認識は，資料をよく観察して石製品の製作→使用→破損→再加工→再利用の履歴を把握する必要があるが，その観察理解が進んでいない[21]。そのため「異形」形態の「再生硯」である筑前町東小田中原遺跡板石硯[22]（図4上）のような形態例などは，初めから「硯」の可能性を排除する研究者もいる。ところが弥生時代以降の古墳時代にも，複数回の再加工で最終形態が「異形」となる硯や研石となる「再生硯」が存在するのである[23]。

実は，中国王朝の領域である楽浪土城の板石硯と研石破片（東京大学考古学研究室所蔵）の観察から，柳田が列島資料で見出した「再生硯」と同様資料の存在を鄭仁盛がすでに認識していた[24]。楽浪土城の板石硯・研石破片には，長方形板石硯を再加工して不整方形硯としたものやその未製品があり，円形板石硯の扇形破片を再加工して小型硯としたものさえある[25]。また長方形硯片を再利用した研石（図7）が複数存在し，「再生研石」は正方形志向だが再加工のため歪んで厳密な正方形にならないものがあり，長方形の再生研石もある[26]。この楽浪土城資料の認識を応用すれば，複数回の再加工と最終形から認定が一見躊躇される福岡市比恵遺跡群143次の板石硯（図8）も理解できる。さて楽浪土城の「再生研石」の類似資料が今宿五郎江遺跡11次に存在する（図9）[27]。この個体は石材や製作技法などから，本来は楽浪郡などからの舶載長方形板石硯と判断できるが，板石硯の破損後に研石に再加工されたと考えられる。

一方，北部九州の須玖Ⅱ式新相以降には，長方形板石硯の影響が列島にも一部及ぶ。筆者が「文字」を当時のものと〈誤認〉[28]した松江市田和山遺跡石製品それ自体は，長方形志向「板石硯」である[29]。

3 「板石硯」の今後の課題

近年，福岡市野方中原遺跡1次出土資料に舶載と推定できる長方形板石硯の破片を確認した（図10）[30]。まだ2点だが，石材，製作技法，形態から中国由来の舶載品の可能性が高い資料が認識できたことは重要である。従来，列島の「板石硯（・研石）」論に対し，モデルとなる「舶載品」の不在を根拠とする否定論があったが，それは再考されよう。とはいえ弥生中期の前漢前半期の舶載「不整方形」板石硯を見出すことが今後の課題である。

一方，現状確認した舶載板石硯はいずれも弥生終末期前後，かつ「伊都国」（今宿五郎江）およびそれに近い野方中原[31]からの出土であり，「郡使が常に駐まる」とする『魏志倭人伝』の記述を想起させる。今宿五郎江には大型長方形板石硯と研石を嵌めて机上で使用した「硯研台」の可能性が高い木製品もある[32]。弥生終末期以降に板石硯の長方形化が進行した可能性があるが，帯方郡との交流による板石硯の新たな舶載が契機かもしれない。

また古墳時代初頭頃の比恵遺跡群141次板石硯[33]は矩形長方形だが，伴なう可能性がある研石は板石硯片再加工品で長方形である（図11）。古墳時代前期前半～中頃の福岡市西新町遺跡の板石硯・研石群は，ほぼ長方形を志向し，研石も再加工品だが正方形化する[34]。ただし古墳時代にも多様な板石硯の形態が残るのも事実である[35]。

最後に「墨」の問題がある。列島の「板石硯」付着黒色物質[36]が，電子顕微鏡観察から漢代の「墨」と異なる組織構造であったため，「墨」の未使用＝「硯」ではないとした論がある[37]。しかし「墨（書）」遺存率が極めて低い状況から，列島での「粗悪な代用墨」の硯上での使用可能性が考慮され，「板石硯」付着黒色顔料の実態解明こそが生産的であり，今後の課題であろう。

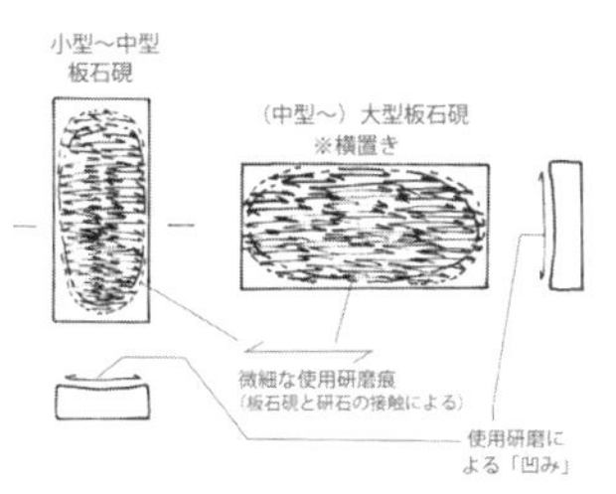

図１　板石硯使用研磨痕模式図

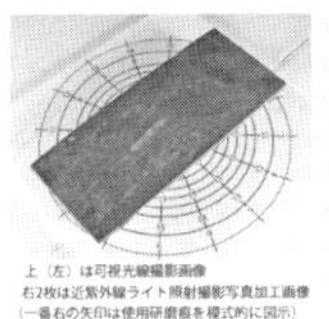
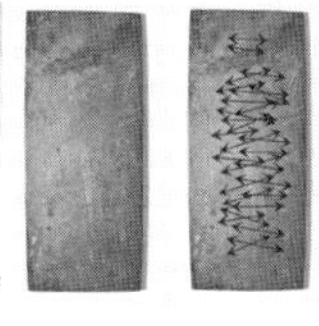

図２　漢代長方形板石硯と使用研磨痕

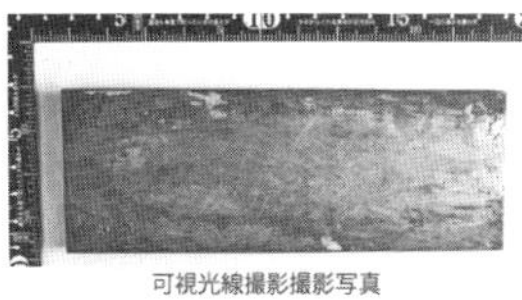

上記写真加工画像（矢印は使用研磨痕を模式図示したもの）※長辺直交の横位研磨が若干あり、使用時に置き方を変えた場合があった可能性あり。

図３　漢代長方形板石硯の横置使用の場合の使用研磨痕

1・2は福岡県筑前町東小田中原遺跡出土

図４　列島出土「板石硯」の使用研磨痕

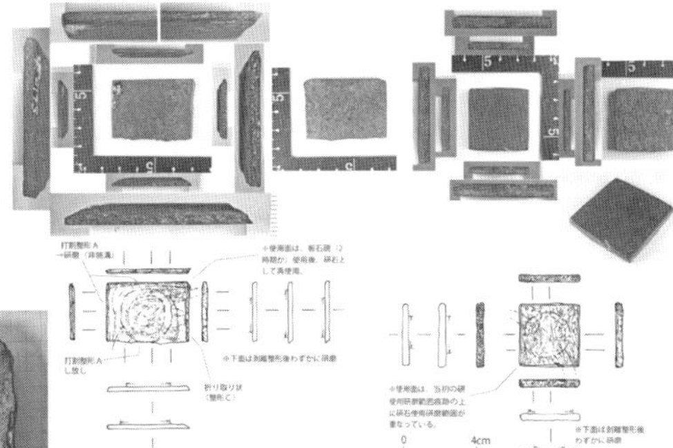

図７　楽浪土城出土板石硯片再加工研石写真・実測図

図６　薬師ノ上遺跡板石硯

図５　御床松原遺跡14号土坑板石硯未製品

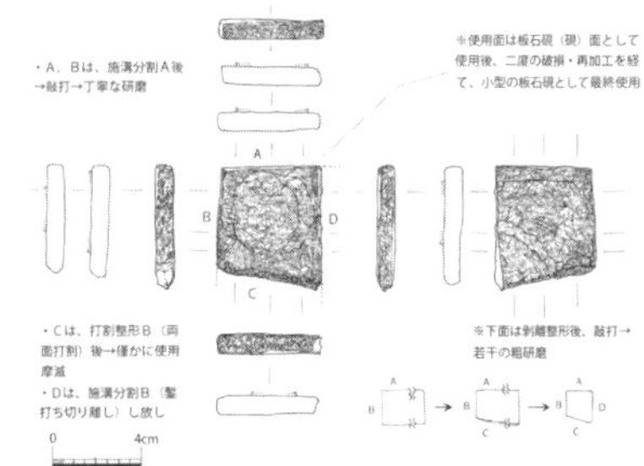

図８　比恵143次SD03土器群F下部板石硯実測図

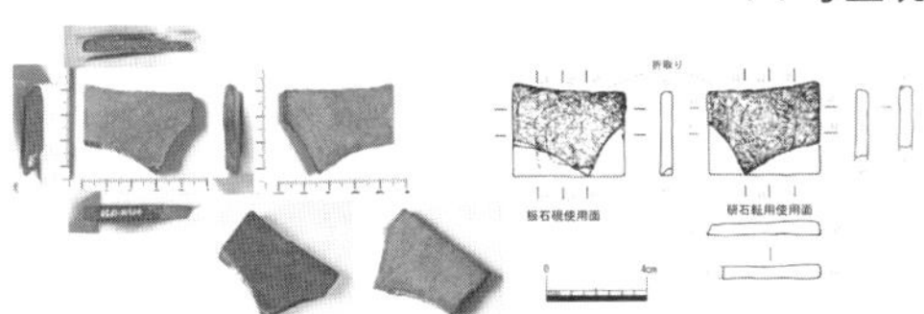

図９　今宿五郎江11次船載板石硯片再加工砥石写真・実測図

図２：伊都国歴史博物館寄託品，図３：（公財）日本習字教育財団観峰館所蔵，図４：東小田中原資料は筑前町教育委員会，古曽部・芝谷資料は高槻市埋蔵文化財センター所蔵，図５：糸島市志摩歴史資料館所蔵，図６：筑前町教育委員会所蔵，図７：（左は註24，鄭仁盛2021-615頁6，右は同615頁7の各図に対応）東京大学考古学研究室所蔵
＊出典のない写真・図面は筆者による撮影・作成

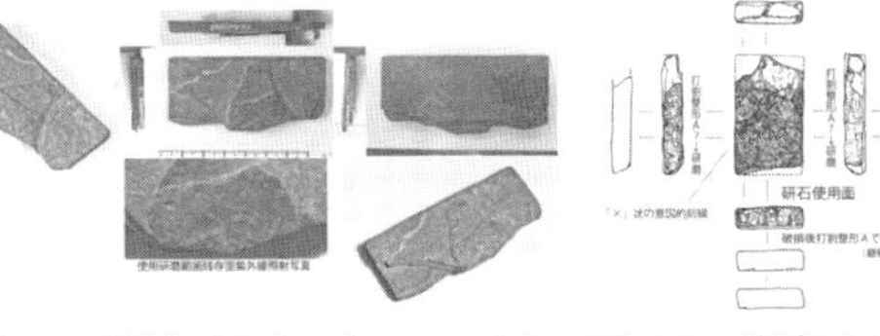

図10　野方中原１次E-10区J1001出土船載長方形板石硯

図11　比恵141次包含層板石硯片再加工研石実測図

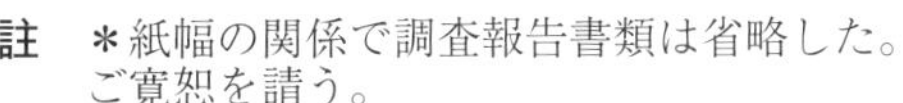

註　＊紙幅の関係で調査報告書類は省略した。ご寛恕を請う。

1）　岡崎雄二郎「環濠内出土石板状石製品について」『田和山遺跡』松江市教育委員会，2005

2）　武末純一・平尾和久「〈速報〉三雲・井原遺跡番上地区出土の石硯」『古文化談叢』76，2005。および，武末純一「弥生時代に文字は使われたか」『18歳からの歴史学入門』彩流社，2019。ただし「2号硯」は硯ではなく使用痕から「砥石」であり，「3号硯」は使用痕的には可能性があるが側辺が無く判断が難しい。また1号硯は「線状痕」の解釈の問題があるが板石硯の可能性はあり，板石硯としても形状から列島産で「再生硯」である。

3) 柳田康雄「倭国における方形板石硯と研石の出現年代と製作技術」『纒向学研究』8,桜井市纒向学研究センター,2020a。久住猛雄「近畿地方以東における「板石硯」の伝播と展開」『第34回考古学研究会東海例会 荒尾南遺跡を読み解く～集落・墓・生業～』2020a

4) 伊都国歴史博物館寄託漢代板石硯,東京大学考古学研究室所蔵遼寧省漢墓および楽浪王盱墓長方形板石硯など

5) (公財)日本習字教育財団観峰館所蔵伝漢墓1号板石硯

6) 東京大学考古学研究室所蔵遼寧省漢墓円形板石硯。久住「「板石硯」の認定基準と「砥石」との弁別」『日本考古学協会第89回総会研究発表要旨』2023

7) 前掲註3(久住2020a),前掲註6(久住2023)および,久住猛雄「西新町遺跡における「板石硯」の発見とその意義」『「遺跡学」の地平～吉留秀敏氏追悼論文集～』2020b

8) 厚めの板石硯は中国にも三国代を中心に一定量存在する。吉田惠二「長方形板石硯考」『論苑考古学』1993

9) 破損板石硯破片を再加工して再び板石硯(非対称形になる場合もある)や小片の場合は研石に再利用するもの。前掲註2(柳田2020a)に同じ

7) 前掲註5(久住2020b)に同じ

8) 最初の発見例の田和山遺跡「95」,「343」板石硯片は舶載品との認識が多い。前掲註1(岡崎2005)など。前掲註2(武末・平尾2016)も田和山や三雲番上例を舶載品と示唆する。前掲註2(武末2019)もほぼ同じ見解に読める。しかし田和山遺跡「95」は北部九州の,「343」は在地石材である。久住2020c「松江市田和山遺跡出土「文字」板石硯の発見と提起する諸問題」『古代文化』72―1。

9) 前掲註3(柳田2020a)に同じ。田和山「95」板石硯は,弥生中期の環濠再掘削時(Ⅲ-2様式期か)に伴い,須玖Ⅰ式最新相～Ⅱ式古相に遡る。前掲註8(久住2020c)。

10) 久住猛雄「唐古・鍵遺跡と纒向遺跡の「板石硯」とその意義」『纒向学の最前線』桜井市纒向学研究センター,2022a。唐古・鍵の大和Ⅲ様式後半の板石硯は,暗茶褐色の同石材で北部九州産である。なお田和山「95」も同じ北部九州の砂質頁岩/砂質泥岩である。

11) 齋藤瑞穂の須玖式編年の「須玖Ⅰb式」期に相当する。齋藤瑞穂「須玖式土器の細別と大別」『考古学雑誌』105―1,2022

12) 柳田康雄「漢と倭の初期方形板石硯」『令和2年度九州考古学会総会研究発表資料集』2020b。柳田康雄「御床松原遺跡の方形板石硯・外来系土器・白色付着土器」『令和3年度九州考古学会総会研究発表資料集』2021

13) 柳田康雄・石橋新次2017「福岡県筑前町薬師ノ上遺跡の石硯」『平成29年度九州考古学会総会研究発表資料集』,前掲註13(柳田2021)に同じ。

14) 前掲註2(久住2020a)および,久住猛雄「布留遺跡における「板石硯」の認識とその意義」『ここまで判った布留遺跡―物部氏以前とその後―』天理市観光協会,2022b

15) 前掲註13(柳田2021)に同じ

16) 前掲註2(柳田2020a),渡部芳久「擦切加工と石硯・研石」『佐賀県立博物館・美術館調査研究書』43,2019

17) 前掲註2(柳田2020a・b)。柳田は研石「未製品」とするが,近紫外線ライト使用の観察から使用痕を認めうる。

18) 前掲註8(吉田1993)

19) 前掲註3・13(柳田2020b・2021),徳富孔一「中国墓に随葬された石硯の基礎的研究」『七隈史学』22,2020

20) 破損板石硯破片を再加工して再び板石硯や小片の場合は研石に再利用するもの。前掲註3(柳田2020a)に同じ

21) 一部の石器研究プロパーには理解者も存在する。

22) 柳田康雄「福岡県筑前町東小田中原遺跡の石硯」『纒向学研究』5,2017

23) 前掲註8(久住2022b)および,久住猛雄「古墳時代における「板石硯」の展開について(予察)」『令和元年度九州考古学会総会研究発表資料集』2019

24) 鄭 仁盛「考古資料からみた楽浪地域の文房具」『木から紙へ 書写媒体の変化と古代東アジア』慶北大学校人文学術研究院HK+事業団第4回国際学術大会資料集,2021

25) 前掲註6(久住2023)に同じ

26) 前漢後半期以降の墳墓資料は,「明器」や被葬者の生前愛用品のため,非再加工「矩形長方形」板石硯を専ら副葬したと考える。一方,楽浪土城資料群から中国の都市使用品には,一般に破損品再加工利用があったと推測する。また漢墓資料にも「再生硯」が存在する。

27) 既刊報告書未掲載。福岡市埋蔵文化財センター所蔵。

28) 岡見知紀ほか「"日本最古の文字"の科学的分析―田和山遺跡出土石製品のラマン分光分析を中心に―」『日本文化財科学会第39回大会発表資料集』2022

29) 前掲註10(久住2020c)・註8(久住2022b)参照

30) 福岡市埋蔵文化財センター所蔵

31) 奴国の西限集落。久住「奴国の集落・墳墓にみるその社会」『二万余戸の実像 奴国』伊都国歴史博物館,2022c

32) 前掲註3(久住2020a)に同じ。ただし同発表図7で「今宿五郎江12次」としたが,「11次」が正しい。

33) 前掲註11(久住2022a)に実測図を掲載している。

34) 前掲註6(久住2022b)に同じ。なお西新町資料群を「近世砥石」とする異論がある。古澤義久・村田裕一・足立達朗・武末純一「西新町遺跡出土の"板石硯"とされる資料について」『古文化談叢』88,2022。この論文では近世仕上げ砥石との類似点のみを強調するが,複数の相違点を認識せず,板石硯的な使用痕を無視している観察不足の論説である。また筆者が西新町資料群を認定「基準資料」にしたとするが,その事実は無い。

35) 前掲註23に同じ

36) 前掲註3(柳田2020a)で多数の付着例が示される。

37) 岡見知紀2022「板石硯に付着した黒色物質の分析」『日本考古学協会第88回総会研究発表要旨』

古墳時代の鏡

辻田 淳一郎 九州大学大学院人文科学研究院
TSUJITA Jun'ichiro

「古墳時代の鏡」を検討するに際して，近年の動向ということで考えた場合，九州においては新出資料が多くなく，資料状況に関しては大きな変化がみられない一方で，研究動向という点ではこの10年ほどの間だけでも活況を呈している。筆者は2010年代にいくつか研究動向を整理しているが[1]，本稿では，そのときに議論となっていた論点がその後現在に至るまでにどのように推移しているかという観点から検討したい。

1 古墳時代開始過程と銅鏡

弥生時代後期・終末期～古墳時代初頭以降における中国鏡の流入過程については，多くの意見が提示されている。とくに，前期古墳出土の漢鏡がどの段階で列島に流入したか，また製作年代と副葬年代の開きを「伝世」で説明する場合に，どこで伝世されたと考えるかが論点となっている[2]。この問題に関する諸説を整理した下垣仁志の区分を参照すれば以下のようになる。すなわち，A：リアルタイムで中四国以東の諸地域に流入し，当地で長期保有された後副葬された（岡村秀典，岸本直文など），B：北部九州などの別地域にリアルタイムで流入し，当地で長期保有された後，中四国以東に移動して副葬された（柳田康雄など），C：北部九州などの別地域にリアルタイムで流入し，当地で長期保有された後，近畿地域に移動して諸地域に分配された（甘粕健，大賀克彦など），D：列島外（中国ないし朝鮮半島北部）で長期保有された後，古墳時代開始期前後に中四国以東に流入した（辻田など），E：古墳時代開始期前後に踏み返しや復古により列島外（ないし列島内）で製作され，中四国以東に流入した（立木修，寺沢薫など），の大きく5つの説である[3]。A説の岡村は，伝世鏡論の論拠ともなった大阪府紫金山（しきんざん）古墳出土方格規矩四神鏡について，鉛同位体比のデータをもとに，漢王朝から弥生時代の近畿地域にもたらされた可能性が高いことを指摘している[4]。また画文帯神獣鏡の東伝についても，製作年代に近いリアルタイムでの流通を想定する見解が提示されている[5]。一方で，近年支持する研究者が増加しているのがC説である。5説に区分した下垣も大陸での伝世の証拠の不足といった観点からC説の立場を採るが，それ以外では，森下章司が，弥生時代北部九州出土鏡（弥生九州鏡）と古墳時代近畿を中心とした地域出土鏡（古墳近畿鏡）の両者が「補完関係」にあり，本来は一体のものとして列島に流入したとする解釈を提示している。その多くは楽浪郡経由でもたらされたものと想定している[6]。筆者は，とくに古墳時代以降に流入した完形後漢鏡の優品については，後述する同型鏡群の原鏡（王朝下で伝世された宝鏡）という観点も加味しつつ，大陸での伝世の可能性（D説）を想定しており，意見の相違がある[7]。ただその場合も，筆者がD説のような形で想定したような，前期古墳から出土する後漢鏡の多くは古墳時代初頭（あるいは弥生時代終末期後半）以降に中四国以東に流入し，近畿地域を核として各地に流通した，とする点については一定の共通理解となりつつあるように思われる[8]。またE説とされる寺沢は，纒向遺跡の出現を古墳時代の開始と捉え，それと完形中国鏡の列島外部（公孫氏政権）からの踏み返し鏡などの流入時期を重ねて考えている[9]。寺沢は三角縁神獣鏡については国産説の立場で考えていることから，いわゆる卑弥呼の「銅鏡百枚」については完形中国鏡が想定されているものと考えられるが，この場合の「銅鏡百枚」とそれ以前に流入した中国鏡の鏡種・内容との違いが必ずしも明確でないように思われる。寺沢の議論は，古墳時代の開始時期について箸墓古墳の出現でなく，纒向遺跡の成立と公孫氏政権との結びつきという観点から説明する点で，時代区分論という点でも大きな課題を投げかけている。

上記の問題に関連して注目されるのが，佐賀県唐津湾沿岸地域周辺の西北九州地域である。唐津市中原遺跡やその周辺で，弥生時代終末期から古墳時代前期にかけて鏡の副葬が時間的に連続して行なわれているが，筆者は，古墳時代初頭前後に流通形態に転換があるものと考えている。具体的には，弥生時代終末期までは，上方作系浮彫式獣帯鏡も含む後漢鏡が楽浪郡経由で北部九州に直接流入したとみられるのに対し，古墳時代になると弥生時代では出土しない完形の盤龍鏡や倭製鏡が近畿地域からもたらされるものと想定する[10]。中国東北部を中心とした鏡生産とその流通については議論が進んでおり[11]，上記の森下の見解とあわせて今後検証が必要な論点と考える。また上方作系浮彫式獣帯鏡とその拡散についてはこれまでも問題となっているが，古墳時代初頭前後に製作された重圏文鏡や珠文鏡などの小型の倭製鏡において，上方作系浮彫式獣帯鏡がモデルとして採用されたことが指摘されている[12]。これらは，内行花文鏡系や鼉龍鏡系といった大型倭製鏡の製作に先行して出現した可能性があり，古墳時代初頭前後において，漢鏡・魏晋鏡とは別に倭製鏡と組み合わせた秩序の創出が模索されたものと考えられる。古墳時代開始前後の短期間に，非常に多くの変化が凝縮される形で起こっていることを示す点で重要である。

三角縁神獣鏡については，福岡県朝倉市の平塚大願寺遺跡から出土した資料の実物が確認され，吾作銘五神四獣鏡の新出資料であることが判明している[13]。また福岡県石塚山古墳の資料について，以前から『観古集』の記述が注目されていたが[14]，藤丸詔八郎により詳細な検討が行なわれ，元来の三角縁神獣鏡の副葬面数は15面ほどであった可能性が指摘されている[15]。石塚山古墳や大分県赤塚古墳などの周防灘沿岸地域の三角縁神獣鏡副葬古墳は，博多湾沿岸の前期古墳と比べて三角縁神獣鏡の多量副葬傾向が顕著であり，近畿地域との結びつきのつよさがあらためて注目されている[16]。

また魏晋鏡に関する検討が進んだ結果，「舶載」三角縁神獣鏡と「仿製」三角縁神獣鏡の年代観についても議論が行なわれている。製作技術の観点から「舶載」「仿製」の両者が同一製作地で生産された可能性が想定されているが[17]，いずれも大陸において生産された可能性が高いとする意見が増加している。岩本崇は，「舶載」「仿製」のいずれも大陸での生産と捉える一方，いわゆる長期編年説の立場から，魏晋鏡との比較にもとづき「仿製」三角縁神獣鏡の最新段階を4世紀中葉と想定しつつ，倭国からの「受注」生産の形で大陸での生産が継続した可能性を指摘している[18]。楽浪郡・帯方郡および西晋王朝の滅亡以後の大陸においてどのような生産体制を想定するかが課題といえよう。また徳富孔一は，岩本の魏晋鏡の年代観を一部修正しつつ，福永伸哉が想定した年代観と同様に，313年の楽浪郡滅亡以前には「仿製」三角縁神獣鏡が出現していないと捉え，「仿製」三角縁神獣鏡の製作地を日本列島と想定している[19]。いずれも今後の検証が期待される。

2　古墳時代中・後期の銅鏡と社会

古墳時代中・後期については，同型鏡群の系譜・年代観と，前期とは異なる倭製鏡の位置づけが議論となっている。同型鏡群については，川西宏幸の体系的研究をふまえ，筆者が鈕孔形態や外区拡大などの製作技術に注目した検討を行い，5世紀中葉前後に南朝で製作され，列島にもたらされた可能性を論じている[20]。また初村武寛が三次元計測により，川西以来の傷と踏み返しの関係について検討を進めている[21]。またこれに関連して，中・後期の倭製鏡の研究が活況である。森下の分類・編年案[22]を基礎としながら，加藤一郎が旋回式獣像鏡系・乳脚文鏡系・交互式神獣鏡系の再検討を行っているほか，岩本が倭製鏡全体の様式的検討を行っている[23]。筆者も中・後期倭製鏡全体を大きく4段階に区分する編年案を提示している。

この中で，いくつか意見が分かれている点がある。一つは倭製鏡の時期区分と呼称の問題であり，もう一つは，上記3系列，とくに交互式神獣鏡系の実年代観をめぐる問題である。前者については紙幅の関係でここでは割愛するが[24]，後者については，京都府トヅカ古墳出土の旋回式獣像鏡系の年代および古墳の築造年代・副葬品の年代観という観点から検討が行なわれている[25]。具体的には，交互式神獣鏡系の年代が従来想定されていたように6世紀前半代と考えるか[26]，5世紀後半代まで遡るかという問題である。

同型鏡群の出現年代についても，川西や筆者のように5世紀中葉前後と考えるか，5世紀後葉の雄略朝の時期と考えるかといった点で意見の相違がある[27]。またこの問題とも関連する福岡県勝浦峯ノ畑古墳の資料について，岩本が再検討を行っている[28]。筆者は5世紀中葉前後における沖ノ島21号遺跡への同型鏡群などの奉献について，近畿地域の政治権力から付託される形で在地勢力の関与と役割の比重が大きくなったものと考えているが[29]，これについても，いくつか意見が提示されている[30]。同型鏡群出現の実年代観については，千葉県祇園大塚山古墳の出土須恵器にもとづきON46型式期・5世紀中葉とする年代観が提示されているが[31]，同古墳出土の小札甲についていくつか異論がある[32]。

6世紀代における同型鏡群の副葬事例として注目されるのが，群馬県綿貫観音山古墳と韓国・百済武寧王陵である。両者からは共通の同型鏡である浮彫式獣帯鏡Bが出土しているほか，武寧王陵では，細線式獣帯鏡Dと浮彫の像を付加した方格規矩四神鏡Aが出土している。これらは6世紀代における百済王陵での副葬事例であることから，同型鏡群の製作地や列島への舶載の経路を考える上で注目されてきた。川西や筆者はこれらも含めて南朝製である可能性を想定している。上野祥史は，6世紀に年代が偏る同型鏡群については，南朝から百済を経由して列島にもたらされた可能性を想定する[33]。また福永は，上記浮彫像付加の方格規矩四神鏡Aについて，6世紀前葉に南朝・梁で製作された鏡と捉え，浮彫式獣帯鏡Bなどについても6世紀代に百済から列島にもたらされた可能性を指摘する[34]。他方，武寧王陵出土鏡群については，列島に流入した同型鏡群が列島から百済に贈与された可能性も指摘されており[35]，筆者も，武寧王陵出土鏡群は，6世紀代に継体と武寧王との関係で製作されたと目される隅田八幡神社人物画象鏡に対する返礼として，継体政権から武寧王に対して贈与されたと想定している。隅田八幡神社人物画象鏡の癸未年（503年）の年代観は，上述の交互式神獣鏡の年代観にも影響し，かつ倭製鏡生産の終焉という問題とも関わってくる。いずれも様々な視点からの検証が期待される。

3 結語

以上，近年の研究動向と論点について検討を行ってきたが，いずれも大陸・朝鮮半島・列島の交流の結節点である九州の歴史的位置づけを考える上で重要な問題であることが確認できる。今後の議論の進展を期待しつつ擱筆したい。

註

1) 辻田淳一郎「生産と流通 鏡」土生田純之・亀田修一編『古墳時代研究の現状と課題』（下）同成社，2012。同『同型鏡と倭の五王の時代』同成社，2018。同『鏡の古代史』角川選書，2019など
2) 森下章司「古墳出土鏡研究の展開」『季刊考古学』153，雄山閣，2020
3) 下垣仁志『古墳時代の国家形成』吉川弘文館，2018
4) 岡村秀典「舶載された王莽宮廷鏡」『史林』104—5，2021
5) 岡村秀典「画文帯神獣鏡の東伝」『東方学報』97，2022
6) 森下章司「鏡の伝世と集団」『考古学研究』69—2，2022
7) 辻田淳一郎『鏡と初期ヤマト政権』すいれん舎，2007。註1（辻田2019）に同じ
8) 例：下垣仁志「青銅器から見た古墳時代成立過程」『新資料で問う古墳時代成立過程とその意義』考古学研究会関西例会，2013。岩本 崇「北近畿・山陰における古墳の出現」『博古研究』24—2，2014。上野祥史「鏡からみた卑弥呼の支配」

『卑弥呼―女王創出の現象学―』大阪府立弥生文化博物館，2015。同「古墳時代における鏡の分配と保有」『国立歴史民俗博物館研究報告』211，2018。村瀬　陸「画文帯神獣鏡からみた弥生のおわりと古墳のはじまり」『季刊考古学』127，2016。註6森下2022文献，同「副葬器物の履歴からみた三島の前期古墳群」広瀬和雄・梅本康宏編『季刊考古学・別冊39淀川流域の古墳時代』雄山閣，2022など

9）　寺沢　薫『卑弥呼とヤマト王権』中公叢書，2023。踏み返し鏡については南健太郎『東アジアの銅鏡と弥生社会』同成社，2019なども参照

10）　辻田淳一郎「古墳時代開始前後における西北九州地域の鏡とその変遷」『史淵』158，2021

11）　實盛良彦編『銅鏡から読み解く2〜4世紀の東アジア』勉誠出版，2019とその所収論考各編

12）　中井　歩「古墳時代前期における小型鏡の系譜と変遷」『埼玉県立史跡の博物館紀要』11，2018

13）　中島　圭「「平塚大願寺塚」出土の三角縁神獣鏡について」『季刊邪馬台国』135，2018

14）　下垣仁志『古墳時代銅鏡の研究』2016（同『古墳時代銅鏡論考』同成社，2018）

15）　藤丸詔八郎「史跡・石塚山古墳（福岡県苅田町所在）出土鏡の新たな展開について」『平成26年度苅田町文化財事業年報 まちの歴史1』苅田町教育委員会，2016

16）　福永伸哉「ヤマト政権の誕生と三角縁神獣鏡」『大分県立歴史博物館研究紀要』22，2022

17）　清水康二「「舶載」三角縁神獣鏡と「仿製」三角縁神獣鏡との境界」『奈良県立橿原考古学研究所紀要 考古学論攷』38，2015。水野敏典「三次元計測を応用した三角縁神獣鏡の研究」『奈良県立橿原考古学研究所公開講演会資料』奈良県立橿原考古学研究所，2015

18）　岩本　崇『三角縁神獣鏡と古墳時代の社会』六一書房，2020

19）　徳富孔一「舶載三角縁神獣鏡と仿製三角縁神獣鏡の画期をめぐる考察」『九州考古学』96，2021

20）　川西宏幸『同型鏡とワカタケル』同成社，2004。註1辻田2018文献

21）　初村武寛「3Dデータを用いた同型鏡群の比較検討Ⅲ」『元興寺文化財研究所研究報告2021』2022

22）　森下章司「古墳時代仿製鏡の変遷とその特質」『史林』74―6，1991。同「古墳時代倭鏡」車崎正彦編『考古資料大観5 弥生・古墳時代 鏡』小学館，2002

23）　加藤一郎「後期倭鏡研究序説」『古代文化』66―2，2014など。同『古墳時代後期倭鏡考』六一書房，2020に所収。岩本　崇「古墳時代倭鏡様式論」『日本考古学』43，2017。同「旋回式獣像鏡系倭鏡の編年と生産の画期」『古天神古墳の研究』島根大学法文学部考古学研究室・古天神古墳研究会，2018など

24）　前掲註1（辻田2018）の第3章およびpp.384-387の補註にてこの問題を論じている。註23の加藤・岩本らの年代観と異なる部分も多く，あわせて御参照願いたい。

25）　諫早直人・馬渕一輝「京田辺市トヅカ古墳出土遺物の再検討」『京都府立大学文学部歴史学科フィールド調査集報』7，2021

26）　車崎正彦「隅田八幡人物画像鏡の年代」『継体王朝の謎』河出書房新社，1995。福永伸哉「いわゆる継体期における威信財変化とその意義」『井ノ内稲荷塚古墳の研究』大阪大学大学院文学研究科，2005など

27）　前掲註23（加藤2020）に同じ。岩本　崇「中期古墳年代論」『中期古墳研究の現状と課題Ⅵ』中国四国前方後円墳研究会，2022など

28）　岩本　崇「福岡県勝浦峯ノ畑古墳出土鏡群の再検討」『社会文化論集』17，2021

29）　前掲註1（辻田2018・2019）など

30）　下垣仁志「沖ノ島の鏡」春成秀爾編『季刊考古学・別冊27 世界の中の沖ノ島』雄山閣，2018。岩本　崇「鏡からみた沖ノ島祭祀の展開」『沖ノ島研究』9，2023

31）　上野祥史編『祇園大塚山古墳とその時代』六一書房，2013など

32）　内山敏行「古墳時代後期の諸段階と甲冑・馬具」『後期古墳の諸段階』東北・関東前方後円墳研究会，2003。橋本達也「祇園大塚山古墳の金銅装眉庇付冑と古墳時代中期の社会」註31文献所収。前掲註21（初村2022）など

33）　上野祥史「中期古墳と鏡」広瀬和雄編『季刊考古学・別冊22 中期古墳とその時代』雄山閣，2015。同「朝鮮半島南部の鏡と倭韓の交渉」『国立歴史民俗博物館研究報告』217，2019

34）　福永伸哉「武寧王陵出土鏡の系譜と年代」『百済研究』74，2021

35）　前掲註20（川西2004）。森下章司「古鏡の拓本資料」『古文化談叢』51。前掲註1（辻田2018）など

沖ノ島研究
―世界遺産登録後の歩み―

福嶋 真貴子 宗像大社文化局
FUKUSHIMA Makiko

はじめに

沖ノ島に関わる調査研究は，明治時代の太宰府神社神官江藤正澄の沖ノ島渡島報告を皮切りに，昭和29～46（1954～1971）年に実施された3次の沖ノ島学術調査の実施，その報告書『沖ノ島』『続沖ノ島』『宗像沖ノ島』の刊行をへて，国内外の関係遺跡・遺物の発見や研究の進展を踏まえながら蓄積されてきた。

とくに近年は世界遺産登録の動きと連動し，沖ノ島の学術的意義を多角的に広く検討する機会が増え，多くの新知見と新たな視点から学術的価値が見出されてきた。例えば，世界遺産登録を目指し，福岡県・宗像市・福津市からなる「宗像・沖ノ島と関連遺産群」世界遺産推進会議が平成22～24（2010～2012）年度に行った国内外31名の研究者による委託研究事業では，沖ノ島にまつわる航海・交流と祭祀，奉仕者である古代宗像氏について様々な評価がなされた。

他方で，平成19～21年に，宗像大社と奈良県立橿原考古学研究所が共同で実施した沖ノ島出土鏡の3D計測調査では，光学的手法を新たに導入し，沖ノ島学術調査出土鏡70面分，関連資料4面分を計測した。銅鏡の観察もともに進め，破片の接合・同定などによる新たな鏡式の認定，沖ノ島出土鏡特有の表面状態の確認，鏡付着物の多くが「朱」ではなく酸化銅（銅サビ）であるなどの新知見を得た。さらに3D計測データに基づく分析により，新たな同笵・同型鏡が判明し，沖ノ島出土鏡群に5組の同笵・同型鏡を確認した[1)]。丹念な基礎整理を行い，全体を把握したうえで，沖ノ島出土鏡群の特徴を捉えた本調査は鏡研究の進展を期待させた。このような流れにのって，平成29年，世界遺産登録を果たす（口絵1）[2)]。

登録後の調査研究はさらに広がりをみせた。考古学では祭祀考古学の研究が大きく前進，また古代の神まつりや神祇祭祀など宗教学的な研究も新たに展開した。新しい学術段階を迎えた今，沖ノ島研究は科学的な手法も取り入れながら，多角的・世界史的視点と基礎的視点から意義を展望する動きとなっている。本稿ではこの動きを出土品の調査研究に即して紹介する。

1　ガラス製品の化学組成分析調査

平成31年3月～令和2（2020）年7月に，宗像大社と東京理科大学中井泉名誉教授らの研究チームは，共同で，沖ノ島祭祀遺跡から出土した膨大な量のガラス製品を対象に，起源や流通の解明を目的とした分野横断的な研究を行った。本研究では，沖ノ島8号遺跡出土のカットグラス碗片（口絵4）およびガラス製切子玉（口絵5），さらに同16号・17号・18号・19号・21号遺跡（岩上祭祀段階），同4号・6号・7号・8号・23号遺跡（岩陰祭祀段階），伝沖ノ島（伝世品）出土のガラス製玉類（口絵6）に対し，蛍光X線分析装置（口絵3）を用いた化学組成分析を始め，様々な可搬型装置を用いた非破壊かつオンサイトでの分析調査を実施した。沖ノ島出土品において初となる系統的な理化学的分析で得られた知見に基づき，沖ノ島出土ガラス製品の起源（一次生産地）について科学的視点から検証した[3)]。

（1）実験内容

カットグラス碗片は淡青緑色を帯びた透明ガラス製で，特徴的な浮出円文切子装飾が施された容器片である。同様の特徴を持ったガラス製容器がイラン北部の古墓やメソポタミアの都市遺跡で発見されているため，これらの地域を中心とした西アジアで3~7世紀に繁栄したサーサーン朝の製品だと指摘されており[4]，古代日本に渡来したガラス製容器の希少な調査出土資料の一つとして世界的に著名な品である。切子玉は半透明緑色ガラス製の玉で，側面が八面体になるよう研磨が施されている。水晶製の切子玉については古墳時代後期に出土例が見られるが，ガラス製品は類例がなく，その起源に関する議論は行なわれていない。切子玉を除く4,000点を超える膨大な量のガラス製玉類は，青色系（紺色，淡青色，青緑色など），黄色，黄緑色，赤色，橙色など色味が多彩である。伝沖ノ島出土品を含む計303点を測定し，肉眼・顕微鏡による観察も行った。なお，21号遺跡出土資料には，17号・19号・23号遺跡出土品が紛れた可能性がある。

蛍光X線分析装置は，通常，空気により減衰されやすいナトリウムやマグネシウムなどの軽元素を検出しやすいよう試料室内を減圧するが，本研究では，減圧による試料への負荷を考慮し，試料を大気圧下に置いたまま測定できるよう装置を部分的に改良した。2台の蛍光X線分析装置を宗像大社に持ち込み，前述資料を非破壊かつ常温常圧下で分析，得られたスペクトルを解析し，検量線法で26元素の濃度を定量した[5]。

(2) 結果と考察

蛍光X線分析の結果，カットグラス碗片および切子玉はいずれもソーダ石灰ガラス製であることが明らかとなった。紀元後1千年紀において，ソーダ石灰ガラスの一次生産（原料を熔融し素材ガラスを作る工程）を行っていた地域として，地中海世界を統治したローマ・ビザンツ帝国，西アジアを支配したサーサーン朝，中央アジア地域が指摘されている。沖ノ島の碗片・切子玉の化学組成は，著量のマグネシウムとカリウムを含むことから，融剤として植物を燃やして得られたソーダ灰を用いた「植物灰ガラス」であることが判った。その一次生産地として西アジアと中央アジアがあげられるが，碗片・切子玉ついては，サーサーン朝時代のメソポタミア都市遺跡ウェフ・アルダシールより出土したガラス製品のうち，おもに5世紀以降に流通したもの[6]と化学組成がよく対応した。つまり，これらがサーサーン朝領土内の工房で一次生産されたガラス製品，いわゆる「サーサーン・ガラス」であることが化学的に示された。碗片については，サーサーン朝の領域内で類品が複数見つかっていることから，一次生産だけでなく，製品化までの一連の生産工程がサーサーン朝の領域内で行なわれた可能性が高い。ただし，切子玉はその多くがメソポタミア出土ガラス製品に比べて鉄，アルミニウム，チタンなどを高濃度で含み，これらの元素は緑色着色を目的として意図的に添加されたか，沖ノ島に奉献されるまでのどこかで再熔融が行なわれ，そこで二次的に混入した可能性も考えられる。

カットグラス碗片は，型式的特徴からサーサーン朝由来とする指摘があったが，本研究はこれを科学的に実証した初の事例となった。昨今の理化学的研究の結果，サーサーン朝由来とされていたガラス製品がローマ・ビザンツ帝国の製品「ローマ・ガラス」だった例[7]も確認されている中で，沖ノ島出土例の起源が科学的に解明されたことはきわめて重要な成果だといえよう。一方で，切子玉は，本研究によって初めてその起源の一端が解明された。

ガラス製玉類303点については，化学組成に基づく分類の結果，ソーダ石灰ガラス，アルミナソーダ石灰ガラス，2種類のカリガラスという複数の組成タイプに分類された。これらのガラスの一次生産地は地中海沿岸地域，西アジア，中央アジア，南アジア，東南アジア，北ベトナム～中国南部に広く分布し，沖ノ島出土ガラス製玉類が多様な起源をもつことが明らかとなった。加えて，これらの組成タイプは，沖ノ島で岩上・岩陰両祭祀が行なわれていた段階と同時期である古墳時代に日本列島で流通していたガラス玉と同様であることも判った。本研究の分類結果を出土遺跡ごとに整理すると，アルミナソーダ石灰ガラスタイプはすべての沖ノ島祭祀遺跡から出土すること，6号・7号遺跡以外は複数の組成タイプが出土すること，7号遺跡はアルミナソーダ石灰ガラスタイプのみ出土することなど，遺跡による性格の違いがうかがえ，沖ノ島祭祀遺跡の特殊性が示された。いずれの成果も沖ノ島に奉献されたガラス製玉類の多様性を科学的に裏付けるものといえよう。

本研究は，理化学的な分析から沖ノ島のガラス製品の起源地を推定し，沖ノ島のガラスを国際的・多角的な視点で位置づけた。この成果は沖ノ島での祭祀活動の実態，沖ノ島祭祀にかかわる中央政権や宗像氏など在地勢力のあり方について，新たな視点からの理解と考察につながる可能性をもつ。本研究で示された起源は，ガラス製品の一次生産地，すなわち素材ガラスが作られた地に過ぎない。今後は類例の調査・分析を進め，沖ノ島に奉献されるまでの伝来経路の追跡が課題である。

2　保存活用協議会の取り組み

世界遺産登録後に設立された福岡県，宗像市，福津市，宗像大社からなる「神宿る島」宗像・沖ノ島と関連遺産群保存活用協議会（以下，「協議会」とする）では，世界遺産としての価値をさらに高めていくために，以下の調査研究を行っている。世界的規模での調査研究と，宗像大社をはじめ地元が行なう基礎的な調査研究の両面で進展させ，その成果を発信することを目指している[8)]。

(1) 特別調査研究事業「古代東アジアの航海・交流・祭祀」

平成30～令和4年度に協議会が行った本事業は，世界遺産登録時にイコモスから提示された「日本および周辺諸国における海上交流，航海およびそれに関連する文化的・祭祀的実践についての研究計画を継続・拡大させること」という勧告を受けて，航海，交流，祭祀，信仰の継続性の具体的解明を研究課題とした。こうした課題に関連する考古学，文化人類学，歴史学の専門家を日本，中国，韓国から委託研究者として迎え，調査研究を行った。委託研究者以外の日本，アメリカ，オランダなどの研究者を含めた3回の国際検討会における議論や，国内外の視察も行いながら，有益な知見を蓄積し，5本の論考に成果がまとめられた。航海技術，船，航路，航法，海流，船人，港などの研究，東アジアなどの航海守護神や韓国の祭祀遺跡との比較研究，祭祀遺物の用途や出土状況からみた祭祀にまつわる行為の復元研究など，勧告の課題に着実に応える多角的な研究が深められ多くの成果を得た。

(2) 沖ノ島関係の基礎的調査

協議会と宗像大社と共同で，国宝沖ノ島出土品の管理台帳の充実・デジタル化の作業や，学術調査に関わる記録資料（写真・図面など）の整理・調査，デジタルアーカイブ化，さらに小田富士雄をはじめとする調査関係者の聴き取り調査を進めている。この地道な作業により，調査報告書に触れられていない重要な知見を得ており，その成果をもとに出土品や遺跡の再検討も行なわれている[9)]。また，信仰の継続を明らかにするための中世・近世文書の整理調査や，遺跡の保存・管理のため現地の現状を調べるモニタリング調査も行なわれている。

(3) 調査研究の発信

協議会では，令和元年度から「公開講座」が開始され，毎年設けるテーマにそって国内外の研究者により沖ノ島をはじめ本遺産群に関わる最新の知見が示されている。講座の動画も配信中で有意義に活用できる[10)]。また，平成27年（2015）から刊行している学術雑誌『沖ノ島研究』第1～9号では，当初は中近世歴史学の調査研究の投稿が多かったが，近年は沖ノ島奉献品に関する論考も増加傾向で，祭祀や遺跡の検討に一石を投じるような新知見が明解に論じられていることは，特筆される。さらに，令和元年度より本遺産群および関連する文化財の情報を集めたウェブサイト「MUNAKATA ARCHIVES」を公開しており，先述の調査研究の成果もこれらの媒体から効果的に発信している。

3　今後の課題

沖ノ島の調査研究は，世界遺産登録後，ほかの構成資産，それをとりまく文化財・遺跡を含めて，分野を超えて多様な形で行なわれている。今後，この調査研究の精度と水準を高めるためには，世界的・多角的な視点と基礎的な視点と両面で継続的に進めることが極めて重要である。とくに，基礎的な調査研究，中でも沖ノ島出土品の再整理，再検討が何よりも重要となってくるだろう。沖ノ島出土鏡は，先述の3D計測調査時に森下章司らが悉皆的な基礎整理と検討を行ったことで，下垣仁志や岩本崇による沖ノ島出土鏡群の総括的な検討と評価につながった[11]。同鏡群の基礎的研究により，沖ノ島祭祀の開始と展開について，ある程度まで堅実に考察しうる段階に引き上げられたといってよい。今後は各遺跡を構成する出土品の内容や分量などの実態把握が不可欠である。鏡はもちろんほかの製品を含めて時期差を認識できるまとまりが遺跡ごとにどの程度あるのかを明らかにすることが必要との指摘のとおり[12]，沖ノ島出土品全体を現在の学術水準で再整理・再調査，研究することで，よりグローバルな視点に立った新たな評価につながるのである。

謝辞　本稿の作成にあたり御教示，ご協力賜わった，阿部善也，岩本崇，岡寺未幾，加藤千里，四角隆二，中井泉，村串まどかの各氏（五十音順，敬称略）に，感謝申し上げます。

註

1）重住真貴子・水野敏典・森下章司「沖ノ島出土鏡の再検討」『考古学資料における三次元デジタルアーカイブの活用と展開』奈良県立橿原考古学研究所，2010

2）世界遺産登録前までの沖ノ島研究史の詳細は別稿に詳しい。岡寺未幾・大高広和「沖ノ島研究の歩み」『季刊考古学・別冊27「世界の中の沖ノ島」』雄山閣，2018

3）本研究は成果報告「特集・沖ノ島のガラス」『沖ノ島研究』7（「神宿る島」宗像・沖ノ島と関連遺産群保存活用協議会，2021年）収録の下記論考をもとにまとめた。
中井　泉「沖ノ島出土ガラスは何を語るか」。福嶋真貴子「古代沖ノ島祭祀とガラス製品」。四角隆二「サーサーン朝におけるガラス容器生産と流通—沖ノ島8号遺跡出土カットグラス碗片の理解に向けて—」。阿部善也「沖ノ島8号遺跡出土カットグラス碗片・切子玉の非破壊蛍光X線分析による起源推定」。村串まどか・加藤千里・阿部善也「沖ノ島祭祀遺跡出土ガラス製玉類の起源および流通に関する考察」

4）深井晋司『東洋文化研究所紀要』27，1962

5）装置の構成・仕様，測定条件・方法などは，前掲書3（阿部論文，村串・加藤・阿部共著論文）を参照。

6）Mirti, P., Pace, M., Malandrino, M., Negro Ponzi, M. M.: Sasanian glass from Veh Ardašīr: new evidences by ICP－MS analysis. *Journal of Archaeological Science* 36: 1061–1069（2009）.

7）Tatsumi, Y., Abe, Y.: The root of Sasanian glass cups with circular facet－cut decoration. *The Memorial Volume of H.I.H.* Prince Takahito Mikasa, 113–127（2019）.

8）協議会の取り組みについては『「神宿る島」宗像沖ノ島と関連遺産群特別研究事業成果報告書』（「神宿る島」宗像・沖ノ島と関連遺産群保存活用協議会，2023年）収録の岡寺未幾「特別研究事業の経緯と概要」。佐藤　信「神宿る島」宗像・沖ノ島と関連遺産群 古代東アジアの航海・交流・信仰—とくに航海・交流の観点から」をもとにまとめた。

9）岡寺未幾「沖ノ島21号遺跡についての再検討（予察）—記録写真の分析から—」『沖ノ島研究』7，「神宿る島」宗像・沖ノ島と関連遺産群保存活用協議会，2021

10）協議会公式HP，YouTubeで公開中。https://www.okinoshima－heritage.jp/

11）下垣仁志「沖ノ島の鏡」『季刊考古学・別冊27「世界の中の沖ノ島」』雄山閣，2018。岩本　崇「鏡からみた沖ノ島祭祀の展開」『沖ノ島研究』第9号「神宿る島」宗像・沖ノ島と関連遺産群保存活用協議会，2023

12）前掲註11（岩本2023），p.21

九州における古墳時代人骨

高椋 浩史 土井ヶ浜遺跡・人類学ミュージアム
TAKAMUKU Hirofumi

はじめに

形質人類学における古墳時代集団を対象とした研究の歴史は古く，弥生時代人骨が発見される以前の段階では，縄文時代集団と現代人集団との違いを検討するための重要な比較資料として用いられた[1)]。その後，土井ヶ浜遺跡をはじめとする山口県の響灘沿岸や北部九州の墓地遺跡から弥生時代人骨が発見され，弥生時代における大陸からの渡来人の遺伝的影響が指摘された[2)]。それにより，古墳時代の人骨研究は弥生時代における大陸からの渡来人の遺伝的影響の日本列島内における拡散の様相を把握する目的で，研究が進展していく。これは，弥生時代の人骨資料の出土が西日本，とくに北部九州から山口県の響灘沿岸に偏在しているのに対して，古墳時代の人骨の資料は弥生時代の資料よりも地域的な偏りが少ないことに起因している。1980年代から1990年代初頭を中心として，各地の古墳時代人骨の特徴が総括的に検討され，それにより古墳時代人骨の形質には地域差が存在することが明らかにされた[3)]。そして，その地域差の要因は大陸からの遺伝的影響の強弱にあることが指摘されている。つまり，渡来人の遺伝的影響の強い地域では頭蓋の顔面部の高顔性や高眼窩の傾向が強く，渡来人の遺伝的影響が弱い地域では逆に頭蓋の顔面部の低顔性や低眼窩の傾向が強いことが明らかとなっている。

このように，古墳時代の人骨研究は1980年代から1990年代初頭にかけて研究の大きな枠組みが構築されている。その後，古墳時代人骨の出土事例も徐々に増加していき，一つの遺跡から大量に出土した事例もある。そうした状況を踏まえて，新たに出土した資料を含めた人骨形質の研究や，古墳時代人骨のDNA研究も進んでいる。本稿では九州を中心とした古墳時代の研究のあゆみ，そして近年の研究動向について紹介していく。

1　九州における古墳時代人骨研究のあゆみ

九州における古墳時代人骨の形質については，九州の北部と南部で形質に違いがあることが，古墳時代人骨研究の早い段階から指摘されている。

九州北部の古墳時代人骨について，北豊前・筑前地域では北部九州弥生人の形質を維持した集団が存在し，その周辺地域の集団は低身長・低顔の傾向が強いことが指摘されている[4・5)]。その要因として，稲作農耕の適地に渡来人の遺伝的影響が強く，山間部ではその影響が弱いことがあげられている[5)]。また，豊前地域において山国川を境として北部と南部にわけると，北部地域の集団は高顔・高眼窩傾向が強く，南部地域の集団は低顔・低眼窩傾向が強いことも明らかとなっている[4・5)]。

九州南部の古墳時代人骨の形質は全体的な傾向として，北部九州の弥生時代集団や古墳時代集団よりも縄文時代集団に類似し，低顔・低眼窩傾向が強く，弥生時代の渡来人の影響が弱いことが認められている[6・7)]。また，九州南部においても形質の地域差があり，とくに日向地域において平野部の地下式横穴墓から出土した人骨と山間部の地下式横穴墓から出土した人骨の形質には違いがあることが指摘されている[7)]。具体的には，山間部地域の地下式横穴墓から出土した人骨の形質は低・広顔傾向が強く，立体的な顔面部を呈するなど縄文人的な形質的特徴を残し，平野部の地下式横穴墓から出土した人骨の形質は山間部の集団よりも高顔で，北部九州・山口地域の弥生時代人骨により類似している[7)]。その後，えびの盆地に所在する島内地下式横穴墓群から多くの人骨が出土し，その頭蓋形質は南九州山間部の古墳人と同様の特徴を多く持つが，個別にみていくと，非縄文人的特徴も持ち合わせている個体も存在することが指摘されている[8]。また，島内地下式横穴墓群から出土した人骨の頭蓋形態小変異の分析では，渡来人の遺伝子をある程度受け入れた集団であった可能性が指摘されている[8]。その後，南九州の古墳時代人骨については，形質，DNA，安定同位体に基づく食性分析による総合的な研究もおこなわれている[9・10・11]。そのなかで，南九州の古墳人の形質について，頭蓋形質と頭蓋形態小変異や歯の形態解析から，縄文人の形質を残しながらも変化しつつあると解釈されている[10]。また，ミトコンドリアDNAの解析では，渡来系の人々と共通した特徴を有しているが，渡来系の人々とよく類似しているとは言えないとされている[10]。

このような先行研究により，九州の古墳時代集団の頭蓋形態については，弥生時代の渡来人の遺伝的影響の濃淡により形質の地域性が生じたことが明らかとなっている。全体的な傾向として，九州北部の集団は高顔・高眼窩傾向が強く，渡来系弥生人との形質的特徴が類似している。それに対して，九州南部の集団は九州北部の集団よりも低顔・低眼窩傾向が強い。ただし，顔面部の形態や頭蓋形態小変異に関して，九州北部と南部のそれぞれにおいて地域性が認められている。

2　九州の古墳時代人骨研究の近年の動向

筆者はこれまで，先行研究により明らかとなった九州の古墳時代集団の形質的特徴やそれを生み出した歴史的背景を読み解くため，新たな資料を加え研究をおこなっている。

頭蓋形質については，分析対象集団の地域区分を再設定し，先行研究において形質の地域性が顕著であった顔面部形態に着目し，形態分析をおこなった[12・13]。図１は，頭蓋の顔面部の計測６項目を用いて主成分分析をおこない，高顔・高眼窩性を示す因子と地理的距離（鉄道距離）との関係を示している（図１）[13]。この図において，横軸は福岡平野・三国地域集団を起点として福岡市の博多駅からの鉄道距離を示し，縦軸は主成分分析における顔面部と眼窩の高さと幅の比率を示す因子の主成分得点を示している。縦軸の主成分得点は，プラスの値が大きいほど低顔・低眼窩傾向が強く，逆にマイナスの値が大きいほど高顔・高眼窩傾向が強いことを示している。これをみると福岡平野・三国地域と東の地域にある遠賀川（おんががわ）流域から京都（みやこ）平野にかけて高顔・高眼窩が強まっている。京都平野の南部に位置する中津平野の集団は，京都平野の集団よりも低顔・低眼窩が強まる。福岡平野・三国地域の集団とその南部に位置する筑後地域の集団の顔面部形態に大きな違いはないものの，筑後平野の東部の山間部にある日田

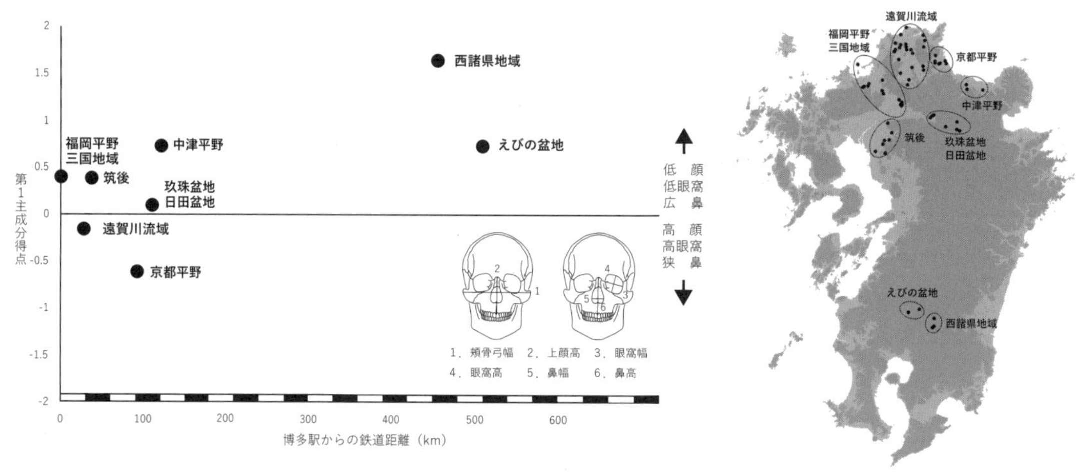

図１　顔面頭蓋計測６項目を使用した主成分分析に基づく各集団の第１主成分得点と地理的距離の相関図

盆地・玖珠盆地の集団は，高顔・高眼窩がやや強いことがわかる。南九州の二つの集団について，西諸県地域の集団はほかの分析対象集団よりも低顔・低眼窩が強いことがわかる。一方，えびの盆地の集団は西諸県地域の集団よりも低顔・低眼窩が弱い。

この分析結果のなかで注目すべきは，南九州の二つの集団である西諸県地域とえびの盆地地域の集団である。両地域については距離的にもかなり近接し，年代的にも大きな違いは無いが，えびの盆地の集団は西諸県地域の集団よりも高顔・高眼窩がやや強かった。えびの盆地の資料の大半を占める島内地下式横穴墓では，甲冑や銀象嵌竜文大刀など近畿の中央政権との強い結びつきを示す遺物が出土している[14・15・16)]。このような出土遺物から明らかとなっている他地域との交流が，島内集団の形質的特徴を生み出した可能性が考えられる。また，遠賀川流域の集団は福岡平野・三国地域の集団よりも高顔・高眼窩傾向が強かった。福岡平野・三国地域は弥生時代において渡来人の遺伝的影響をもっとも受けた地域であり，福岡平野や三国地域の弥生時代集団は，周辺部の遠賀川流域・朝倉・佐賀東部・山口地域よりも高顔性が強いことが指摘されている[17)]。一方，古墳時代の人骨の分析では，福岡平野・三国地域よりも遠賀川流域の集団のほうが高顔性は強かった。本研究に用いた両地域の資料は時期的な違いがあり，福岡平野・三国地域の資料は古墳時代の前期と中期の資料が大半を占めるのに対して，遠賀川流域の資料は古墳時代後期の資料が多い。そのため，両地域の違いを結論づけるためには，両地域の空白期をうめる今後の資料の増加が期待される。古墳時代の遠賀川流域については，嘉穂盆地において金比羅山古墳，山の神古墳，寿命王塚古墳など大型の前方後円墳が築造されている。また，この地域からは半島系の遺物や南海産の貝製品が副葬品として出土しており，6世紀になると嘉穂盆地に穂波屯倉と鎌屯倉が設置されることから，嘉穂盆地は半島や南九州以南，近畿なども含めた広域交流の結節点あるいは対半島交渉での重要な役割を果たした地域として評価されている[18)]。このような対外的交流が，遠賀川流域の集団の形質的特徴を生み出した可能性がある。また，京都平野の集団については分析対象である古墳時代集団のなかでも，とくに高顔性・高眼窩傾向が強かった。この地域の資料は古墳時代後期の横穴墓から出土したものが多い。この地域は，竹並遺跡（行橋市）をはじめとして，初期横穴墓が分布する地域である。横穴墓の成立については朝鮮半島からの影響が想定され，京都平野の地域に初現期の横穴墓が分布していることは朝鮮半島との結びつきがあったことがわかる。人骨の形質だけでは，半島からの渡来人を直接推定することは難しいが，今後は別の研究手法を用いて検討していく必要がある。

九州の古墳時代集団の形質については頭蓋形質以外の研究も進んでおり，四肢骨形態の研究では北部九州と南部九州の古墳時代集団ともに，縄文時代集団に特徴的な大腿骨の柱状性や脛骨の扁平性が認められず，津雲縄文時代集団よりも北部九州・山口地域の弥生時代集団に類似していた[19)]。四肢骨の断面形態は生業などの日常活動での身体的負荷による影響を強く受けることから，南部九州の古墳時代集団の日常活動による身体的負荷は縄文時代集団とは異なっていたことがわかる[19)]。

近年，九州の古墳時代人骨を対象としたDNA分析の事例も増加している。南九州の資料については上述の島内地下式横穴墓（宮崎県えびの市），立小野堀遺跡（鹿児島県鹿屋市）のミトコンドリアDNA解析では，縄文系のハプログループと大陸渡来のハプログループが確認されている[20)]。また，中九州の古墳時代人骨のミトコンドリアDNA解析でも，縄文系のハプログループと大陸渡来のハプログループが確認されている[21)]。

おわりに

以上，九州の古墳時代人骨の人類学的研究の成果についてまとめた。人骨の形質に関して，近年の研究により，新たな知見も得られている。また，古人骨のDNA解析も著しい進歩を遂げており，今後は核DNAも含めた研究も進められていくことが予測され，九州の古墳時代集団の系統関係について，人骨形質の研究よりも解像度の高い成果を得られることが期待される。さらには，骨や歯に含まれる安定同位体分析による当時の食性や人の移動の復元研究も進めば，九州における古墳時代の新たな歴史像も明らかにすることができよう。ただ，新たな古人骨資料を用いた研究により得られた結果の歴史的解釈には関連分野の成果が必要となる。例えば，古墳時代に関する考古学的な研究により，地域間の交流や渡来人の存在も含めた大陸との交流が強い地域が明らかになっている。こうした情報を含めた上で，古墳時代集団の系統関係を解釈する必要がある。

註

1）清野謙次「古墳時代日本人の人類学的研究」『人類学・先史学講座』2，雄山閣，1938
2）金関丈夫・永井昌文・佐野　一「山口県豊浦郡豊北町土井ヶ浜遺跡出土弥生時代人頭骨について」『人類学研究』7（附録），1960，pp.1 - 36
3）池田次郎・内藤芳篤・永井昌文・寺門之隆・山口　敏・上村俊雄・小田富士雄・西谷　正・横山浩一「国家成立前後の日本人—古墳時代人骨を中心として」『季刊人類学』16—3，1985，pp.31-125
4）前掲註3，pp.47-57
5）Doi N. and Tanaka Y.「A geographical cline in metrical characteristics of Kofun skulls from western Japan」『人類学雑誌』95，1987，pp.325 - 343
6）前掲註3文献，pp.34 - 47
7）松下孝幸「南九州地域における古墳時代人骨の人類学的研」『長崎医学会雑』65—4，1990，pp.781 - 804
8）竹中正巳・峰　和治・大西智和・小片丘彦・染田英利「宮崎県えびの市島内地下式横穴墓群出土人骨」『島内地下式横穴墓群』付編，えびの市教育委員会，2001，pp.1 - 75
9）竹中正巳「古人骨からみた南九州の古墳時代人」『骨考古学と蝦夷・隼人』市民の考古学12，同成社，2012，pp.70 - 88
10）佐伯和信・分部哲秋「南九州古墳人のミトコンドリアDNA研究の現状」『骨考古学と蝦夷・隼人』市民の考古学12，同成社，2012，pp.105 - 125
11）米田　穣・竹中正巳・瀧川　渉「同位体分析からみた古墳時代～古代における食生態の多様性」『骨考古学と蝦夷・隼人』市民の考古学12，同成社，2012，pp.126 - 142
12）高椋浩史「九州における古墳時代人骨の頭蓋形態の研究」『九州大学総合研究博物館研究報告』19，九州大学総合研究博物館，2022，pp.51 - 67
13）高椋浩史・米元史織「古墳時代人骨の地域性」『日本考古学協会2022年度福岡大会研究発表資料集』2022年，pp.125 - 133
14）えびの市教育委員会編『島内地下式横穴墓群』えびの市教育委員会，2001
15）えびの市教育委員会編『島内地下式横穴墓群Ⅱ』えびの市教育委員会，2010
16）えびの市教育委員会編『島内地下式横穴墓群Ⅲ・岡元遺跡』えびの市教育委員会，2009
17）米元史織「北部九州の弥生時代人—頭蓋形質の地域性について—」『九州大学総合研究博物館研究報告』19，九州大学総合研究博物館，2022，pp.39 - 49
18）辻田淳一郎編『山の神古墳の研究—「雄略朝」期前後における地域社会と人制に関する考古学的研究：北部九州を中心に—』九州大学大学院人文科学研究院考古学研究室，2015
19）高椋浩史「九州における古墳時代人骨の四肢骨形態の研究」『持続する志 岩永省三先生退職記念論文集』岩永省三先生退職記念事業会，2021，pp.407 - 426
20）篠田謙一・神澤秀明・角田恒雄・安達　登・竹中正巳「南九州古墳時代人骨のミトコンドリアDNA解析 島内地下式横穴墓群・町田堀遺跡・立小野堀遺跡」『国立歴史民俗博物館研究報告』228，2021，pp.417 - 425
21）神澤秀明・角田恒雄・安達　登・篠田謙一「熊本大学医学部所蔵人骨のミトコンドリアDNA解析」『国立歴史民俗博物館研究報告』第237集，2022，pp.135 - 149

古墳時代の親族関係と儀礼

舟橋 京子 九州大学比較社会文化研究院
FUNAHASHI Kyoko

はじめに

親族構造研究に関しては，古くから文献資料を用いた古代以降の親族関係・親族集団に関する議論が行なわれている。父系化・家父長制家族への移行説，双系的小家族説，母系的家族があり，親族関係・親族集団を総合した検討が古くからおこなわれており，考古学においてもこれらの文献史の成果に基づく成果を援用する形で親族構造の研究が進められてきた。これら文献史諸説の検討に関しては，岩永省三の論考を参照されたい[1]。

1995（昭和30）年の田中良之の研究以降，人骨の出土状況および人骨の情報を用いた検討が行なわれるようになり，それまでの文献資料を中心とした研究から，考古学・人類学的データに基づく親族構造の復元が可能になっている[2]。他方，ヤマト政権下における親族関係・儀礼の時間差・地域差・位相差の可能性[3]が指摘されており，後期以降の政治的な制度としての父系化の流れの中における双系制の残存は諸研究の共通した見解である。加えて，近年，これまで系統論を中心に用いられてきたDNA分析を，親族関係の研究に導入しようとする試みも見られる。本稿ではこうした流れの中での九州における古墳時代親族構造の研究成果の到達点について概観する。

1　諸研究課題の到達点

(1) 2000年代以前：親族構造のモデル化

古墳時代の親族関係・親族集団に関しては，おもに古墳被葬者の人数・年齢・性別と上述の文献史分野の研究成果である戸籍を対照する形で，検討が行なわれてきた。代表例としては，福岡県竹並遺跡横穴を用いた佐田茂の研究があげられる。佐田は墓道を共有する墓の経営単位を「家父長制的世帯共同体」とし，のちの郷戸に比定している[4]。

1980年代以降になると，土肥直美ら[5]あるいは田中良之ら[6]の研究を端緒として，考古学的な情報・死亡年齢・性別に基づく親族関係に関する仮説提示の段階から研究が進展する。この研究は，歯冠計測値を用いた血縁者の推定から仮説検証を行ったという人類学的手法の援用のみならず，横穴前庭部の土層の観察および人骨の出土状況の精査に基づき，生前の世代構成の復元つまり考古学的な情報に基づく仮説をさらに洗練させたことが大きくその成果に寄与している。

氏らの一連の個別事例研究に基づくモデル化により，日本の古墳時代においては①5世紀に上位層において父系化が始まる，②農民層でも家長層においては5世紀後半から父系直系化が始まる，③一方で非家長層においては双系的性格が残される，④この二重構造が奈良時代まで残存する，という説が田中により提示されている[2]。加えて，当該時期における親族関係父系化の進行については地域差・階層差の存在する可能性も指摘されている。上述の父系化が倭の五王による中国南朝への朝貢に基づく学習の成果であり，上からの親族関係の変化の可能性を挙げ，支配層においては父系化がより早かったと指摘されている[2]。このような父系化の一方で双系が残存するという傾向は，田中の立論の主な対象地域となった九州のみでなく他地域でも言及されるようになる。

田中らや田中・土肥は，親族関係と紐づける形で親族集団の変遷を明らかにしており，5世紀後半以降の父系化とともに家長層では夫婦と次世代の非家長の子ども達という「家族集団」が単位となって埋葬されていることを指摘している。この

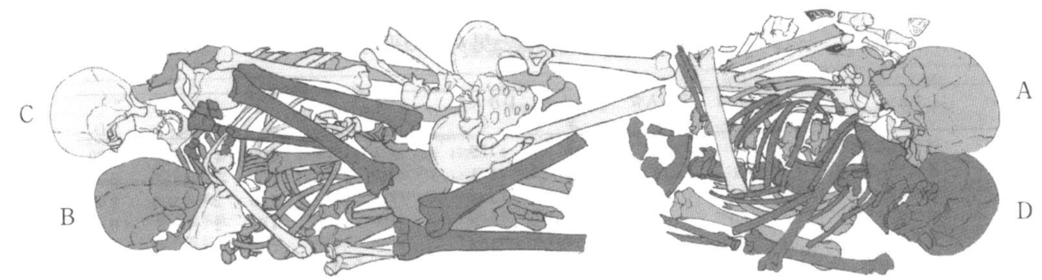

図1　卯内尺古墳4号墳人骨出土状況（註10より引用）

家族集団の内実に関しては，田中の親族構造研究の基盤となった大分県上ノ原横穴墓群の被葬者の集落に比定される大分県佐知久保畑遺跡の集落構造および福岡県須恵須賀浦遺跡の須恵器窯の操業単位と墓地経営単位の検討に基づき，家父長制的世帯共同体とは欲にているが，「あくまでも『似て非なるもの』[7]と評価している。ただし，5世紀後半から続いた開発が頭打ちになる形で，傍系親族の分節が困難になりこれを包摂した形で後続する律令期の戸籍に見られるような大家族化がなされたと指摘している。

その後，大森円は，横穴墓の墓群変遷から田中の説を補完している[8]。さらに，岡田裕之・原俊一は須恵須賀浦遺跡の横穴墓と須恵器窯跡の時間的・空間的変遷から，須恵器窯の操業単位が律令期の郷戸規模であり，横穴墓の小群が房戸規模であると結論付けている[9]。

(2) 2000年代以降：個別事例検討

上述の田中の研究以降，九州の親族構造に関しては事例報告に基づく田中モデルの追証研究に終始しており，まとまった研究成果は得られていない。そのため，ここでは個別事例検討の紹介の形をとる。

北部九州　まず，田中のモデルⅠ（双系かつ，キョウダイ原理の埋葬）の段階の埋葬に関しては，福岡市卯内尺（うないじゃく）古墳があげられる。この古墳は5世紀初頭の4号墳から4体の人骨（男性2体，女性2体）が出土しており，後に同一丘陵上に初期竪穴系横口式石室で著名な老司古墳が築かれている[10]（図1）。これら4体は埋葬順序・追葬間隔に基づく仮説の設定と歯冠計測値および頭骨小変異を用いた血縁関係推定法による検証の結果，同世代のキョウダイもしくはキョウダイとその子どもたちの可能性が残された。また，女性のうち1体は妊娠・出産の痕跡とみられる前耳状溝が確認できており，経産婦すなわち既婚者と推定されるが，配偶者ではなく血縁者とともに埋葬されている[11]。

次に，モデルⅡへの移行期にあたる時期の事例としては，福岡県名木野（なぎの）古墳群があげられる。本古墳群では，5－6世紀の古墳から人骨が複数出土している。このうち5世紀末から6世紀初めに築造され，古墳群造墓契機となっている竪穴系横口式石室は男性が単体で埋葬されており，副葬品は直刀・刀子・ヤリガンナが各1点づつ出土して古墳る。一方で6世紀に下る9号・10号墳（ともに横穴式石室）からはそれぞれ，複数個体人骨が出土している。このうち世代構成の復元可能な9号墳に関して，年齢・性別および人骨の出土状況から得られる仮説，は父とそのコドモたちないしはそれに加えて孫，あるいは兄弟とその子ども達が同じ横穴式石室に埋葬されているというものである。これらをあわせて考えると，キョウダイ原理に基づく埋葬が残っていた可能性も残されるものの，その場合においても初葬が男性に絞られており，父とその子ども達が同一墓に埋葬されているという点においては，父系化が進展しつつあった可能性が考えられる[12]。

北部九州山間部　当該地域では，大分県志津里遺跡の検討から，5世紀前半においては姉妹が同一間に埋葬された事例や同一遺跡内に近接して設置された異なる石棺の女性間で血縁関係が推定されている[13]。検出された5基の石棺中もっとも副葬品

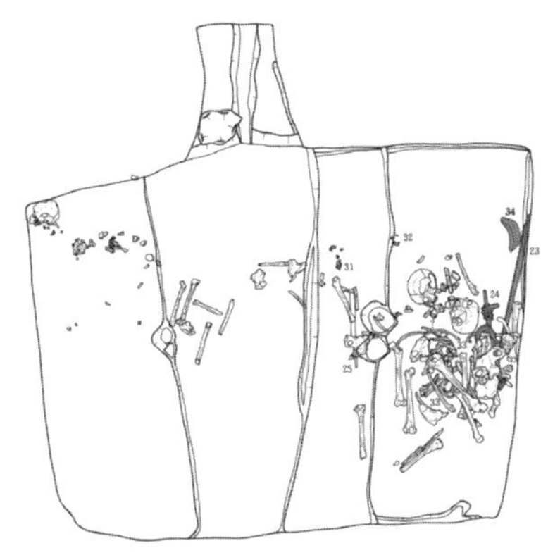

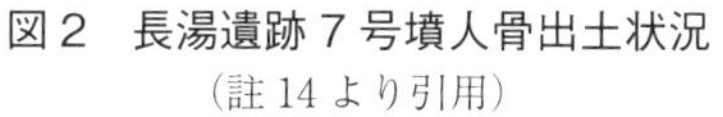

図2　長湯遺跡7号墳人骨出土状況
（註14より引用）

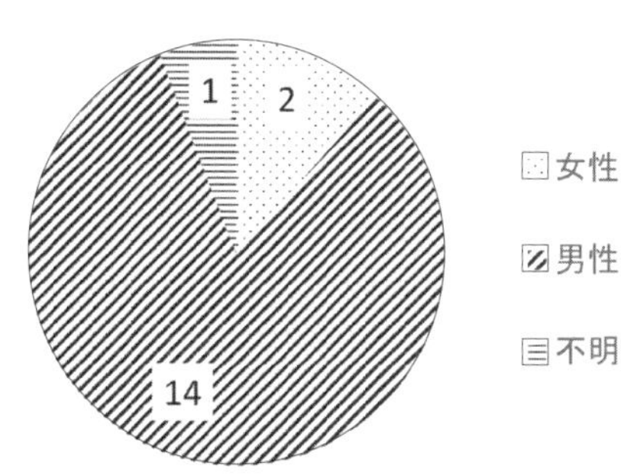

図3　長湯遺跡出土人骨性構成

の豊富な2次2号石棺は女性2体が埋葬されており，姉妹の可能性が考えられる。加えて，複数個体埋葬4事例の初葬者は男女同数である。以上のことから，本遺跡は双系的親族関係でありキョウダイ原理に基づき埋葬が行なわれていると考えられる。

これより時期が下る6世紀代では，同じく大分県直入町長湯横穴墓の分析から父子ないしは兄弟の可能性が高い事例が得られており，キョウダイ原理に基づく埋葬が行なわれており親族関係に関しては双系が残存する可能性が指摘されており[14]，田中も古い家族形態が残る事例として紹介している[15]。ただし，本横穴墓群のうちもっとも副葬品の豊富な7号墓に関しては，老年男性，成年女性，小児の計3体が埋葬されていたが，過剰な断体儀礼により世代構成の復元が困難であり，親族関係の復元は行えていない（図2）。加えて，本横穴墓全体で見た場合に被葬者が極端に男性に偏っていることから，被葬者の選択において社会の水平的区分としてジェンダーによる選択が大きくかかっている可能性とキョウダイ原理による埋葬が残存しながらも男性優位あるいは父系化が進展していた可能性を残しておく必要があろう（図3）[16]。

南九州　南九州に関しては，宮崎県立切遺跡および旭台遺跡の出土人骨の検討から，宮崎県内陸部でも6世紀まで双系継承が継続していた可能性が示されている[17]。旭台遺跡に関しては，人骨の出土状況および人骨の年齢性別に基づく世代復元仮説を歯冠計測値を用いた血縁者の推定方法で検証が行われている。一方で立切遺跡に関しては，歯冠計測ができておらずキョウダイ原理の残存が認められるが，キョウダイないしは夫婦とその子或いは父と子という田中モデルⅠとⅡに相当する仮説が残される。この父系化の可能性を残す事例は4例中4例ともに，A類と言われる，墳丘を有する地下式横穴群に必ず1基は伴なう，天井が家形で規模の大きな横穴である。血縁関係の分析が待たれるが，双系が色濃く残存している地域における父系化へのブレの一端を示唆するものかもしれない。この他にも，6世紀前半の宮崎県都城市菓子野地下式横穴墓において3基の横穴墓で親族関係の復元が行なわれている[18]。これらに関しては，双系ないしは父系の可能性が指摘されている。

2　研究の到達点と今後の展開

以上みてきたように田中モデルの，父系化と双系制の残存に関しては矛盾する事例研究は出ていない。

現段階では，大分山間部や南九州内陸部の6世紀代の事例は，父系化を示している可能性がまったくないとは言えないものの，父系化の進展に地域差が存在した可能性を示すものとしても矛盾はないであろう。田中の父系モデルからのずれ，すなわち双系が残存する位相・地域に関する積極的な評価に関しては，田中自身は，「非家長」[2]および「保守性の強い地域」[15]といった言葉で表現している。ただし，保守性の強さの背景に関しては残念ながら田中の急逝により語られることが無いままになっている。近畿では家長層においても双系の残存する可能性が指摘されている[3]。今回紹介した2000年代以降の，個別事例検討では双系制が残存する位相に関して田中の説を覆すような結果は得られておらず，一方で双系の残存する地域性に関する詳細は明らかになっていないままであり，今後精査が必要である。

以上みてきたように，九州の親族構造研究は考古学的な墓の経営に関する情報（土層観察，出土土器の時期）などに加え人骨の出土状況および年齢・性別，を総合する形で復元された世代構成仮説を歯冠計測値を用いた親族関係推定方法で検証を行なうという方法がとられてきた。ただし，父系化が進む5世紀後半以降になると長湯横穴墓や名木野古墳など過度な断体儀礼や改葬などにより，仮説を立てることが困難な事例も多くみられる。このような場合には近年進行中のゲノム解析に基づく親族関係復元が有効になると考えられる。親族関係の復元にまでいたる研究成果は現段階では和歌山県磯間岩陰遺跡事例[19]に限られている。今後の研究の進展に期待したい。一方で，親族構造とは異なる角度からの社会復元の必要性もある。本稿で紹介した長湯遺跡とは逆に，被葬者が女性に偏る後期の横穴墓群としては，鳥取県北谷ヒナ横穴墓群や千葉県市宿横穴墓などがあり，すでに足達佳代が指摘しているように[20]，親族関係の父系化のみならず，ジェンダーや様々な社会的役割に基づく被葬者の選定の可能性についても今後議論していく必要があろう。

註

1）　岩永省三『古代国家形成過程論』すいれん舎，2022など
2）　田中良之『古墳時代親族構造の研究』柏書房，1995
3）　前掲註2に同じ。清家　章『古墳時代の埋葬原理と親族構造』大阪大学出版会，2010など
4）　佐田　茂「横穴墓の被葬者」『竹並遺跡』寧楽社，1979
5）　土肥直美・田中良之・船越公威「歯冠計測値による血縁者推定法と古人骨への応用」『人類学雑誌』94―2，1986など
6）　田中良之・土肥直美・船越公威・永井昌文「上ノ原横穴墓被葬者の親族関係」『上ノ原遺跡群4』大分県教育委員会，1985
7）　前掲註2，p.276
8）　大森　円「豊前における群集墳造墓単位の分節過程」『古文化談叢』39，1997
9）　岡田裕之・原　俊一「古墳時代の須恵器製作者集団」『日本考古学』17，2004
10）　福岡市教委『卯内尺古墳群』2012。高椋浩史・米元史織・中橋孝博「卯内尺古墳出土の古墳時代人骨調査報告」『卯内尺古墳群』福岡市教育委員会，2012
11）　舟橋京子「福岡市卯内尺古墳群4号墳出土人骨の親族関係について」『九州大学総合研究博物館研究報告』13，2015
12）　舟橋京子「名木野古墳出土人骨について『名木野古墳群』みやま市教育委員会，2020
13）　田中良之・舟橋京子・米元史織・高椋浩史・岩橋由季・谷澤亜里・早川和賀子・中井　歩「志津里遺跡石棺墓出土人骨」『志津里遺跡発掘調査報告書』大分県教育庁埋蔵文化財センター，2012
14）　石川　健・舟橋京子・渡辺　誠・原田智也・田中良之「長湯横穴墓出土人骨について」『長湯横穴墓群 桑畑遺跡』大分県教育委員会，2004
15）　田中良之『骨が語る古代の家族』吉川弘文館，2008
16）　舟橋京子「古墳時代の親族関係と儀礼」『日本考古学協会2022年度福岡大会研究発表資料集』2022
17）　田中良之・舟橋京子・吉村和明「宮崎県内陸部地下式横穴墓被葬者の親族関係」『九州大学総合研究博物館研究報告』10，2012
18）　田中良之・舟橋京子「菓子野地下式横穴墓被葬者の親族関係」『都城市内遺跡7』都城市教育委員会，2014など
19）　安達　登・神澤秀明・藤井元人・清家　章「磯間岩陰遺跡出土人骨のDNA」『磯間岩陰遺跡の研究　分析・考察編』田辺市教育委員会・科学研究費磯間岩陰遺跡研究班，2021
20）　足立佳代「東国の横穴墓における女性の埋葬について」『立正大学大学院年報』32，2015

九州の初期須恵器

三吉 秀充　愛媛大学埋蔵文化財調査室
MIYOSHI Hidemitsu

朝鮮半島と地理的に近い北部九州では，いち早く福岡県朝倉古窯跡群，隈・西小田窯跡群，居屋敷窯跡の３地点で生産地が成立する[1]（図１）。須恵器製作技術が導入される背景には，古墳時代前・中期の政治・社会構造とも関わることから，多様な視点から研究されてきた。ここでは紙数が限られることもあることから，３地点の窯跡で生産された須恵器と九州で流通する須恵器の２点にしぼって，九州における初期須恵器研究の現状をまとめ，今後の課題を示したい。

1　北部九州における須恵器生産

(1) 朝倉古窯跡群

朝倉郡筑前町に所在し，小隈窯跡で７基，山隈窯跡で４基，八並窯跡で４基，計15基の窯跡が所在したと考えられている。2011年度〜2016年度，筑前町教育委員会によって確認調査が行なわれ，2017（平成29）年，成果報告書が刊行された[2]。朝倉古窯跡群の位置づけには，須恵器研究史が大きく関わることからを振り返っておきたい。

九州では1959（昭和34）年以降，小田富士雄らによって古墳出土の須恵器を用いた「九州古式須恵器集成」が行なわれ，1964年，古墳時代須恵器編年案が提示された[3]。小田は在地で生産を始めた段階，当時最古と考えられた福岡市の新開窯跡が操業した段階をⅠ期に位置づけた。

1978年〜1982年，福岡県朝倉市に所在する池の上・古寺墳墓群の調査が行なわれ，多量の伽耶系陶質土器・初期須恵器が出土した。調査・報告を担当した橋口は広口壺の形態や施文の変化を基に池の上Ⅰ式〜Ⅳ式の型式を設定し，この型式変化が墳墓群の変遷とも矛盾しないと考えた。さらに共伴遺物から，陶邑における初期須恵器に先行し，４世紀後半まで遡る可能性を指摘した[4]。須恵器生産の一元的開始と地方窯への波及・拡散という考え方に疑義を呈し，多元的な須恵器生産の開始を指摘した。

小田は池の上・古寺墳墓群における成果や小隈窯跡採集資料などから，従来の九州産最古段階（Ⅰ期）須恵器を，定型化した須恵器（Ⅰ-Ｂ期）と定型化以前の須恵器（Ⅰ-Ａ期）に分類した[5]。

一方，1990年代になり陶邑で最古とされていたTK73型式に先行する時期の資料が大阪府大庭寺遺跡で出土し，TG232型式が設定されるなど多元的な須恵器生産開始期の実態が明らかになった[6]。

その後，朝倉産須恵器を対象として研究が進んだ。柳田康雄は広口壺の形態変化は小差であるとし，新たにⅠ〜Ⅲ式に分類した[7]。片岡宏二[8]は小田編年との対応関係を整理し，中村勝[9]は須恵器に施された波状文をＡ型，Ｂ型，Ｃ型に分類し，新古関係と評価した上で編年案を作成した。酒井清治[10]は高杯形器台と広口壺を分析し，太田睦[11]は広口壺，高杯，䟽，器台，大甕の共伴関係に基づいた編年を提示した。大西智和[12]は広口壺の属性をとりあげ，同一個体内における相

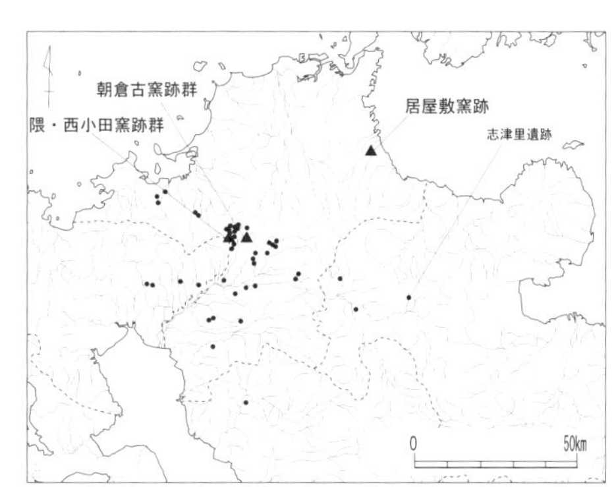

図１　北部九州における初期須恵器窯跡（▲）と朝倉産須恵器（●）の分布（註７文献を基に作成）

関関係で導き出された型式分類に基づいた編年を，市来真澄[13]は鉄製品との共伴関係から須恵器編年を検討した。このようにおもに消費地資料を対象として，橋口による編年の修正，深化させる研究が多く行なわれてきた。窯跡に関する総括的な報告がなされたことによって，生産地における様相を詳しく知ることができる。

小隈窯跡は，旧夜須町教育委員会，筑前町教育員会による調査で，7基の窯跡，不明遺構1基，住居跡1基，工房跡2基，土坑2基が確認された。1号窯跡と2号窯跡が初期須恵器段階に位置づけられ，丘陵裾部の緩斜面に位置する2号工房と対応する。窯跡に加えて工房，住居跡が確認されており，初期須恵器段階における須恵器製作集団の実態を知る上での好資料と言える。

操業開始期には，半島からの直接的な影響を受けた地域色の強い須恵器の生産が行なわれ，その後，陶邑の影響を受けながら新たな窯や工房を構築し，北部九州における中核的な窯跡群として一定期間の操業を維持し続けたと想定されている。非陶邑系の須恵器生産から陶邑系須恵器生産への変化は，工人の再編が行なわれたと考えられ，これらの視点からの研究も必要である。

山隈窯跡は九州大学の発掘調査により4基の窯跡と1基の工房跡が確認された[14]。丘陵南斜面に1号→4号→2号→3号へと窯跡が構築されたと考えられている。出土須恵器は型式学的変化が少ないことから，短期間の操業と推定されている。1号窯跡内から円筒埴輪片が出土し，須恵器との兼業窯であったと考えられる。小隈窯跡との相違点であり，山隈窯跡の操業の背景を考える上で重要である。

八並窯跡では，筑前町教育委員会によるトレンチ調査によって初期須恵器を伴なう窯跡関連遺構が確認された。窯体片が広範囲に散乱し，斜面に数基の窯跡が所在したと考えられている。

重藤輝行はこれらの朝倉古窯跡群における調査成果を踏まえて，集落遺跡，古墳における朝倉産須恵器と土師器，陶邑系須恵器との関係を検討し，非陶邑系須恵器がTK73型式～TK208型式期に生産され，開窯時期はTG232型式まで遡る可能性が高いことを指摘した[15]。今後は，消費地資料と窯跡資料の相互を結びつける研究が必要である。

(2) 隈・西小田窯跡群

筑紫野市に所在し，1989年，1990年に調査が行なわれ10地点の1～4号窯跡，8地点1号窯跡の計5基確認された（以下，10-1～4号窯跡，8-1号窯跡などと記す）[16]。10-1～4号窯跡は，大きく削平を受けており，比較的残りの良い10-2・3号窯跡の状況から，全長7～8m前後，最大幅2m前後，床面傾斜角度は19～21度の地下式構造と推定されている。8-1窯跡は全長9m，最大幅2mを測り，灰原も確認された。とくに直立する奥壁上に傾斜煙道をもち，半島からの直接的な影響が指摘されている。

遺物は10-2号窯跡から甑，杯，甕，杯蓋が出土した。また煙出し部に近い焼成部に近い焼成部の埋土中層から，5世紀中頃の土師器の甕が出土した。10-3号窯跡では杯と考えられる細片1点のみで，焼成台と考えられる甕の胴部片が主体である。10-4号窯跡でも甕の胴部片が中心で杯，𤭯，器台が少量出土した。器台は杯部と脚部との境界片で，台形か長方形の透かしが施されており，系譜を考える上で重要である。

8-1号窯跡では壺・甕が中心で，杯17点，蓋1点，甑1点が出土している。甑の把手部分には断面V字状を呈する深い切り込みが入る。

報告では，壺・甕の胴部片に残る調整痕跡から10-4号窯跡→10-2号窯跡→10-3号窯跡→8-1号窯跡の変遷を想定する。8-1号窯跡出土の甕・壺に施される波状文は，定型化以降の繊細な波状文に近いものとし，10-2・3・4号窯跡から出土した須恵器には，伽耶系陶質土器の影響がみられることから小田編年Ⅰ-A期，8-1号窯跡をⅠB期でもⅠ-A期に近い時期，池の上Ⅳ式に相当すると位置づける。

8-1号窯跡は，甕・壺にみられる波状文の形状から定型化以降に位置づけられたが，陶邑窯跡で主要な器種となる確実な蓋杯は確認されていない。しかし，壺・甕では陶邑出土資料に近似したものがみられることから，陶邑からの技術的な影響を受けた可能性が高い。

(3) 居屋敷窯跡

周防灘に面した京都平野の南部を流れる祓川中流域の丘陵最上部に位置する。1989年度に発掘調査が行なわれ全長600㎝，幅120㎝，半地下式の窯跡が確認されている[17]。床面は3枚確認され，窯奥部の煙出部分は，床面からほぼ直立した壁となる。灰原は確認されていない。

窯跡では甕・𤭯が出土した甕の肩部に楕円形のスタンプ文が刻され，器面調整には平行目に斜線が施された鳥足文[18]や斜格子目の施された叩き痕跡を確認できる。𤭯の口頸部は大きく外方へひらいた後に屈曲し，さらに大きく外反する特徴的な二重口縁状を呈する。

窯跡から出土した須恵器は少なく，その生産内容の解明が課題であった。それを補う資料が，窯跡の南西約1㎞に位置する京ヶ辻遺跡で出土した[19]。同遺跡2区では弥生時代後期〜古墳時代中期の竪穴建物，溝や自然流路，井泉跡から初期須恵器や軟質土器が出土した。

出土した須恵器の器形や調整手法の分析に加えて胎土分析結果を踏まえ，居屋敷産，陶邑産と推測されるものなどが報告された。これによって居屋敷産と考えられる高杯，把手付椀，𤭯，壺，甕などの実態が明らかになった。須恵器に共伴する土師器は重藤編年Ⅳ期（TK73型式〜TK208型式）に位置づけられる。同遺跡ではL字形カマドや韓式系土器の長胴甕・甑などが出土しており居屋敷窯跡における初期須恵器生産へ関与した工人の存在が指摘された[20]。

注目しておきたいのは，井泉内から土師器高杯，周辺では居屋敷産須恵器，大甕や土師器のミニチュア土器・小壺が出土した点である。井泉の西側で1間×1間の庇・床付き建物がみられ祭祀空間と推定される。渡来人が初期須恵器を用いた井泉祭祀にも関与したことを示している。

2　初期須恵器の流通

初期須恵器の流通は，陶邑産の須恵器をのぞけば窯跡の所在する平野内への流通にとどまると考えられ，九州では陶質土器，陶邑産，上述の3地点の窯跡製品と推定されてきた。近年，消費地資料が増え，九州以外で生産された須恵器の流入，北部九州産の須恵器が九州島以外でも確認されるなど大きく進展した。

朝倉古窯跡群で生産された朝倉産須恵器は，朝倉郡西部を中心として，北は福岡平野西部と那珂川（なかがわ）中流域，東は浮羽郡，西は佐賀平野，南は八女地方へ広がることが指摘されてきた[21]（図1）。

吉武孝礼・松尾宏[22]は朝倉産須恵器を大きく1〜3期にわけて，1期と3期は福岡市の吉武・金武資料以外は窯跡から半径約8㎞の朝倉・筑紫・三井地区に限られ，2期は福岡・筑後・佐賀に広がることを指摘した。1期と3期が本来の供給圏であるとし，3期には朝倉産須恵器が供給されていた福岡で新開窯跡，佐賀で神籠池窯跡が開窯することから朝倉産須恵器の供給圏が狭くなると指摘した。首長墓である小田茶臼塚古墳をはじめ従来の供給圏である隈平原古墳群や堤蓮町2号墳での朝倉産と陶邑産須恵器との共伴，加えて佐賀での朝倉窯に代わる神籠池窯と陶邑産との共伴などから，須恵器需要の拡大の結果生じたと指摘した。

片岡や中村は，朝倉産須恵器が石人山古墳などの大型墳で出土することから生産にも関与したと考えた[23]。堤当正寺（つつみとうしょうじ）古墳，小田茶臼塚古墳，小隈古墳などの被葬者が生産を管轄した可能性が高く，福岡平野の首長や筑紫君などの首長との関わりで流通したと推定される[24]。

また近年，大分県玖珠（くす）町志津里（しづり）遺跡で朝倉産須恵器と西部瀬戸内・市場南組窯跡産（市場産）須恵器が同一の溝から出土しており[25]，北部九州と瀬戸内との交流を裏付けるものである。

居屋敷産須恵器は，窯跡が所在する京都平野だけでなく，西部瀬戸内・松山平野内の遺跡でも確認できる。平野北部に位置する船ヶ谷遺跡の自然流路では，陶質土器や初期須恵器，軟質土器，土

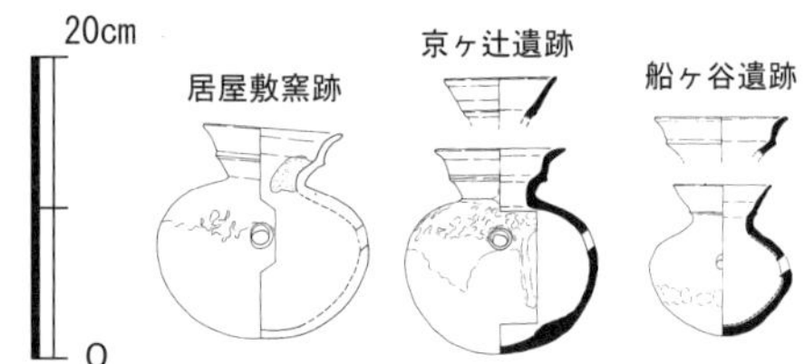

図２　居屋敷産須恵器（註17・19文献，松山市教育委員会『船ヶ谷遺跡4次調査』2002年）

製・石製模造品が出土した。陶邑産，市場産須恵器に加えて，居屋敷産に特徴的な口縁部を大きく外反させる𤭯，京ヶ辻遺跡でみられるような口縁部が長い𤭯を確認できる（図2）。京都平野と松山平野との交流・交易活動によって搬入されたと考えられる。

東南部九州では，陶邑産須恵器に加えて，大量の市場産須恵器が出土した神領10号墳に代表されるように瀬戸内産の須恵器が流通していることが明らかになった[26]。消費地では産地不明の初期須恵器もみられ，今後，これらの産地推定を行なうことによって，須恵器流通の背景解明など九州における初期須恵器研究が大きく進展するのではないかと考える。

註

1）特異な須恵器の出土事例から宗像地域でも，窯跡の存在が指摘されてきたが，窯跡を確認できておらず，確定にいたっていない。橋口達也「5世紀における技術革新―須恵器―」『東アジアと九州』1990
2）筑前町教育委員会『朝倉古窯跡群』2017
3）小田富士雄「九州の須恵器序説」『九州考古学』22，1964
4）甘木市教育員会『池の上墳墓群』1979。同『古寺墳墓群』1982。同『古寺墳墓群』Ⅱ，1983
5）小田富士雄「須恵器の源流―九州地方―」『日本陶磁の源流』1984
6）植野浩三「最古の須恵器型式設定の手続き」『文化財学報』13，1995。酒井清治「須恵器生産のはじまり」『国立歴史民俗博物館研究報告』110，2004
7）柳田康雄「原始」『甘木市史』上巻，1982。同「3.朝倉系初期須恵器」『諸田仮塚遺跡』福岡県教育委員会，1998
8）片岡宏二「小隈古窯跡群成立の歴史的背景」『まがたま』1988
9）中村　勝「筑紫における須恵器編年（予察）」『九州考古学』63，1989など
10）酒井清治「わが国における須恵器生産の開始について」『国立歴史民俗博物館研究報告』57, 1994
11）太田　睦「九州の初期須恵器」『牟田裕二君追悼論集』1994
12）大西智和「朝倉系須恵器広口壺の型式分類」『鹿児島女子短期大学紀要』37，2002
13）市来真澄「朝倉窯系須恵器の再検討」『鹿児島大学考古学研究室25周年記念論集』2006
14）九州大学考古学研究室「山隈窯跡群の調査」『九州考古学』65，1990
15）重藤輝行「2 朝倉系初期須恵器の編年的位置づけ」『朝倉古窯跡群』筑前町教育委員会，2017
16）渡邊和子「隈・西小田地区遺跡群の初期須恵器窯跡について」『筑紫野市史』資料編 上 考古資料，2001
17）副島邦弘『居屋敷遺跡』福岡県教育委員会，1996
18）前掲註6（酒井2004）に同じ
19）坂本真一編『東九州自動車道関係埋蔵文化財調査報告（20）』九州歴史資料館，2015
20）重藤輝行「九州の中期土師器編年」『中国四国前方後円墳研究会第24回研究集会』2021
21）蒲原宏行・多々良友博・藤井伸幸「佐賀平野の初期須恵器・陶質土器」1985。前掲註4・7・8・9に同じ
22）吉武孝礼・松尾　宏「北部九州における渡来文化の様相」『第46回埋蔵文化財研究集会』1999
23）前掲註8に同じ。中村　勝「筑後川中流域の広口壺によせて」『古文化談叢』61，2009
24）鈴木一有「武器・武具生産」『季刊考古学』137，2016。亀田修一「西日本の渡来人」『同』。武末純一「3 朝倉系古窯跡群の歴史的位置」『朝倉古窯跡群』筑前町教育委員会，2017。前掲註15・22
25）長　直信「須恵器からみた地域間交流―豊前・豊後地域を対象に―」『第16回九州前方後円墳研究会熊本大会』2013
26）橋本達也編『大隅大崎 神領10号墳の研究Ⅱ』鹿児島大学総合研究博物館，2021。三吉秀充「伊予出土の陶質土器と市場南組窯系須恵器をめぐって」『陶質土器の受容と初期須恵器の生産』2003。同「九州出土の市場南組窯系須恵器について」『西南四国―九州間の交流に関する考古学的研究』2004

渡来系集落

重藤 輝行 佐賀大学芸術地域デザイン学部
SHIGEFUJI Teruyuki

古代における渡来人の動向やその役割は，文献に現われる渡来系氏族の記録からの研究が蓄積している[1]。一方，考古学の側からは，遺構，遺物から渡来人の存在を推測する基準を整理した亀田修一の研究がある[2]。それにより渡来人の痕跡の抽出が可能となり，古墳時代の渡来人の動向に関する研究が各地で活発化した。亀田は渡来人の流入経路，子孫，役割の多様性をモデル化しているが，田中史生は文献史の側から渡来の契機の多様性とともに，渡来後に帰国する場合，多重に王権に帰属する場合など渡来人の複雑な実態に注意を払う[3]。

九州は朝鮮半島さらには中国大陸への交通の窓口であり，古墳時代には横穴式石室や須恵器，馬具などの新たな文化もいち早く導入した地域である。本稿では先行研究を基礎に，九州北部の古墳時代の渡来人の集落およびその集団について，いくつかの事例からその存在を抽出する。あわせて，渡来人の具体的な役割や行動，多様性について考えてみたい。

1　古墳時代前期の西新町遺跡の交易と渡来人

博多湾に面した砂丘上に立地する福岡市西新町（にしじんまち）遺跡は古墳時代前期の交易拠点であり[4]，朝鮮半島の陶質土器・軟質土器が多数出土する。交易の拠点的性格と符合するように，当時の日本ではほとんど例の無いカマド付住居が多く，渡来人の存在が指摘される[5]。また，朝鮮半島出土例と酷似するガラス小玉鋳型も出土し，渡来人の生産活動も推測される。

遺跡では500基余りの竪穴住居が調査され，そのうち103基が同時期の集落に一般的な地床炉を持つ住居であるのに対し，106基がカマド付竪穴住居である。残りは遺構の重なりなどによりカマド・炉の有無が不明なものである。

渡来系のカマドと在地の伝統的な炉が居住者の構成を示すと仮定するならば，相当数の渡来人が存在したことになる。ただ，西新町遺跡の周辺の同時期の集落にはカマドの拡散は見られない[6]。また，西新町遺跡に対応する古墳群である藤崎遺跡でも渡来人の埋葬を示唆する墓は無い。したがって，西新町遺跡の渡来人が定着し，周辺に拡散したとは考えにくい。交易拠点としての性格を考えると，渡来人は交易のために往来し，短期的な滞在で帰国した場合が多かったと推測される。カマドは周辺集落に拡散しないので，西新町遺跡および周辺集落の倭人はカマドの知識を得たとしても，採用しなかったと考えられる。その点でも西新町遺跡のカマド住居に居住したのは渡来人であった蓋然性が高い。

カマド付住居で使用された道具を良く示す第12次22号住居[7]では，カマド前面から煮炊，食事に使用された土器が出土する（図1）。図1-9は朝鮮半島南西部の栄山江（ヨンサンガン）流域からの搬入品と考えられる甑で，渡来人の故地を示唆する。ただ，栄山江流域でこの種の甑とセットになる煮沸具は長胴でタタキ仕上げの軟質土器であるが，本住居で煮沸に用いた土器は在地製の甕（図1-4・6・7）である。遺跡全体としても煮沸に用いた軟質土器は極少量であり，渡来人は倭人から生活に必要な道具を入手したと考えられる。また，第2次F2区2号竪穴住居のように土師器の技法で製作された甑も出土する。渡来人が在地集団に製作を依頼するような状況を推測させ，渡来人と在地集団の間のコミュニケーションの一端をうかがわせる。

西新町遺跡では朝鮮半島南西部の馬韓土器が多

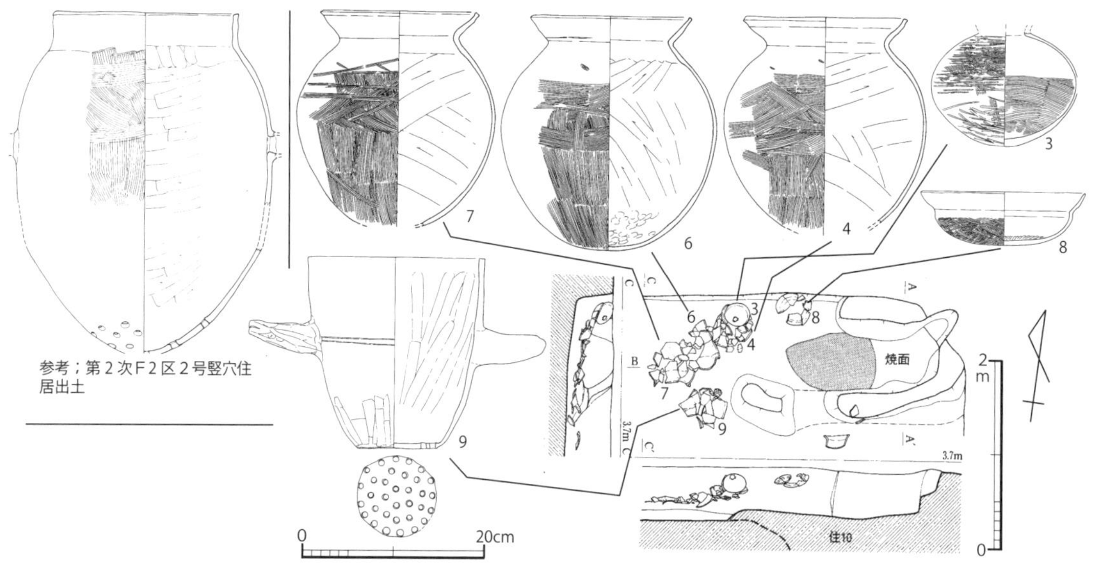

図１　西新町遺跡第12次22号竪穴住居跡カマドと出土土器（1/100，1/8）

数出土する。弥生時代後期～古墳時代前期の馬韓系土器の分布を示したのが図２である[8)]。古墳時代中期後半の百済・馬韓系土器の分布（図３）と比較すると分布が狭く，糸島半島～博多湾沿岸に集中する。この分布が馬韓との交易，人々の動きを示唆するとすれば，古墳時代前期の朝鮮半島との交易拠点，渡来人の居住する集落があるとしても博多湾沿岸を超え，東に広がるものは少数，小規模であったと推測される。

2　古墳時代中期の新技術と渡来人

古墳時代中期になると九州北部では加耶西部の陶質土器に由来する初期須恵器の生産が朝倉古窯跡群で開始される[9)]。その製品が出土し，朝鮮半島の埋葬儀礼である土器の副葬が集中する福岡県朝倉市池の上（いけのうえ）・古寺（こでら）墳墓群は須恵器の生産に関与した渡来人の墓地の可能性が高い。

ただ，小嶋篤が指摘するように，池の上・古寺墳墓群は古墳時代前期にまで遡り，渡来系要素が出現する中期以降も土器を副葬しない墳墓が共存する[10)]。小嶋が論ずるように，渡来人と在地の集団が共存し，近隣に所在する前方後円墳，朝倉市堤当正寺（つつみとうしょうじ）古墳の被葬者に統率されていたと推測される。また，墓の存在から，西新町遺跡とは異なり，故地に帰らず，定着する渡来人がいたと考えられる。

ところで，朝倉窯の初期須恵器は，筑後中流域北部の池の上・古寺墳墓群周辺に限定されず，筑後川より南に所在する八女郡広川町石人山（せきじんさん）古墳や，うきは市月岡（つきのおか）古墳周辺の集落遺跡からも出土する[11)]。池の上・古寺墳墓群の集団を統率したのが堤当正寺古墳の被葬者であったとしても，渡来人の招来，窯の経営には筑後川流域あるいは有明海沿岸の首長層が共同して関与したと想定される。月岡古墳周辺の集落であるうきは市塚堂（つかんどう）遺跡（図３-46）や同仁右衛門畑（にえもんばたけ）遺跡では中期中頃の初期カマドや軟質土器が集中し，渡来人の存在が想定される。これと符合するように，図３に示した中期後半の百済・馬韓系土器の分布も筑後川流域に拡大している。

筑後川流域以外で，この時期に馬韓・百済系土器の分布が拡大する地域として，宗像・福津（図３-36・37など），豊前（図３-38～44）がある。豊前の京都平野では初期須恵器窯である京都郡みやこ町居屋敷（いやしき）窯跡や，初期須恵器の流通に関わり，オンドル状遺構とも呼ばれる平面Ｌ字形のカマドの住居から渡来人の存在が推測されるみやこ町京ヶ辻（きょうがつじ）遺跡がなどがある[12)]。

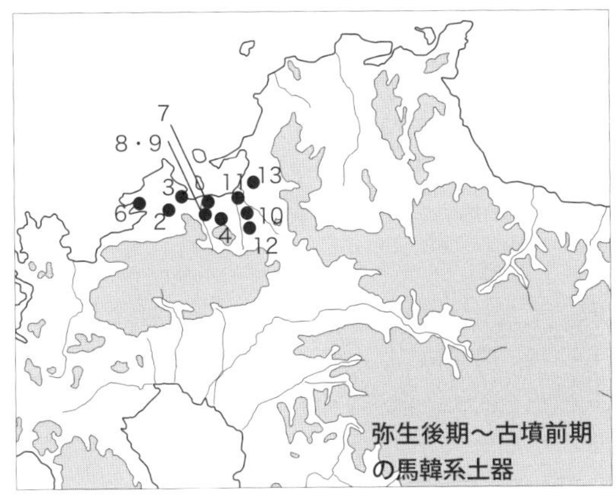

図２　弥生後期～古墳前期の馬韓系土器の分布

2：浦志Ａ　3：今宿　4：飯倉Ｆ　6：新町　7：西新町　8：野芥大藪　9：有田　10：比恵　11：博多　12：井尻Ｂ　13：箱崎

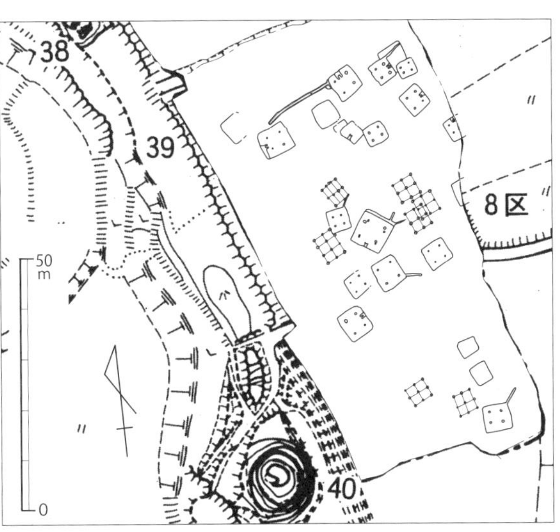

図４　福津市奴山伏原遺跡８区（1/1500）

図３　古墳中期後半の百済・馬韓系土器の分布

26：御床松原　27：井原　28：東地区　29：吉武　30：有田　31：梅林　32：高畑　33：野口　34：カクチガ浦　35：乙植木　36：冨地原遺跡群（冨地原森・冨地原川原田）　37：在自遺跡群（在自小田・在自上ノ原・在自下ノ原）　38：セスドノ　39：五徳畑ヶ田　40：小倉城下屋敷　41：番塚　42：鬼熊　43：京ヶ辻　44：塔田琵琶田　45：西森田　46：塚堂　47：西行　48：青柳　49：浦田　50：野田　51：藤附Ｋ　52：東高木　53：仁田

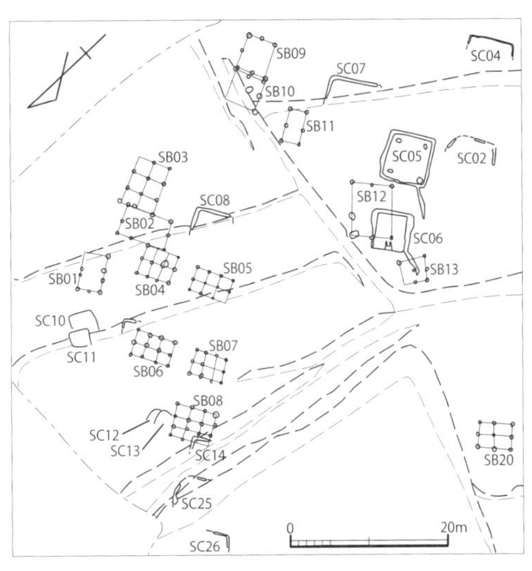

図５　福津市練原遺跡練原地区の倉庫群（1/1000）

一方，宗像・福津では馬韓・百済系土器とともに，栄山江流域に多い竪穴外に排水溝を接続する排水溝付竪穴住居が集中する[13]。福津市新原（しんばる）・奴山（ぬやま）古墳群に隣接する奴山伏原（ぬやまふしわら）遺跡では，図４に示した８区ほかで古墳時代中期後半を中心とする排水溝付竪穴住居が検出される[14]。また，排水溝付竪穴住居とともに高床倉庫と考えられる総柱建物がある。排水溝付竪穴住居に渡来人が居住したとすれば，農耕を行い，収穫物を貯蔵する定着した生活を想定できる。

ところで，西新町遺跡は渡来人が居住した大規模な集落であるが，高床倉庫は検出されない。砂丘という地盤や強風を受ける海浜部にあるため，高床倉庫の建設，維持が難しい地形である。奴山伏原遺跡と対比すれば，西新町遺跡は渡来人による農耕や収穫物の貯蔵の形跡が希薄であり，短期的な滞在という推定と符合する。

図５に示した福津市練原（ねりわら）遺跡も新原・奴山古墳群に近い位置にあり，古墳時代中期後半を主体とする排水溝付竪穴住居が検出される[15]。本遺跡で注目されるのは主軸方向を揃えた総柱建物６棟が集中することである。一般集落の「世帯共同体」によ

る生産・所有の規模を超え，首長が管理した倉庫群を想起させる景観である。そして，これらの倉庫群と近接し，建物方向を一致させた排水溝付竪穴住居が２棟ある。そこに渡来人が居住したとすれば，倉庫群の管理，収納物の出納などの役割を果たしたのではないかと推測される。

このような排水溝付竪穴住居と倉庫群との関係は古墳時代後期の福岡市吉武遺跡群でもうかがえる[16]。田中史生は滋賀県西河原宮ノ内遺跡の７世紀後半の木簡の検討から，物流拠点の倉庫の管理に渡来人の関与を想定している[17]。このような倉庫への関与は渡来系集落，渡来人の活動の一側面として注目できる。

3　古墳時代後期における渡来人の定着

古墳時代後期には福岡平野の大野城市薬師の森遺跡周辺で渡来人の存在が指摘される。遺跡では鉄器生産，須恵器生産を行っており，そこに渡来人も関与したと推測される[18]。

また，豊前でも，古墳時代中期後半に引き続き，平面Ｌ字形カマドを有する竪穴住居が存続する。とくに豊前市塔田琵琶田遺跡（図3-44）では中期後半から７世紀の間，平面Ｌ字形カマドが持続し，竪穴住居の半数近くを占める[19]。そこに渡来人が居住したとすれば，渡来人の定着と系譜の持続，規模の大きさを示すことになる。

大宝二年の豊前国仲津郡・上毛郡戸籍には渡来系氏族特有の「勝」の姓が多く記録される[20]。中期後半以降、7世紀に至る豊前の渡来人集団の動向は、これらの渡来系氏族の記録と符合するものであったと考えておきたい。

＊

本稿では先行研究を基礎に，西新町遺跡，池の上・古寺墳墓群，宗像・福津の排水溝付竪穴住居と集落，豊前の平面Ｌ字形カマドと集落を九州北部の渡来系集落，集団の事例として取り上げた。また，その定着，集団形態を検討し，古墳時代前期の西新町遺跡では交易を目的に渡来人が居住したが，故地に帰還したと想定した。一方，古墳時代中期後半以降は定着性が高く，集団の性格や活動を想定できる事例が増加する。ただ，渡来系遺物のある集落でも，遺物，遺構，集団形態のアセンブリッジは多様である。九州の渡来系集落については，論及しなかった事例や古代史の研究の対比も含めた総合的な検討が期待される領域と言えよう。

註

1）関　晃『帰化人』至文堂，1956。平野邦雄『大化前代社会組織の研究』吉川弘文館, 1969 など
2）亀田修一「考古学から見た渡来人」『古文化談叢』30（中），1993
3）田中史生『倭国と渡来人』吉川弘文館，2005
4）久住猛雄「「博多湾貿易」の成立と解体」『考古学研究』53―4，2007 など
5）武末純一「西新町遺跡の竈―その歴史的意義」『碩晤尹容鎭教授停年退任紀念論叢』1996 など
6）前掲註５文献に同じ
7）福岡県教育委員会『西新町遺跡Ⅱ』2000
8）図２・３は，重藤輝行「4～5 世紀の九州地域の土器と渡来人集落」『日韓交渉の考古学―古墳時代―（最終報告書　論考編）』2018 による。
9）筑前町教育委員会『朝倉古窯跡群』2017
10）小嶋　篤「北部九州の渡来人集団と地域社会」『九州歴史資料館研究論集』38，2013
11）前掲註９に同じ
12）九州歴史資料館『京ヶ辻遺跡２区，安武・深田遺跡Ｂ遺跡２・Ｃ遺跡』2015。重藤輝行「九州の中期土師器編年」『中期古墳研究の現状と課題Ⅴ』中国四国前方後円墳研究会第 24 回研究集会，2021
13）重藤輝行「古墳時代九州北部の排水溝付竪穴住居と渡来人」『福岡大学考古学論集 3』2020
14）津屋崎町教育委員会『奴山伏原遺跡』2002
15）津屋崎町教育委員『練原遺跡』1999
16）前掲註 13 に同じ
17）田中史生「倭国史と韓国木簡」鈴木靖民編『日本古代の王権と東アジア』吉川弘文館，2012
18）上田龍児「御笠川流域の古墳時代」『福岡大学考古学論集 2』2013
19）九州歴史資料館『塔田琵琶田遺跡第６次』九州歴史資料館，2016
20）酒井芳司「京都平野と豊国の古代」『特別展京都平野と豊国の古代』九州歴史資料館，2022

玄界灘沿岸における6・7世紀の武器と武装

齊藤 大輔 島根県立八雲立つ風土記の丘
SAITO Daisuke

はじめに

九州北部福岡県玄界灘沿岸に点在する「東方偏重遺物群」と，濃密に分布する「九州北部集中遺物群」を手がかりとして，多様性ゆたかな6・7世紀の武装具供給の実態を考える。

「東方偏重遺物群」は，鈴木一有が提唱した概念である[1)]。こまかい定義は示されていないが，ここでは後・終末期古墳出土品のうち，約7割以上が近畿よりも東，とくに関東・東海に集中する遺物群を指すと解釈する。特定形式の装飾大刀（頭椎大刀，獅噛環頭大刀，鶏冠頭大刀）や二円孔鐔付大刀，魚佩，装飾付三角穂式鉄鉾，丁字形利器，金属装刀子，金属製弓弭，金銀装両頭金具，札甲，縦長板系冑，特定の馬具（鈴杏葉，花形鏡板・杏葉，金属製壺鐙），銅鋺などがあてはまる[2)]。

東方偏重遺物群の製作地や供給源は近畿が有力候補だが，近畿に分布しないものは判断できない（獅噛環頭大刀，金属製弓弭，金属製壺鐙など）。

東方偏重遺物群は近畿より西でも少数出るが，出土墳墓の規模は関東のほうが大きい。東日本の有力首長層は，これらのアイテムをもつことで特定の身分を認めあい，広域な交流網を形成した。

このうち，外来系の環頭大刀や甲冑の流入網，および日本列島での機能にかんする議論は，東日本[3)]や山陰[4)]を中心にすすめられている。

1　九州北部に点在する「東方偏重遺物群」

福岡県古賀市・福津市域に頭椎大刀が点在し，宗像君の領域とかさなる。当該地域における頭椎大刀の展開の嚆矢は宗像市沖ノ島8号祭祀遺跡である。福津市宮地嶽古墳の巨大頭椎大刀は，古代東アジア最大級の約3mに復元される。古賀市船原古墳の銀製弓弭，花形馬具，船原古墳や宮地嶽古墳の金属製壺鐙，古賀市花見古墳の金銅装刀子，宗像市相原古墳の縦長板鋲留冑と縅（おどし）孔1列札甲（朝鮮半島系），福岡市東区かけ塚山古墳の竪矧広板鋲留衝角付冑と縅孔2列札甲（倭系），福岡市西区石ヶ元1号墳の花形杏葉，桑原A-10号墳の二円孔鐔，長崎県壱岐市双六古墳の鶏冠頭大刀も東方偏重遺物群とみなせる。沖ノ島7号祭祀遺跡，古賀市原口1号墳，福津市勝浦水押SO-01号墳に三角穂式鉄鉾が集中する状況も「東方的」である。

九州北部の東方偏重遺物群は，総じて上位墳墓とその周辺で出土する。ただし，二円孔鐔や金属製弓弭などは九州北部では「異質」だから，在地勢力へたいする優位性は表さない。差配した特定権力や国家祭祀を補佐する立場の武器であろう。

2　九州北部集中遺物群

九州北部や瀬戸内に集中する遺物群として，三累環頭大刀（日本列島出土品の4割）や飛燕式鉄鏃，有孔鉄鏃，瓢形素環轡，補修馬具，鍛冶具，鉄滓などがある。とくに鍛冶具は玄界灘沿岸に濃密に分布し，手工業生産の核を担う[5)]。これらは東方偏重遺物群とくらべて中小規模の古墳から出土することが多く，須恵器や鉄，鉄器の生産を業とする在地勢力の地縁をあらわす。三累環頭大刀や飛燕式鉄鏃は東日本でも局地的に分布するが，九州北部ほどは集中しない（東日本では「異質」）。

3　解釈と展望

九州北部のなかでも，東方偏重遺物群が目立つ地域（宗像・福津・古賀市域）と，九州北部集中遺物群が目立つ地域（福岡平野広域・糸島半島）に

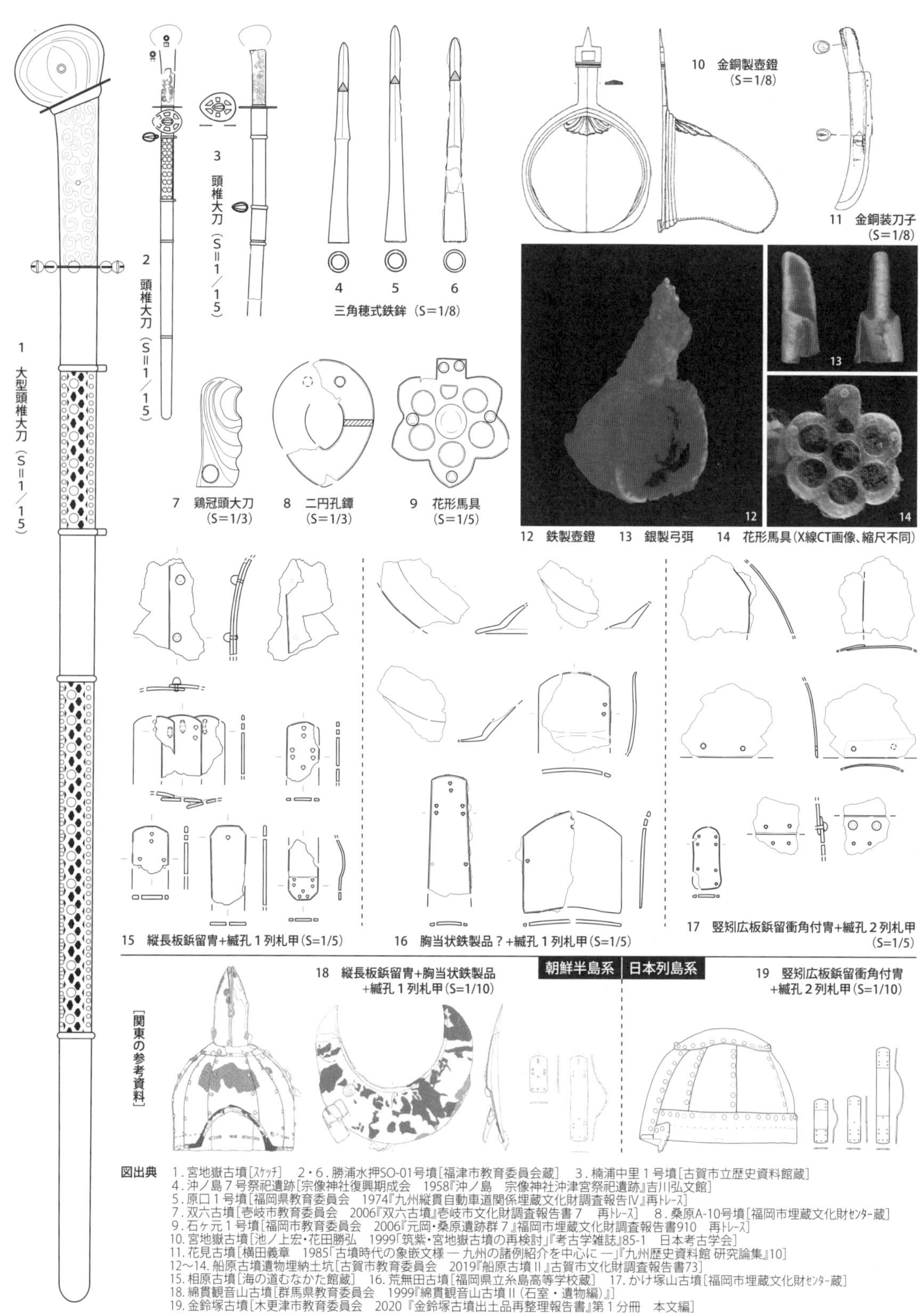

図出典　1．宮地嶽古墳［ｽｹｯﾁ］　2・6．勝浦水押SO-01号墳［福津市教育委員会蔵］　3．楠浦中里１号墳［古賀市立歴史資料館蔵］
4．沖ノ島７号祭祀遺跡［宗像神社復興期成会　1958『沖ノ島　宗像神社沖津宮祭祀遺跡』吉川弘文館］
5．原口１号墳［福岡県教育委員会　1974『九州縦貫自動車道関係埋蔵文化財調査報告Ⅳ』再ﾄﾚｰｽ］
7．双六古墳［壱岐市教育委員会　2006『双六古墳』壱岐市文化財調査報告書７　再ﾄﾚｰｽ］　8．桑原A-10号墳［福岡市埋蔵文化財ｾﾝﾀｰ蔵］
9．石ヶ元１号墳［福岡市教育委員会　2006『元岡・桑原遺跡群７』福岡市埋蔵文化財調査報告書910　再ﾄﾚｰｽ］
10. 宮地嶽古墳［池ノ上宏・花田勝弘　1999「筑紫・宮地嶽古墳の再検討」『考古学雑誌』85-1　日本考古学会］
11. 花見古墳［横田義章　1985「古墳時代の象嵌文様 ― 九州の諸例紹介を中心に ―」『九州歴史資料館 研究論集』10］
12～14. 船原古墳遺物埋納土坑［古賀市教育委員会　2019『船原古墳Ⅱ』古賀市文化財調査報告書73］
15. 相原古墳［海の道むなかた館蔵］　16. 荒無田古墳［福岡県立糸島高等学校蔵］　17. かけ塚山古墳［福岡市埋蔵文化財ｾﾝﾀｰ蔵］
18. 綿貫観音山古墳［群馬県教育委員会　1999『綿貫観音山古墳Ⅱ（石室・遺物編）』］
19. 金鈴塚古墳［木更津市教育委員会　2020『金鈴塚古墳出土品再整理報告書』第１分冊　本文編］

図１　九州北部に点在する東方偏重遺物群の諸例

1
2
3
4
5
6
7
8
9
0 S:1/3 10cm
0 S:1/5 10cm
・鏡板の大きさが左右で異なる
・引手と鏡板の位置関係が左右で異なる
0 S:1/5 10cm

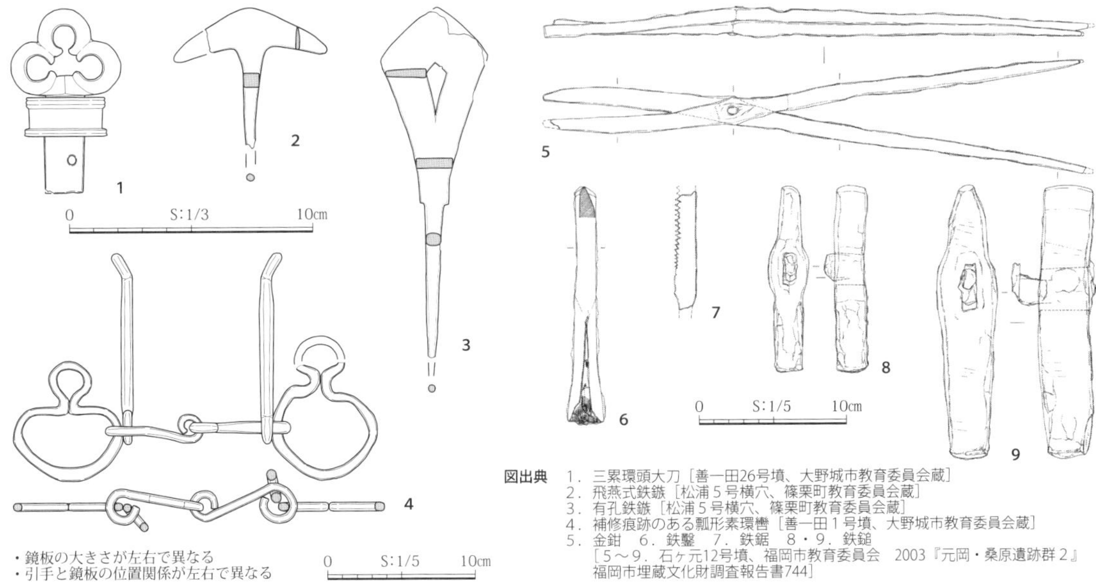

図出典
1．三累環頭大刀［善一田26号墳、大野城市教育委員会蔵］
2．飛燕式鉄鏃［松浦5号横穴、篠栗町教育委員会蔵］
3．有孔鉄鏃［松浦5号横穴、篠栗町教育委員会蔵］
4．補修痕跡のある瓢形素環轡［善一田1号墳、大野城市教育委員会蔵］
5．金鉗　6．鉄鑿　7．鉄鋸　8・9．鉄鎚
［5～9．石ヶ元12号墳、福岡市教育委員会　2003『元岡・桑原遺跡群2』
福岡市埋蔵文化財調査報告書744］

図2　九州北部集中遺物群の諸例

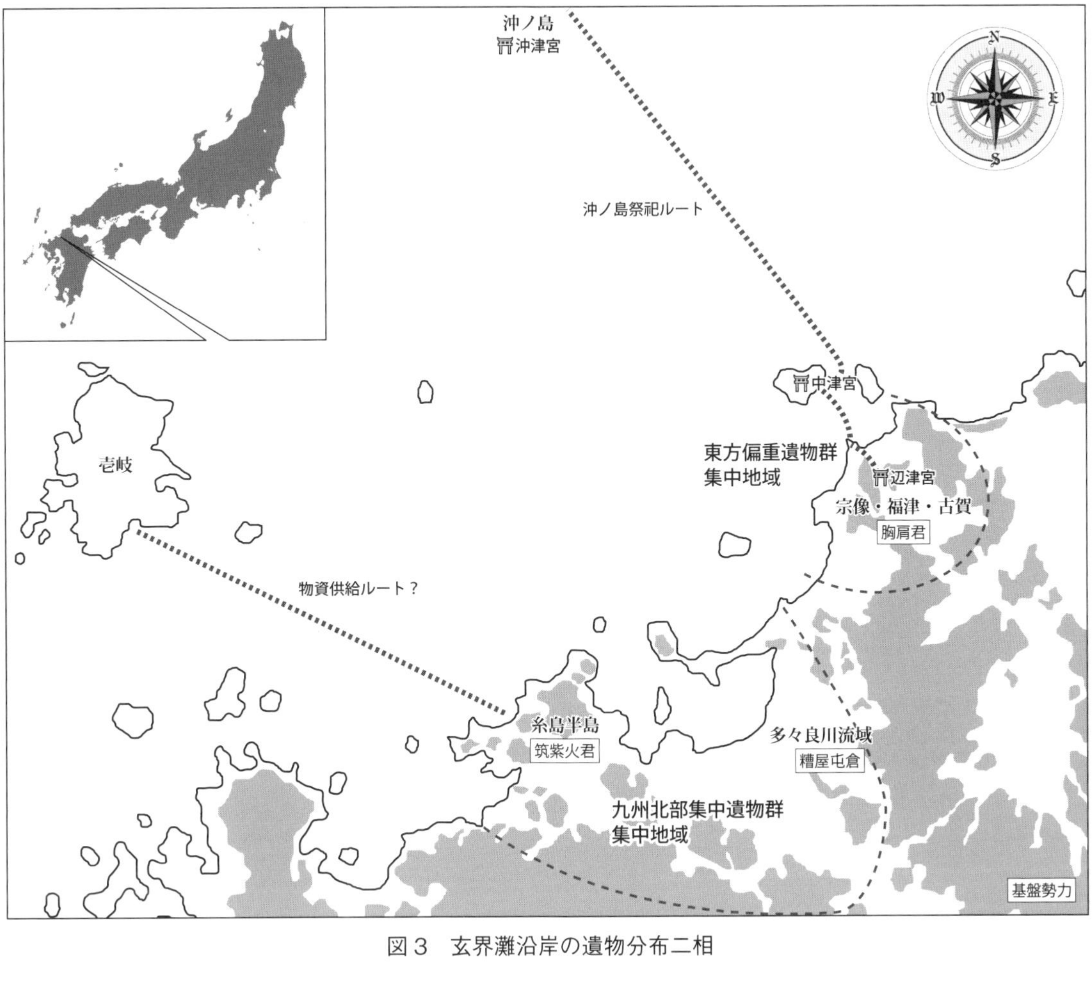

沖ノ島
沖津宮
沖ノ島祭祀ルート
中津宮
東方偏重遺物群
集中地域
辺津宮
宗像・福津・古賀
胸肩君
壱岐
物資供給ルート？
糸島半島
筑紫火君
多々良川流域
糟屋屯倉
九州北部集中遺物群
集中地域
基盤勢力

図3　玄界灘沿岸の遺物分布二相

わかれる。前者では全長60m以上の前方後円墳の築造が6世紀末までつづくが，後者では希薄である。両地域の境には，7・8世紀の糟屋評衙とみられる粕屋町阿恵遺跡がある。仮に，評に先行する糟屋屯倉が近在したとすれば，軍事・外交などの対外戦略および手工業生産の拡大という内的発展が当該地周辺で差配されたことになろう。すなわち，この地域差は単なる集団の棲み分けではなく，有事にこそ機能する目的的な階層分化や役割の違いを反映している[6)]。

また，九州北部における東方偏重遺物群の点在には，つぎのような二つの力学が交差している。①近畿で生産し，境界領域にかかわる東西端の集団に配布した。近畿には希薄だが，共通の技術で作られた他形式の大刀・馬具が分散する，頭椎大刀，鶏冠頭大刀，花形馬具などが該当する。②東日本で生産し，九州に移動した。近畿に希薄で関東に分布の核がある二円孔鐔付大刀や金属製弓弭，金属製壺鐙などが該当しうる。このばあいの結節点は三河〜駿河とみられる。

いずれにせよ，倭王権から軍事力の養成（充実した武装の保有や馬匹生産，大型前方後円墳を頂点とする階層編成の体得など）を委任された東日本の集団の一部が，対外拠点である玄界灘沿岸に動員されたと考える。推古10（602）年に征新羅将軍として筑紫に派遣された来目皇子（聖徳太子の実弟）が率いた2万5千人の兵士の一部もそのなかにいたとすれば，東日本に集中する壬生部（上宮王家の軍事・経済的基盤）の設置とも無関係ではあるまい。群馬では三累環頭大刀と花形馬具，壬生部の集中がかさなるように，東日本に点在する九州北部集中遺物群のなかには，かかる人びとが往来するなかで入手したものもふくまれよう。

対東アジア戦略の下に分化した，軍事力の養成（関東）と兵站（九州北部）という境界領域の機能差，ないしは地方と中央の互恵関係の構築こそが，多様な武装様式の本質の一つなのだろう。

註

1） 鈴木一有「東海の馬具と飾大刀にみる地域性と首長権」『東海の馬具と飾大刀』東海古墳文化研究会，2006

2） 齊藤大輔「古墳時代後・終末期における武装具供給の実態―北部九州に点在する「東方偏重遺物群」―」『七隈史学会第22回大会研究発表報告集』七隈史学会，2020。鈴木一有「船原古墳1号土坑出土遺物からみる東国社会」『令和3年度 国史跡船原古墳講演会資料集』古賀市教育委員会，2021

3） 内山敏行「装飾付武器・馬具の受容と展開」『馬越長火塚古墳群』豊橋市埋蔵文化財調査報告書120，2012。内山敏行「大刀・甲冑・馬具からみた関東と東海東部の首長墓」『賤機山古墳と東国首長』季刊考古学・別冊30，雄山閣，2019。内山敏行「古墳時代の外来系武具と倭系武具」『古代における外来系武器・武具の導入と生産技術展開の様相 発表資料集』古代武器研究会，2022

4） 齊藤大輔「東アジア刀剣文化のなかの岡田山1号墳出土装飾大刀」『八雲立つ風土記の丘』232・233合併号，島根県立八雲立つ風土記の丘，2023。齊藤大輔「武装具出土古墳からみた「東西出雲」の特質とその背景」『島根考古学会誌』40 島根考古学会，2023

5） 鈴木一有「中原4号墳から出土した生産用具が提起する問題」『伝法 中原古墳群』富士市埋蔵文化財調査報告59，2016

6） 齊藤大輔「武装からみた善一田古墳群と6世紀の西北九州」『乙金地区遺跡群23』〈中巻〉大野城市文化財調査報告書159，2017。齊藤大輔「古墳時代後・終末期における武装具保有の実態―境界領域としての北部九州―」『九州考古学』94，九州考古学会，2019

九州における古墳時代の胴丸式小札甲

松﨑 友理 福岡市埋蔵文化財センター
MATSUZAKI Yuri

古墳時代における武具のうち，多量の小札を用いた「小札甲」は古墳時代中期中葉に登場する。九州，とくに福岡県では小札甲の出土例が多く，関東・関西に次ぐ出土量を誇る。本稿では先行研究[1]の成果を踏まえ，これまでに筆者が復元検討を行ってきた福岡県内の小札甲を中心に，その構造と分布について検討を行なう[2]。なお，日本国内では「胴丸式」と「裲襠式」と呼ばれる二つの形式が知られている[3]が，現段階で確認されている九州の小札甲はすべて「胴丸式」と推定される。九州では福岡県船原古墳埋納坑および沖ノ島7号祭祀遺跡を含め，少なくとも16遺跡で胴丸式小札甲が出土している（図1）。

1　胴丸式小札甲の構造

(1) 古墳時代中期中葉

古墳時代中期は帯金式甲冑の全盛期であり，九州においても福岡県や宮崎県を中心に帯金式甲冑を副葬した古墳が多く見受けられる。九州における胴丸式小札甲の初現例はTK208型式期に推定される福岡県福津市の勝浦井ノ浦古墳である。先行研究で「円頭・威孔2列」・「Ω字形腰札＋Ω字形草摺裾札」を用いた胴丸式小札甲は定型化の段階と指摘されているが，勝浦井ノ浦古墳で出土した甲はこの定型化段階の甲に復元される。勝浦井ノ浦古墳では多量の小札が出土し，検討の結果，少なくとも2領以上の胴丸式小札甲が副葬されたと考えられる。胴丸式小札甲が複数領副葬されることは全国的にみても稀であるが，勝浦井ノ浦古墳ではさらに金銅装の小札も出土している。金銅装の小札はすべて小型のΩ字形を呈しており，その形態的特徴から小札式付属具の最下段に使用された可能性が考えられる[4]。付属具では頸甲や打延式肩甲も出土しているが，打延式肩甲から小札肩甲を垂下するいわゆるハイブリッド式の肩甲も出土している[5]。

(2) 古墳時代中期後半～末

福岡県の番塚古墳・山の神古墳・塚堂（つかんどう）古墳，熊本県の楢崎山5号墳でそれぞれ1領の胴丸式小札甲が出土する。番塚古墳は威技法と最上段の小札孔数に違いがあるものの，上述した勝浦井ノ浦古墳と同じ「円頭・威孔2列」・「Ω字形腰札＋Ω字形草摺裾札」の構造で定型化段階の小札甲が副

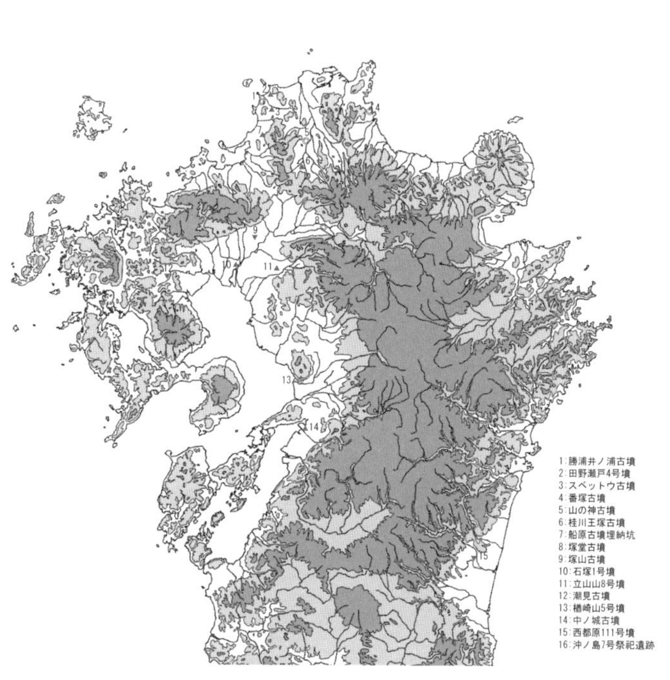

図1　九州における胴丸式小札甲

葬されている。それに対し，山の神古墳は胴部に威孔1列，草摺に威孔2列の小札を用いる威孔列併用の甲で，日本国内での出土例は少ない。威孔列併用の甲については岡山県天狗山古墳で出土した胴丸式小札甲が知られているが，天狗山古墳では胴部に各段威b類，草摺に綴付威という威技法（図2）が用いられている。日本国内における小札甲導入期から認められる通段威a類や綴付威という威技法は威紐の表出が多い。それに対し，第3威孔を用いた各段威b類は威紐が小札列の裏面をおもに通るため，紐の表出が少ない。天狗山古墳の小札甲では胴部に伸縮性の少なく，紐が不用意に露出しない威技法，腰より下の草摺部分に伸縮性のある威技法という使い分けが行なわれており，古墳時代後期以降，胴部に各段威b類―草摺に各段威a類という組み合わせが盛行する。各段威b類については朝鮮半島由来の威技法であると考えられており，胴部に第3威孔を有する小札が使用される際は各段威b類である可能性が高い。しかし，山の神古墳では天狗山古墳と同じ威孔列併用でありながら，胴部に通段威b類，草摺に通段威a-2類が用いられている。通段威b類については第3威孔を用いる技法で，各段威b類と同じく威紐はほとんど表出しない。通段威は小札列を上段から下段に向かって連貫する技法であるのに対し，各段威は上下2段を連貫する技法で，両者の技法は大きく異なる。甲の外観（紐の表出状態）では天狗山古墳と山の神古墳の小札甲はほぼ同じであるが，山の神古墳の小札甲では各段威b類という新たな威技法は導入されず，初現期から導入されている上から下に威す通段威で全体を連貫している。ここで着目したいのが，山の神古墳と番塚古墳の草摺に用いられた威技法である。両者には通段威a-2類という同じ技法が用いられている。通段威a-2類は威帯を表面にあてた状態で別の威紐で上から下に連貫する技法で紐の表出状態は綴付威に似る。番塚古墳の小札甲は胴部に通段威a-1類，草摺に通段威a-2類と山の神古墳と同様に全体を通段威で連貫している。小札甲を製作する工人集団については今後さらなる検討が必要であるが，定型化段階と考えられる番塚古墳の小札甲と威孔列併用という特殊な構造の山の神古墳の小札甲は通段威技法を用いる同じ工人集団が製作した可能性が考えられる。組み上げ段階前の小札製作も含め，今後検討していきたい。

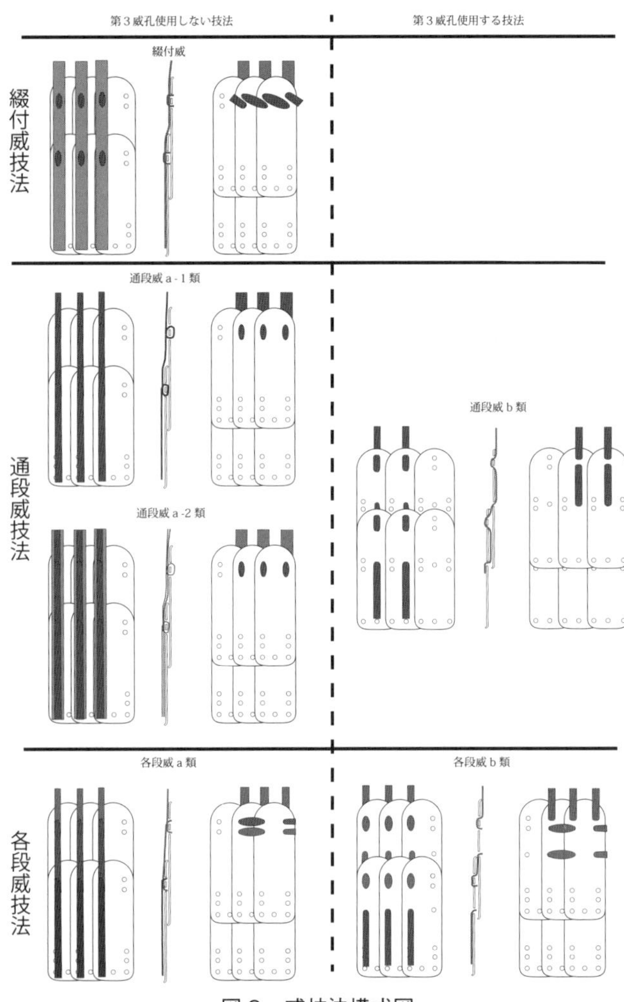

図2　威技法模式図

塚堂古墳と楢崎山5号墳で出土した小札甲にはS字形の腰札が用いられる。日本国内で出土する小札甲のうち，S字形腰札を用いる胴丸式小札甲は基本的に威孔１列の小札を使用しており，塚堂古墳・楢崎山５号墳においても威孔１列の小札が用いられている。塚堂古墳ではＳ字形腰札に加えて胴部に各段威ｂ類，草摺に綴付威が使用されている[6)]。胴部を各段威で連貫し，Ｓ字形の腰札を有する威孔１列の小札甲は朝鮮半島からの舶載品と考えられている[7)]。また，楢崎山５号墳では甲のほかに蒙古鉢形冑とそれにともなう錣や襟甲が出土している。冑の形態および小札式の付属具は韓国釜山の福泉洞古墳で出土したものに類似しており，楢崎山５号墳の甲冑セットについては伽耶地域で製作された舶載品と推定される。

(3) 古墳時代後期前半

福岡県の田野瀬戸４号墳，スベットウ古墳，桂川王塚古墳，立山山８号墳，佐賀県の石塚１号墳，潮見古墳，熊本県の中ノ城古墳，宮崎県の西都原（さいとばる）111号墳で胴丸式小札甲が副葬される。もっとも残存状態が良いのは石塚１号墳の胴丸式小札甲で，１領分が連結した状態で残存している。定型化段階の「円頭・威孔２列」・「Ω字形腰札＋Ω字形草摺裾札」構造で，胴部・草摺ともに綴付威で連貫する。立山山８号墳は石塚１号墳と同様の定型化段階の甲であるが，古墳時代後期以降に盛行する胴部に各段威ｂ類―草摺に各段威ａ類という新たな威技法の組み合わせが認められる。なお，威技法など詳細は不明であるが，スベットウ古墳・中ノ城古墳・西都原111号墳で出土した胴丸式小札甲についても石塚１号墳・立山山８号墳と同じ「円頭・威孔２列」・「Ω字形腰札＋Ω字形草摺裾札」の構造と考えられる。

潮見古墳では威孔１列のＳ字形腰札・Ω字形腰札が出土しており，甲が２領副葬されていた可能性が高い。Ｓ字形腰札についてはこれに類似する法量の平札が出土しており，「Ｓ字形腰札＋平札」構造の甲が推定される。一方，Ω字形腰札にともなう小札が確認できないことから，腰札以外の部位は革小札で形成されていた可能性が指摘されている[8)]。

田野瀬戸４号墳は腰札の威孔列から，胴部と草摺の威孔列はともに１列と推定される。ただし，草摺裾札と推定されるΩ字形札の威孔が２列であり，草摺裾札のみ威孔２列であった可能性も考えられる。桂川王塚古墳は上述した山の神古墳と同じ威孔１列と威孔２列の併用した小札甲であるが，胴部・草摺ともに通段威ａ-１類で連貫していたと推定され[9)]，山の神古墳や天狗山古墳でみられたような胴部での紐の表出が少ない威技法ではなく，表面に威紐が表出する技法が用いられている。

(4) 古墳時代後期前半以降

古墳時代後期前半以降，小札甲が認められるのは現段階で福岡県の船原古墳埋納坑と沖ノ島７号祭祀遺跡である。船原古墳埋納坑は整理段階のため，構造は不明である。沖ノ島７号祭祀遺構の胴丸式小札甲は威孔１列でΩ字形腰札とΩ字形草摺裾札を有するものと判断される。小札の形態は細長く，綴孔は８孔認められるが，類似する小札は奈良県藤ノ木古墳出土例や飛鳥寺塔心礎内出土例などの偏円頭形威孔１列の小札甲で認められる。偏円頭の威孔１列小札が胴丸式小札甲に導入され始めるのは６世紀後葉頃と考えられる[10)]が，沖ノ島７号祭祀遺跡の小札が偏円頭でないことを踏まえると，６世紀後葉かやや前出するものと考えられる。

2　胴丸式小札甲の分布についての検討

九州における胴丸式小札甲の初現例である勝浦井ノ浦古墳では複数領の甲の副葬や金銅装甲冑，帯金式付属具の共伴など，帯金式甲冑におもに認められる要素を有する。甲の主体は「小札」であるものの，古墳時代中期の帯金式甲冑を中心とした武装も併せ持ち，帯金式甲冑と小札式甲冑が混じり合う過渡期にあたるものと考えられる。ハイブリッド式肩甲の存在からもその一端がうかがえる。勝浦井ノ浦古墳をはじめ，勝浦・新原奴山（しんばるぬやま）・須多田地域の前方後円墳には朝鮮半島との強い関連を示す遺物が副葬され，宗像地域の集落跡で韓式系軟式土器や陶質土器，未定型の初期須恵器など多く出土することから対外交流の拠点地であったことが想定される。そのような環境下で，帯金式甲冑全盛期の中，あえて日本国内で定型化した段階の小札式甲が複数領配布された可能性が高く，勝浦井ノ浦古墳の被葬者は対外交渉の最前線にあたる武人的性格の強い被葬者像が想定される。

九州の古墳時代中期後半における胴丸式小札甲の分布は福岡県域の前方後円墳に集中する傾向にある。胴丸式小札甲と小札式付属具の分布をみると，番塚古墳では小札式付属具がともなわないのに対して，山の神古墳と塚堂古墳では胴丸式小札甲と小札式付属具の充実したセットが副葬される。とくに，山の神古墳では胴丸式小札甲・衝角付冑とともに錏・頬当・襟甲・籠手・手甲といった豊富な小札式付属具が副葬され，足を除いてほぼすべての装備が揃う。小札甲と小札式付属具のセットとしては九州の中ではもっとも充実しており，全国的にみても豊富と言える。福岡県内の内陸部における有力首長墓の出現は，筑後川に沿って日田盆地・阿蘇谷といった河川伝いの内陸ルートの整備と考えられ[11]，古墳時代中期後半～中期末の段階で近畿中央政権における軍事的な戦略の中で，内陸交通の要衝地に胴丸式小札甲と小札式付属具が配布されたことが想定される。その中で塚堂古墳に舶載品とみられる胴丸式小札甲が副葬されたのは，近畿中央政権と強い関係性を有する非在地的な出自が想定される月岡古墳の被葬者と同様に，被葬者の出自による可能性が考えられる。

古墳時代後期前半に入ると福岡・佐賀・熊本・宮崎で胴丸式小札甲の副葬が認められ，副葬範囲が一時的に拡大する。福岡では宗像地域および嘉穂地域，八女地域において胴丸式小札甲と小札式付属具がセットで副葬される。中でも古墳時代後期に入り，小札甲が初めて副葬された八女地域の立山山８号墳では胴丸式小札甲に使用された小札を含めて10種類以上の小札が確認でき，臑当や襟甲の可能性がある篠状鉄札や錏・頬当のような小型の札も認められる。使用部位が特定できていない大型の鉄板を含む，豊富な小札式付属具のセットがともなって副葬されていた可能性が高い。胴丸式小札甲は定型化段階の甲で，古墳時代後期に新たに登場する胴部に各段威ｂ類，草摺に各段威ａ類という威技法の組み合わせが認められる。当時の最新の胴丸式小札甲であり，九州では立山山８号墳にのみ認められる。豊富な小札式付属具を有していたことからもその重要性がうかがえる。

古墳時代中期につづき，小札甲が副葬された宗像地域と嘉穂地域では定型化段階の甲ではなく，個体差が大きいとされる威孔１列や威孔列併用の甲が副葬されている[12]。とくに嘉穂地域では桂川王塚古墳に前段階の山の神古墳と同様の威孔列併用の甲が副葬されている。威孔列併用の甲は全国的にみても出土数が少なく，同じ地域に同じ構造の甲が続けて副葬されたことは胴丸式小札甲の配布を考える上で着目すべき点である。

宮崎県では出土地不明の小札が知られているものの，現段階で古墳に副葬された小札甲は西都原古墳群の西都原111号墳に副葬された１領のみである。西都原111号墳の中心埋葬施設は５世紀後半に推定される西都原４号地下式横穴墓であるが，南九州で独自に発展した地下式横穴墓という墓制でありながら，金銅装の蝶番金具を有する横矧板革綴短甲とともに首長墓に匹敵する豊富な副葬品が出土しており，玄室の規模も地下式横穴墓の中で最大規模を誇る。この４号地下式横穴墓が築造された後に墳丘上に築かれた木棺直葬墓のうち墳頂の中央に位置する第１主体部から胴丸式小札甲が１領出土した。甲の構造について詳細は不明であるが，４号地下式横穴墓に続く段階に胴丸式小札甲が副葬されたことから，引き続き近畿中央政権との強いつながりに基づいて配布されたことが想定される。

佐賀県では胴丸式小札甲と小札式付属具がMT15～TK10型式期に集中する傾向が認められる。いずれの古墳も有明海に合流する河川に沿うかそれに近いところに分布しているが，胴丸式小札甲が副葬される古墳は有明海側，小札式付属具のみが副葬される古墳は内陸側に位置している。とくに佐賀県内における小札出土古墳の中で有明海にもっとも近い石塚１号墳で胴丸式小札甲と小札式頬当，錏といった小札式付属具がセットになって副葬され，県内の他古墳に比べて甲冑の装備が整っている点は重要と考えられる。また，潮見古墳では２領の胴丸式小札甲が存在しており，これらが同時に副葬されたのか，追葬によるものなのか判断できる材料はないが，いずれにしても２領の副葬は全国的にみても稀である。また，威孔１列の小札甲は威孔２列の甲に比べて出土数が少なく，九州内においても同様であるが，潮見古墳の小札甲は２領ともに威孔１列の小札で形成されている。嘉穂地域の山の神古墳，桂川王塚古墳で続けて威孔列併用の小札甲が副葬されたことと同様に，意図して配布されたものなのか推測の域を出ないが，着目すべき点である。また，潮見古墳では小札式の付属具がともなわず，甲単体での副葬という点も今後の検討の中で着目していきたい。潮見古墳の位置は古代の主要交通路のルート上にあり，交通の要衝地に胴丸式小札甲が配布されたと考えられる。

熊本県では野津古墳群の物見櫓古墳に小札式付属具，中ノ城古墳に胴丸式小札甲と手甲が副葬される。野津古墳群の中で最初に築造されたと考えられる物見櫓古墳に小札式付属具，古墳群の中で最大規模の中ノ城古墳に胴丸式小札甲と付属具が副葬されたと考えられる。野津古墳群が立地する氷川下流域では６世紀初頭から前半の時期に狭い範囲で60～100ｍ規模の前方後円墳が６基も集中し，同時期の古墳は全国的にも100ｍを越えるものはあまり知られておらず，氷川下流域が九州の中でも突出している[13)]。比較的近い時期に相次いで大型の前方後円墳が築造されることに加え，当時期における小札甲の副葬は熊本県内で野津古墳群に限定されていることからも，６世紀初頭から６世紀前半の時期に，氷川下流域に九州の軍事組織の中核を担う大きな集団が存在していたことが推測される。

古墳時代後期前半以降については小札式付属具が装飾古墳を中心に副葬されるものの，胴丸式小札甲は現段階で船原古墳埋納坑と沖ノ島７号祭祀遺跡にしか認められず，古墳時代後期前半の分布状況に比べて限定的な状況が見受けられる。

註

1）　主要参考文献を以下にあげる。
内山敏行「古墳時代後期の朝鮮半島系冑」『研究紀要』1，財団法人栃木県文化振興事業財団埋蔵文化財センター，1992。内山敏行「小札甲の変遷と交流―古墳時代中・後期の縅孔２列小札とΩ字型腰札」『王権と武具と信仰』同成社，2008。清水和明「挂甲―製作技法の変遷からみた挂甲の生産―」『第33回埋蔵文化財研究会甲冑出土古墳にみる武器・武具の変遷』Ⅰ分冊，埋蔵文化財研究会，1993。清水和明「小札甲の製作技術と系譜の研究」『月刊考古学ジャーナル』581，ニュー・サイエンス社，2009。塚本敏夫「5長持山古墳出土挂甲の研究」『王者の武装５世紀の金工技術』京都大学総合博物館，1997。初村武寛「古墳時代中期における小札甲の変遷」『古代学研究』192，古代学研究会，2011

2）　本稿は2022年の九州考古学会で発表した「九州における甲の構造と分布」を基にしており，各甲の構造などの詳細について参照されたい。

3）　末永雅雄『日本上代の甲冑』岡書院，1934

4）　金銅装の小札については小札甲の最下段に用いられた可能性も考えられる。

5）　初村武寛「古墳時代中期における小札式付属具の基礎的検討―付属具を構成する小札の用途と装着部位」『洛北史学』洛北史学会，12，2010

6）　清水和明・高橋工「古墳時代の外来系甲冑資料について―福岡県塚堂古墳と熊本県楢崎山５号墳出土甲冑」『大阪市文化財協会研究紀要』創刊号，財団法人大阪市文化財協会，1998

7）　清水和明「東アジアの小札甲の展開」『古代文化』48，古代学協曽，1996

8）　初村武寛氏のご教示による。

9）　内山敏行氏のご教示による。

10）　前掲註１（初村2011）に同じ

11）　杉井　健「肥後地域における首長墓系譜変動の画期と古墳時代」『九州における首長墓系譜の再検討』第13回九州前方後円墳研究会，2010

12）　スベットウ古墳は定型化段階の甲である可能性が高いが，調査中のため詳細は別稿に譲る。

13）　杉井　健「第四章古墳時代」『新宇土市史』通史編１，宇土市，2003

古墳時代の馬具

西　幸子　古賀市教育委員会
NISHI Yukiko

はじめに

九州の古墳時代馬具研究は，宮代栄一による膨大な資料の集成と，諫早，桃﨑両氏をはじめとする各研究者による優れた論考が数多く執筆されている。詳細はそれら論考を参照頂き，本稿では近年の新出資料および最新研究の内容から，九州の古墳時代馬具研究の現状と課題を俯瞰したい。

1　新出の初期装飾馬具，および再検討

かつて日本最古とされた福岡県老司（ろうじ）古墳3号石室の捩り金具は馬具でないことがその後の研究で解明されたため，現在九州で最古期の馬具は福岡県朝倉市池ノ上6号墳，熊本県合志市八反田2号墳・3号墳，同上生上ノ原3号墳出土の鑣轡である。いずれも5世紀前半のもので，九州でも畿内周辺と同時期に馬・馬具が流入した[1)]，との認識に変わりはない。

一方，初期装飾馬具は近年資料の再検討，および新資料の検討が相次いだ。まず，福岡県苅田町御所山古墳出土金銅製辻金具は再検討の結果，高句麗製と追認され，4世紀末～5世紀初頭を上限年代とする日本最古の金銅装馬具と再評価された[2)]。また宮崎県宮崎市下北方5号地下式横穴墓出土馬具は，再整理報告で5世紀前半中頃の新羅圏の馬具類（A類）と，5世紀第2四半期～中頃の百済・大伽耶圏の馬具類（B類）の，時期差・地域差を持つ馬具同士が半島内で組み合わされた後，副葬されたと推定[3)]。さらに新出資料では，桃﨑が『日本考古図録大成　第5輯　馬具』に残る「筑前國宗像郡津屋崎町發見」の双龍文鏡板付轡の写真を検討し，5世紀前半～中頃の新羅の舶載品と位置づけた[4)]。

初期馬具のセットは朝鮮半島の特定地域に系譜を限定できず，系譜の多様性・複合性が指摘される[1)]。九州では新羅製の馬具，そして直接ではないにしても朝鮮半島南部以外で製作された馬具，また半島内での組み合わせの結果，特定地域に系譜を求められない馬具，福岡県うきは市月岡古墳出土馬具の倭製の装飾馬具[5)]など，その多様性・複合性の具体相が解明されつつある。

2　鋳銅鈴付馬具資料の増加

鋳銅鈴付馬具が，新たに福岡，佐賀，宮崎の3県で出土した。

佐賀県多久市牟田辺09古墳では五鈴杏葉と三環鈴が出土した。小型の前方後円墳で獅噛獣文帯金具が共伴し，未報告だが古墳時代中期とみられる。宮崎県えびの市島内139号地下式横穴墓でも五鈴杏葉が3点出土し，肥田は栃木県助戸十二天塚古墳に類似するとしてTK47型式期に位置づけた[6)]。また，九州国立博物館蔵仙掌庵コレクションには福岡行橋市県竹並横穴出土の可能性のある三鈴杏葉3点と三環鈴1点がある。三鈴杏葉は九州では唯一の出土例で，筆者は埼玉県四十塚古墳と群馬県大山鬼塚古墳の中間型式とみて5世紀末頃の年代とみた[7)]。

古墳時代中期中頃から現われる鋳銅鈴付馬具は，朝鮮半島で出土例がほぼなく蛇龍鏡の偽銘帯の転移などから，倭製品と目される最初期の馬具であるにも関わらず，今日まで確固たる編年案もなく分布の偏在に重きが置かれ，東日本での特異な機能に注視されてきた。桃﨑は新出資料を基に，中心珠文を持たない段階→扁円部のみ中心珠文を持つ段階→扁円部・剣菱部とも中心文を持つ段階→扁円部の円圏珠文が二重化する段階，とい

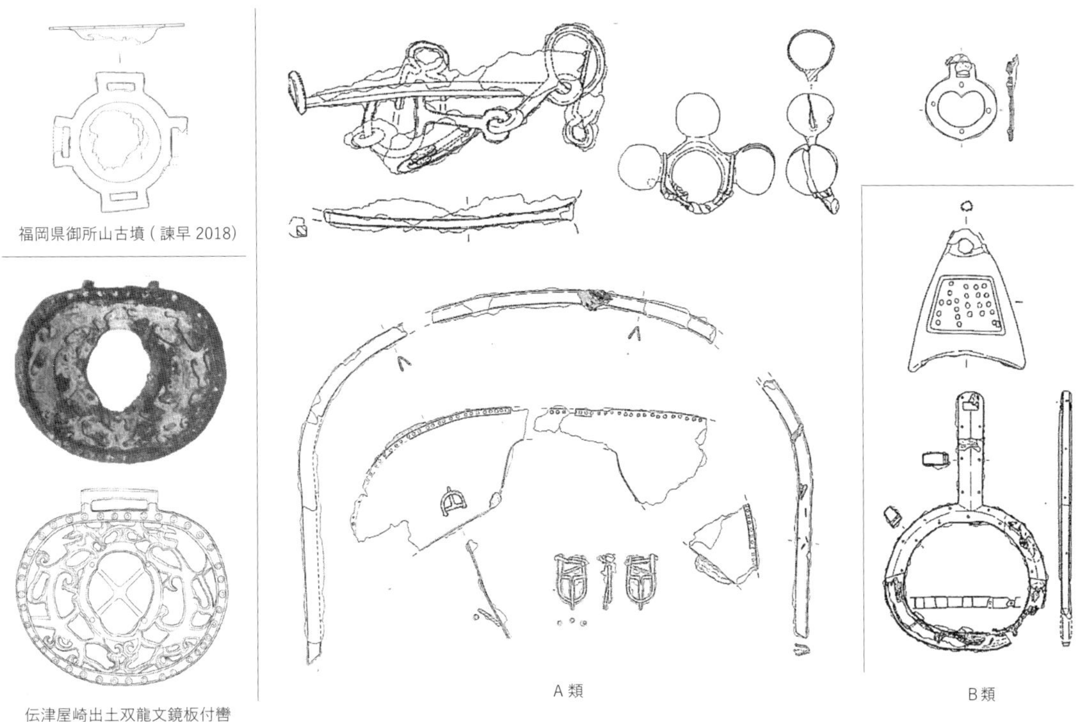

図１　近年報告・再検討された九州の初期装飾馬具

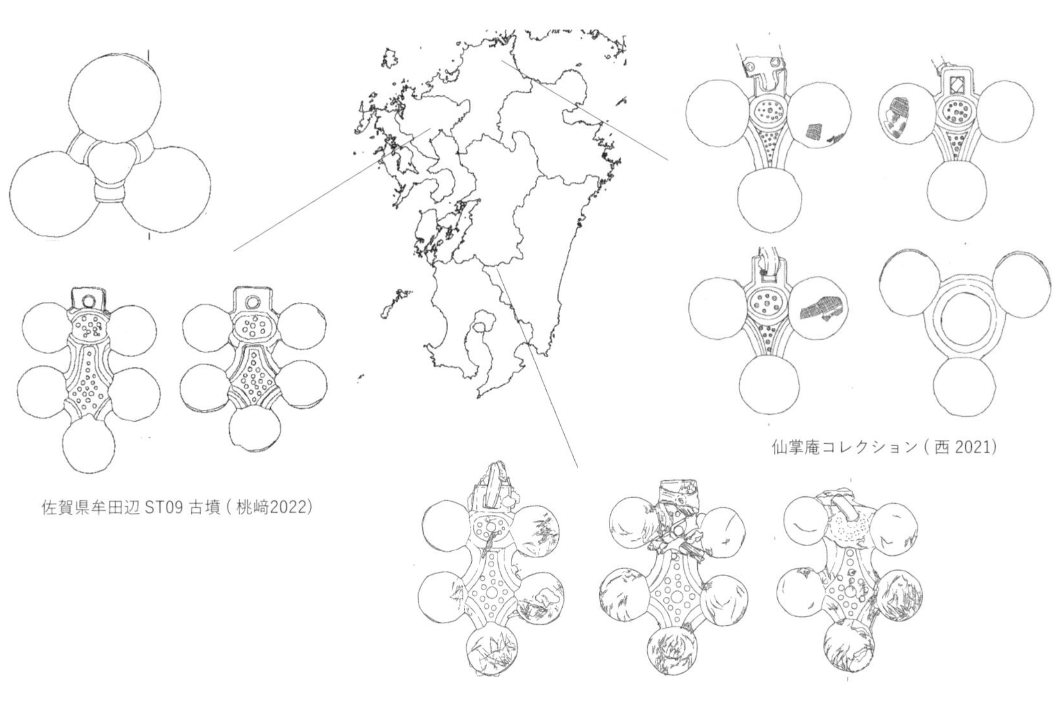

図２　近年報告された九州出土の鋳銅鈴付馬具

う編年観を示し，初期の鋳銅鈴付馬具は九州・西日本に集中するため関東との関係が後発するとの見解を示した[8)]。

3　福岡県船原古墳出土の玉虫装飾馬具

福岡県古賀市船原古墳で出土した玉虫装飾馬具は，心葉形杏葉で二連三葉文の文様板の下に約20枚のタマムシ羽根が敷かれる[9)]。帯状吊鉤金具と中空縁金を持ち，文様板は蹴り彫りで縁取る。文様構造は静岡県賤機山（しずはたやま）古墳の棘葉形杏葉と熊本県江田穴観音古墳の心葉形杏葉の中間型式で6世紀末～7世紀初頭の年代観が求められる。

玉虫装飾と中空縁金の特徴から新羅系馬具[10)]であることは間違いないが，製作地の断定には至っていない。文様が類似し，かつ中空縁金である賤機山古墳出土棘葉形杏葉は，6世紀後半の「舶載品ラッシュ」の舶載品とされるが[11)]，製作・彫金技法が異なり，むしろ倭製品と指摘される栃木県足利3号墳出土棘葉形杏葉に近い[12)]。船原古墳ではほかにも鳳凰文心葉形杏葉などの新羅系馬具があり，その入手経路は「新羅の調」「任那の調」も想定されるが，製作地・入手の経緯は玉虫装飾馬具とセットを成す馬具も含めた総合的な検討が必要である。

4　九州の馬生産・流通と牧の様相

熊本県熊本市上代町遺跡第5次調査区で多量の馬歯・馬骨が出土し，SK212では馬の全身骨格が出土した[13)]。SD200出土馬歯は放射性炭素年代測定の結果，6世紀～7世紀の生存年代が示唆されたが[14)]，多量の馬骨・馬歯が出土したSD66と隣接するSK212は，SD66の出土遺物から報告者は古墳時代中期～後期とみる。当遺跡では天草式製塩土器が数点と木製壺鐙（TK10～TK209型式期），第3次調査区では韓式系土器甕も出土しており[15)]，熊本平野周辺には中期～後期に渡来人の関与する馬牧が存在した可能性が想定される。

近年，畿内・東日本ではストロンチウム同位体比分析と酸素同位体比分析の結果，「古東山道ルート」を介した馬の生産・流通，および牧の機

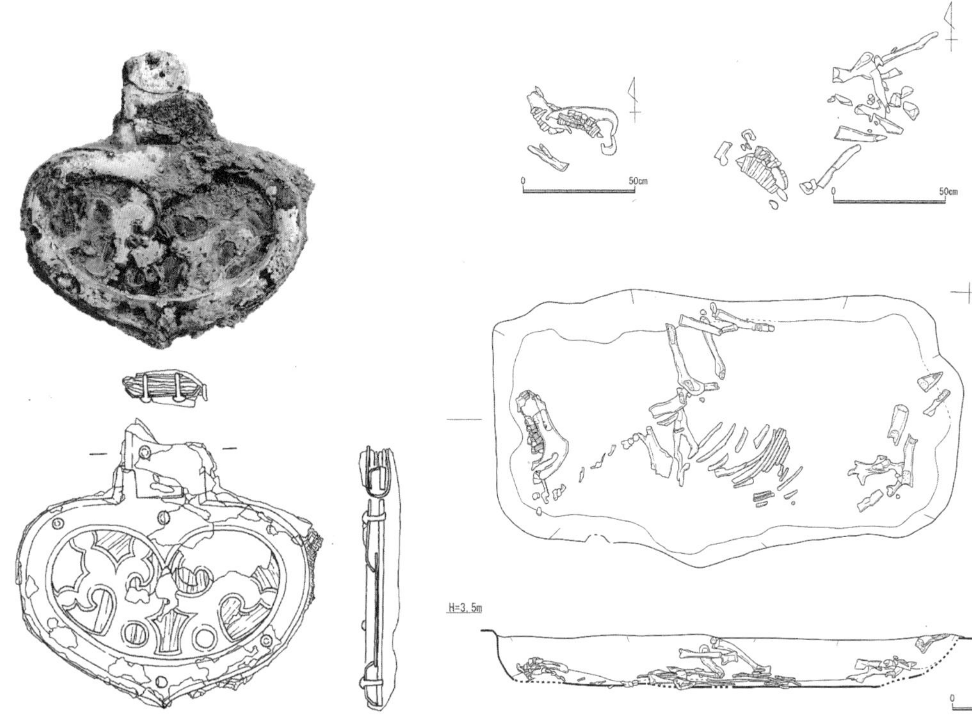

図3　福岡県船原古墳玉虫装飾馬具（西 2022b）

図4　熊本県上代町遺跡出土の馬遺存体（熊本県教委 2019）

能分化に関する研究が飛躍的に進展した。九州ではそうした理化学的分析は不足するが，以前から古墳時代後期に福岡県三国丘陵周辺に各地の馬を集め管理する牧・施設が存在し，そこから玄界灘沿岸→朝鮮半島への馬匹供給が想定されてきた[16)]。また，宮田は全国的に点在する渦巻文杏葉が馬匹生産による陸上交通の展開との関係性を指摘するなど[17)]，考古資料から馬の生産・流通ルートの解明に迫っている。九州内の馬遺存体の理化学的分析を含めた，近畿・東日本，あるいは朝鮮半島との比較検討による内容の深化が今後の九州の馬・馬具研究の課題の1つだろう。

おわりに

以上，近年九州では従来の馬・馬具研究の俎上に乗るべき，あるいは一石を投じる資料および研究が展開されている。これらが全国的な研究の中で議論され，日本の馬具研究がさらに進展するとともに，考古学の至上目的である当時の社会の復元に迫れるよう，古墳時代の馬・馬具研究を深めていきたい。

註

1）諫早直人「3. 九州出土の馬具と朝鮮半島」『第15回九州前方後円墳研究会北九州大会資料集「沖ノ島祭祀と九州諸勢力の対外交渉」』九州前方後円墳研究会，2012

2）諫早直人「初期馬具の多様性—福岡県御所山古墳出土辻金具の検討—」『日韓交渉の考古学—古墳時代—(最終報告書 論考編)』「日韓交渉の考古学—古墳時代—」研究会，2018

3）桃﨑祐輔「第2節 宮崎市下北方5号地下式横穴墓出土馬具の検討」『下北方5号地下式横穴墓　宮崎市文化財調査報告書128』宮崎市教育委員会，2020a

4）桃﨑祐輔「「筑前國宗像郡津屋崎町發見」の双龍文透彫鏡板の検討」『福岡大学考古学論集3—武末純一先生退職記念—』福岡大学考古学研究室，2020b

5）諫早直人・鈴木勉「古墳時代の初期金銅製品生産—福岡県月岡古墳出土品を素材として—」『古文化談叢』73，九州古文化研究会，2016

6）肥田翔子「2 島内139号地下式横穴墓出土馬具のセット検討」『島内139号地下式横穴墓Ⅱ』えびの市教育委員会，60，2021

7）西　幸子「筑紫の豪族の馬装」『九州国立博物館アジア文化交流センター研究論集2，大宰府史跡指定100年と研究の歩み』九州国立博物館，2021

8）桃﨑祐輔「鋳銅鈴付馬具編年の再検討」『第14回嶺南・九州合同考古学大会　韓日の武器・武具・馬具』九州考古学会・嶺南考古学会，2022

9）西　幸子「国際色豊かな馬具・船原古墳」『令和3年度 北九州市立自然史･歴史博物館歴史友の会講演会』発表資料，2022a

10）タマムシの産地は現在昆虫学者に同定を依頼中である。

11）内山敏行「大刀・甲冑・馬具から見た関東と東海東部の首長墓」『賤機山古墳と東国首長』季刊考古学別冊30，2019

12）西　幸子「古賀市船原古墳1号土坑出土の玉虫装飾馬具について」『第14回嶺南・九州合同考古学大会 韓日の武器・武具・馬具』九州考古学会・嶺南考古学会，2022b

13）熊本市教育委員会『上代町遺跡群Ⅱ』熊本市の文化財85，2019

14）熊本市教育委員会『上代町遺跡群Ⅳ』熊本市の文化財107，2022

15）上代町遺跡では第4次調査区でも韓式形土器が出土したが未報告とのことである（前掲註14文献)。

16）宮田浩之「朝鮮半島に渡った筑後の馬」『小郡市史第1巻通史編 地理・原始・古代』小郡市，1996

17）宮田浩之「筑紫平野北部の古墳と馬飼」『遺跡学研究の地平—吉留秀敏氏追悼論文集—』吉留秀敏氏追悼論文集刊行会，2020

参考文献

内山敏行「古墳時代中期の北関東地域—出入口･交通経路・鈴付馬具—」『古墳文化基礎論集』古墳文化基礎論集刊行会，2021

神　啓崇「九州における古墳時代中期の馬飼集落・墓」『第14回嶺南・九州合同考古学大会 韓日の武器･武具･馬具』九州考古学会･嶺南考古学会，2022

島内地下式横穴墓群

橋本 達也　鹿児島大学総合研究博物館
HASHIMOTO Tatsuya

はじめに

島内 139 号地下式横穴墓（図 1） 2014（平成26）年 10 月下旬，突如現れたその光景はまさに 1500 年前のタイムカプセルが開いたといえる状態であった。玄室に入って右手に鏡があり，そして 2 体の被葬者に銀装円頭大刀などの刀剣 4 本が沿う。奥には甲冑が並び，鉄鏃が山積みされている。その上には弓が 5 本，手前には馬具 2 セット。天井が陥没せずに発見されたため土を被らず，有機質の残りが良好であった。大型前方後円墳の副葬品であったとしても優れた内容であるが，出土したのは墳丘をもたない地下式横穴墓である。

図 1　島内 139 号地下式横穴墓

この 139 号墓に関してはこれまで広く注目されてきたため各所で紹介し，またえびの市から報告書を順次刊行しているので[1]，本稿では本墓を含む島内地下式横穴墓群の全体の概要を紹介することとしたい。

1　島内地下式横穴墓群とは

九州山地南部の中央にあって今も活発な噴火活動を続ける霧島連山。その北側に接して広大な加久藤カルデラが拡がる。島内地下式横穴墓群はこ

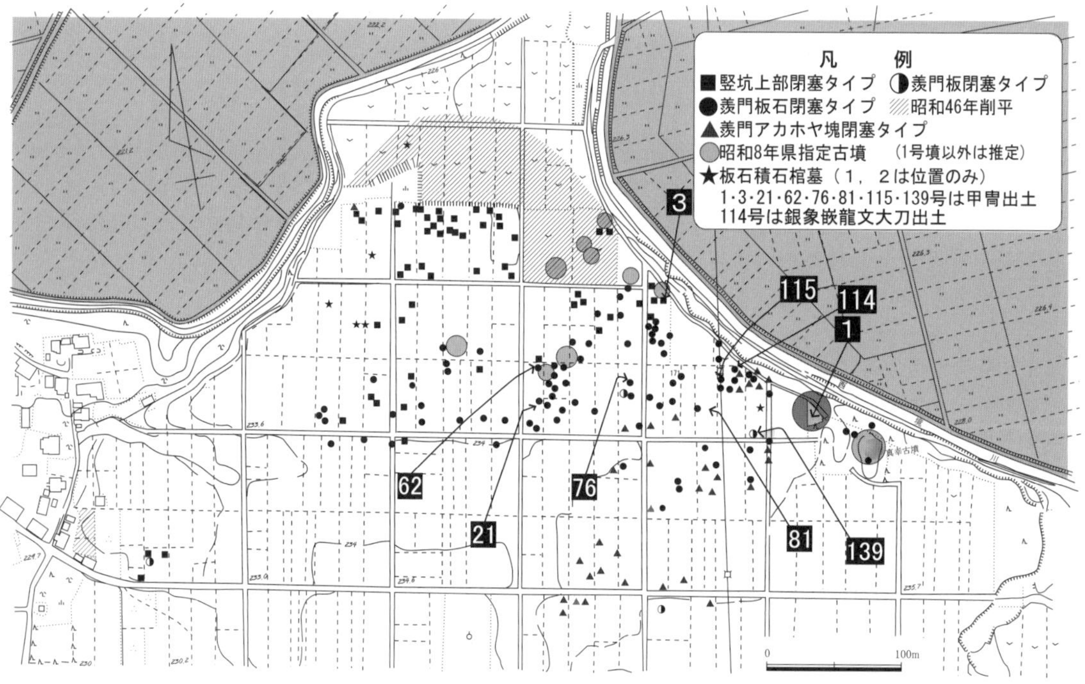

図 2　島内地下式横穴墓群分布図

のカルデラが形成した加久藤盆地の中，霧島連山から北へ伸びる台地上の先端に展開している。標高235m付近にあり，水系は西の鹿児島県北薩地域へ流れる川内川流域であるが，東側の宮崎平野に連なる地形の方が緩やかで，こちらが古くから主要交通路であったとみなされる。

ここでは現在，不時発見による地下式横穴墓が179基記録されており，その他にも陥没の伝聞も多く，その分布密度からすれば総数1000基にも及ぶと考えられる（図2）。本墓群では武器・武具を中心とする数多くの優れた副葬品が出土し，人骨や有機質材の良好な遺存が特徴として知られ，2012年にはそのうちの1029点が国の重要文化財に指定された。さらに2014年の島内139号地下式横穴墓など，その後も新発見が続いている。

2　地下式横穴墓の型式と変遷

島内地下式横穴墓群はその遺跡名の通り，地下式横穴墓を中心に構成される遺跡である。それにはいくつかの型式差があり，時期差も確認できる（図3）。

本墓群での玄室の平面形には横長長方形・隅丸長方形・楕円形があり，いずれも平入りである。なかには屋根を削り出し明確な家形を表現したも

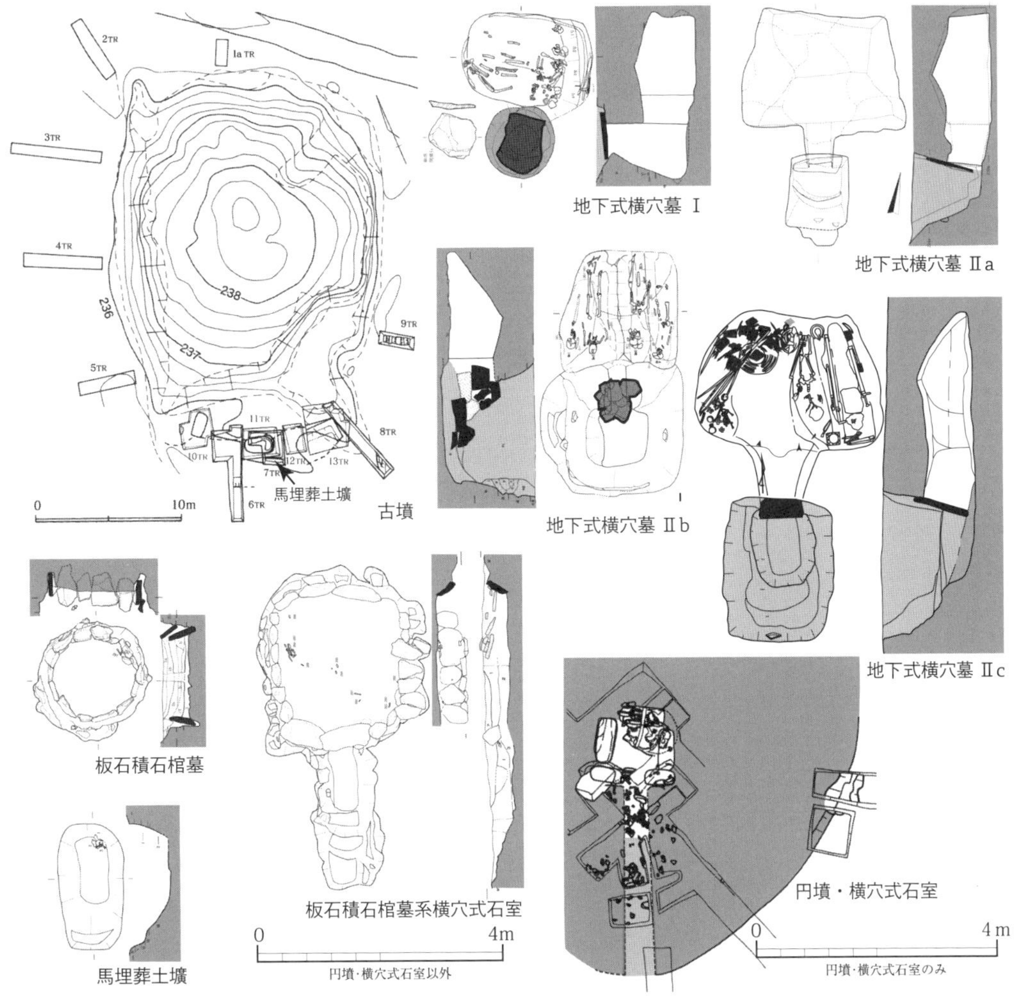

図3　島内地下式横穴墓群・墓制分類

古墳：1号墳　　地下式横穴墓Ⅰ：105号墓　　Ⅱa：77号墓　　Ⅱb：117号墓　　Ⅱc：139号墓板石積石棺墓：SI04
馬埋葬土壙：SK02　　板石積石棺墓系横穴式石室：SI03　　円墳・横穴式石室：1号墓

のなどバリエーションがある。しかしながら，玄室の差よりもここでの型式差を左右するのは閉塞方法である。以下に確認しよう。

竪坑上部閉塞タイプ　本墓群に特徴的で数多く確認できるのは竪坑上部閉塞タイプ（I）である。竪坑の上部で板石を用いてマンホールの蓋のように閉塞するもので竪坑内部は空洞となる。このタイプは加久藤盆地～大口盆地といった地下式横穴墓分布の西端地域，中期前葉～中葉を中心にみることができ，概して遺物は少ない。

羨門閉塞タイプ各種　古墳時代中期後葉～後期は羨門で閉塞して竪坑を埋め戻す，地下式横穴墓としては一般的なタイプが主流になるが，このタイプには羨門部を板石で閉塞するもの（Ⅱa），土塊で閉塞するもの（Ⅱb），板（木材）で閉塞するもの（Ⅱc），がある。Ⅱa とⅡb の違いはおおむね時間差を表すと考えられ，基本的にはⅠ-Ⅱa-Ⅱb と推移する。Ⅱc は 139 号墓などにみられるがわずかしか確認されていない。なかでも多くの副葬品がみられ，築造数が多いのはⅡa であり，古墳時代中期中葉～後葉に位置付けられる。Ⅱb を中心とする後期以降の地下式横穴墓の築造数は減少する。

3　墓群の構成

あまり知られていないが，島内地下式横穴墓群には地下式横穴墓以外にも多様な墓制が確認されている。その他の墳墓形式を確認しておこう（図3）。

板石積石棺墓　板石積石棺墓は加久藤盆地より西の北薩地域を中心に分布する墓制である。本墓群では墓域の西部に現在 6 基確認されており，さらに多く存在すると考えられる。遺物が少なく不明確であるが地下式横穴墓出現の前段階に位置付けられる可能性がある。地下式横穴墓と近接して同一墓群を形成していることからすれば，被葬者間には連続性，一体性があると考えられる。

古墳　本墓群東端部には長軸約 25m，短軸 20m の楕円形の墳丘をもつ真幸村（まさきむら）古墳・1 号墳がある。1933（昭和 8）年には計 12 基の墳丘が記録されているものの，現状では 1 号墳のみ確認できる。この古墳は南側周溝内に中期後葉（TK47 型式段階）の馬具をもつ馬埋葬土壙が伴うので中期後葉の築造が考えられる。

馬埋葬土壙　この 1 号墳に伴う馬埋葬土壙からは，鉄製の楕円形鏡板付轡・剣菱形杏葉が出土している。ほかにも本墓群中には後期前葉の轡を伴う土壙が 1 基あり，中期後葉以降，本墓群の被葬者達が馬生産，牧の経営に関わったものとみなされる。

横穴式石室墳　1 号墳に近接して横穴式石室の残存石材があり，復元直径 27m の円墳で，東京国立博物館所蔵の横矧板鋲留板甲・小札鋲留衝角付冑は本墳からの出土と推定されている。中期後葉の横穴式石室とも考えられるが，発掘調査で出土した遺物は後期後葉のものに限られており現状で石室と甲冑に関する確定的な説明は難しい。

板石積石棺墓系横穴式石室　えびの市教育委員会では「横穴式石室系板石積石棺墓」とする特殊な墓制がある。隅丸方形の墓室の最下段は縦長に石を立て，その上に板石積で墓室を構築するもので板石積石棺墓の系譜にあるが，長さ 2m 弱という板石積石棺墓としては大きな墓室，玄門立柱および羨道の存在からみれば横穴式石室として評価した方が良いと考える。出土遺物の時期は中期末～後期初頭で，板石積石棺墓盛行期より後出することもそれを補足するものである。

墓群の拡がり　墓群は大きくみると，西側に分布する板石積石棺墓・地下式横穴墓Ⅰから東に向かって地下式横穴墓Ⅱa～Ⅱb・Ⅱc・古墳などへと墓域を拡げるように推移する。

4　武器・武具を中心とする特徴的な副葬品

島内地下式横穴墓群は武器・武具の出土が顕著であり，甲冑は現在 8 基の墓から板甲 6 点，衝角付冑 4 点が出土している。全国的にみても一古墳墓群中での甲冑出土埋葬施設数は，大阪府古市古墳群・百舌鳥古墳群・桜塚古墳群に次ぐもので，奈良県新沢古墳群を上回る。甲冑は近畿中央政権がその政治的紐帯の証として配付するものであるから，本墓群の被葬者達がいかに政権中枢に深く関わっていたかを表している。甲冑以外の鹿角装刀剣，蛇行剣，長頸鏃など広域のネットワークに連なることで入手された多数の武器も同様の性格を有するものである。

なお，副葬品でもっとも多いのは圭頭鏃と鹿角装刀子である。えびの市域の古墳時代集落の調査では鍛冶関連遺物がかなりの高頻度で出土しており，この2種を中心として在地で生産されたものとみられる。とくに本墓群では鹿角製品の出土が多く，鹿角素材あるいは鹿革などが当地域の主要な産物であった可能性がある。

また馬埋葬土壙に伴って鉄製馬具が出土するなど，牧の経営，馬生産を行ったとみてよい。集団の主たる人物は地下式横穴墓に埋葬されているので近畿や他地域からの2次的な馬飼技術の移転が考えられる。

くわえて，本墓群では南島産大型巻貝，ゴホウラ・イモガイ製貝釧の出土も傑出して多い。なかには両腕で計21個のイモガイ製貝釧を装着した人骨もある。それらは朝鮮半島系遺物，近畿中央政権配付遺物などとともに本墓群被葬者達が広汎なネットワークと緊密に連なっていたことを明らかにするものである。

5　島内地下式横穴墓群の被葬者たち

本墓群の特徴として良好な人骨の遺存がある。これは玄室の天井が硬質アカホヤ層で密閉されるとともに床面の地層が砂礫層で耐水しないという偶然の地質環境によるものであるが，豊富な副葬品とともに古墳時代人の実態に迫る大きな成果をもたらしている。

1基あたりの埋葬人数は単体もあるが3〜4体が多く，最大では7体の埋葬がある。人数と玄室規模に明確な相関関係はなく，性別の組合せもさまざまであり，なかには小児も含むなど，特定地位の首長層が抽出された様相はない。甲冑など優れた副葬品をもつ被葬者も階層差を明確には表しておらず，それらは個人の地位や職掌の象徴としてよりも軍事に関わる集団としての評価を反映するもののようにみえる。

形質的には，「南九州山間部タイプ」と呼ばれる西北九州弥生人に共通する特徴をもちながらも，渡来系の遺伝子をある程度受け入れた集団だと指摘されている[2)]。出土資料にみえる当該集団の活発な外的交流に対応するものといえよう。

6　島内地下式横穴墓の意義

以上，島内地下式横穴墓群の調査成果から，その被葬者たちは近畿中央政権で活躍するとともに，朝鮮半島にも連なる広域交流に関わって外部からの情報を入手していたことが読み取れる。

いまだに地下式横穴墓を隼人と重ね，山間部の辺境といったイメージで語られることもあるが，そのような考古学者の言説は資料を正しく評価できないことを自証しているにすぎない。

けっして大型古墳の築造のみでは表されない古墳時代社会の多層的な構造を解きほぐす上で島内地下式横穴墓群はきわめて大きな役割を担う存在なのである。

註

1)　橋本達也「状態の良好な武具など大量の副葬品─宮崎県えびの市島内139号地下式横穴墓」『季刊考古学』133，雄山閣，2015。橋本達也・中野和浩「宮崎県えびの市島内139号地下式横穴墓の発掘調査概要」『日本考古学』42，日本考古学協会，2016。橋本達也・中野和浩『島内139号地下式横穴墓Ⅰ』えびの市埋蔵文化財調査報告書第55集，えびの市教育委員会，2018。橋本達也編『島内139号地下式横穴墓Ⅱ』えびの市文化財調査報告書60，えびの市教育委員会，2021

2)　竹中正巳「古人骨からみた南九州古墳時代人」『市民の考古学⑫ 骨考古学と蝦夷・隼人』同成社，2012，pp.70 - 88

南九州の地下式横穴墓

吉村 和昭　奈良県立橿原考古学研究所附属博物館
YOSHIMURA Kazuaki

はじめに

地下式横穴墓は，古墳時代の南九州東半部にみられる特有の墓制である。その基本的な構造は，地面を垂直方向に掘削した竪坑と，そこから水平方向に掘り進んで構築した埋葬空間の玄室からなる。埋葬後，玄室が密閉空間となることから，鉄製品を中心とした副葬品，さらには被葬者人骨が良好な状態で検出される事例が多く認められる。

その分布は，宮崎県中部以南の平野部と内陸部，鹿児島県大隅半島志布志湾沿岸，川内川中・上流域，さらには一部，熊本県人吉盆地にも及び，およそ５地域（宮崎平野部，西諸県地域，加久藤（えびの）盆地・大口盆地，都城盆地・北諸県地域，大隅半島志布志湾沿岸）に分けた理解がなされる。

地下式横穴墓は，４世紀末・５世紀初め頃，加久藤盆地もしくは宮崎平野で，あるいは両地域で発生したのち拡散したと考えられており，その多くは５・６世紀に造営され，その後７世紀代まで認められる。

地下式横穴墓をめぐる問題は多岐にわたるが，ここでは，各地域における新規発見の状況，この10数年の研究の最大のトピックと言って過言ではない地下式横穴墓被葬者の親族関係研究に絞って記していきたい。

1　新たな墓群の発見と分布域の拡大

この10数年の間も，地下式横穴墓の新たな発見・調査が相次いでいるが，なかには，これまで存在が知られていなかった地域，つまり新たな墓群での発見も含まれる。以下，地域毎にみていきたい。なお，加久藤盆地では島内地下式横穴墓群をはじめとして調査が進展し，その成果も順次公表されているが，同地域については，別項において執筆されるのでここでは取り上げない。

(1) 宮崎平野部

宮崎平野部では，これまで小丸川（おまるがわ）南側に位置する児湯郡高鍋町牛牧古墳群に含まれる下耳切（しもみみきれ）第３遺跡の地下式横穴墓が分布の北限であったが，2020年，はじめて小丸川以北での確実な存在があきらかとなった。高鍋町持田古墳群の一角にあたる持田遺跡（図1-1）で２基の地下式横穴墓が発見された。いずれも竪坑が長大化した終末期（7世紀前半代）のもので，２号墓からは金銅製馬

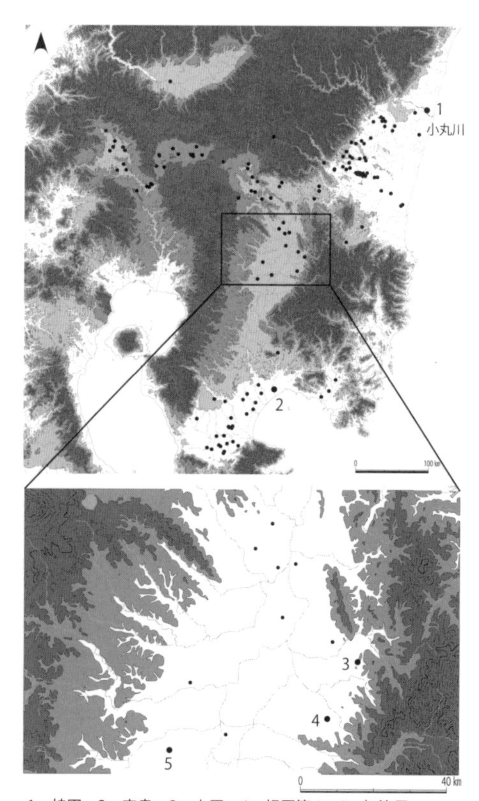

1. 持田、2. 安良、3. 上平、4. 相原第1、5. 加治屋

図１　地下式横穴墓群分布図
上：全域（S=1/1,000,000），下：都城盆地拡大（S=1/200,000）

具（辻金具・鉸具）が出土している[1]。

西都市百塚原古墳群は，従来，地下式横穴墓の存在があきらかではなかった。2013年以降，地中レーダー探査により26基の地下式横穴墓が確認され，そのいくつかが調査された。6世紀後半〜7世紀前半のものである[2]。

(2) 都城盆地

築池地下式横穴墓群，菓子野地下式横穴墓群といった既存の墓群での調査も進展しているが，ここでも分布域拡大に注目したい。盆地東縁部の旧山之口町域では確実な地下式横穴墓の事例はあきらかでなかったが，都城市山之口町山之口の上平遺跡で平入りの地下式横穴墓1基が確認された（図1-3）[3]。次いで，2022年にはさらに南，同市山之口町富吉の相原第1遺跡（図1-4）においても22基の地下式横穴墓が検出された。造営は5世紀前半代が主体とみられ，玄室の閉塞では羨門側ではなく，内側の玄門側を石積で閉塞した特異な事例が認められた[4]。

一方，盆地南西縁でも2021年に加治屋地下式横穴墓（図1-5）が発見された[5]。これにより，都城盆地の地下式横穴墓分布域南限も拡大した。

(3) 大隅半島志布志湾沿岸

近年，地下式横穴墓をめぐる状況がもっとも変化した地域である。東九州自動車道（志布志IC〜鹿屋串良JCT間）建設にともない新規の地下式横穴墓群が発見され，調査が進んだことが大きい。鹿屋市立小野堀[6]，町田堀[7]，志布志市春日堀[8]，安良遺跡[9]である。立小野堀遺跡では2次の調査で193基，町田堀遺跡では3次にわたる調査で99基の地下式横穴墓が調査・報告された。前者はおよそ5世紀代を通じての，後者は5世紀前半代の造営である。なお，安良遺跡（図1-2）の地下式横穴墓（1基。遺物・人骨無し）は旧志布志町内で初の確認例であり，これにより鹿児島県内分布域の東限が広がった。

東九州自動車道関連以外では，曽於郡大崎町飯隈遺跡群の鷲塚地区において24基の存在が確認され，6基（1・20〜24号墓）が調査されている[10]。また，鹿屋市岡崎古墳群内では，2021年度の調査で12基が確認されるなど，これまで地下式横穴墓の造営が知られていた墓群での調査例も増加している。

なお，2017年度に調査された志布志市原田3号地下式横穴墓では，三角板鋲留短甲（三角板横矧板併用鋲留短甲）1領が出土している[11]。同地域の地下式横穴墓からの甲冑出土は，鹿屋市祓川地下式横穴墓に次いで2例目であるが，祓川出土例は出土地，出土状態ともに不明であり，原田3号墓において，短甲の出土状態の詳細（玄室右奥，軽石製組合式石棺沿いの軽石製板石上に置かれる）があきらかとなった意義は大きい。

2　親族関係研究の進展

故・田中良之は，大分県上ノ原横穴墓群における同一墓内の被葬者の埋葬状況の分析，歯冠計測値による血縁者推定法に基づく分析を基礎に，さらに他の人骨出土古墳の分析をすすめ，古墳時代の親族関係について3段階の変化（基本モデルⅠ・Ⅱ・Ⅲ）がみられること，西日本においては5世紀後半以降，双系の親族関係に基づく埋葬原理（基本モデルⅠ）から父系の親族関係に基づく埋葬原理（基本モデルⅡ）に転換していく状況が広く認められることをあきらかにした[12]。

この分析手法は，被葬者人骨が多く遺存する地下式横穴墓において極めて有効である。2010・2011年に，宮崎県西諸県郡高原町旭台地下式横穴墓群，同町立切地下式横穴墓群の親族関係の分析がおこなわれた[13]。同一墓内の複数の被葬者の重なり，片付けを検証し，埋葬順序，埋葬の時間的間隔を推定，その世代構成を復元した。さらに旭台地下式横穴墓群出土人骨については歯冠計測を実施した。

旭台地下式横穴墓群では，それぞれの墓の被葬者はすべて血縁関係にあること，同世代の被葬者はキョウダイであり，キョウダイ原理に基づき複数世代の埋葬がおこなわれた（基本モデルⅠ）ことをあきらかにした。一方，立切地下式横穴墓群は歯冠計測による検証が必要なものの，復元された被葬者構成モデルから，やはり双系の親族関係

（基本モデルⅠ）に基づく埋葬と推測された。

立切地下式横穴墓群では5世紀後半以降も，主要武器が初葬の女性，二番目以降の男性／女性に帰属する事例が散見され，埋葬原理が造墓期間を通じて基本モデルⅠにとどまることが裏付けられた。西諸県地域全体でも，6世紀代に女性のみの埋葬，初葬の女性に主要武器がともなう事例があることなどから，父系（基本モデルⅡ）には転換せず，双系の親族関係が維持されるとの見通しを示した。

3　各地下式横穴墓造営地域の親族関係の推定

被葬者人骨の歯冠計測値に基づいて親族関係を検証した地下式横穴墓は少数であり，とりわけ西諸県地域以外の地下式横穴墓造営地域の親族関係の検証はまだ途上にある。

上ノ原横穴墓群では，父系の埋葬原理である基本モデルⅡの段階は，初葬が成人男性に限られ，主要な武器はこの初葬の男性にのみ帰属する。逆に，そのような状況になければ，その埋葬原理が双系の親族関係に基づく基本モデルⅠの段階にとどまるとの推測が成り立つ。

その他の造営地域の状況をみると，5世紀後半以降の地下式横穴墓において，複数埋葬の初葬が成人男性でない例，主要な武器の帰属が初葬の女性あるいは未成人である例，2番目以降の女性被葬者にともなう例，初葬と追葬で帰属武器類に格差が認められない例が，宮崎平野部，加久藤盆地ともにあり，さらに宮崎平野部では7世紀初めにおいても，初葬が女性で，かつ主要な武器をともなう例（西都市常心原（じょうしんばる）1号墓）が認められる。

都城盆地，大隅半島志布志湾沿岸では，5世紀後半以降に造営された複数埋葬墓に，初葬が成人男性以外の事例は確認できないが，後者では武器をともなう女性単葬墓が5世紀後半以降にもみられ（飯隈24号墓），前者では，武器副葬はないものの7世紀に降る女性単葬墓（築池2003-2号墓＝図3）[14] が認められる。

したがって，5世紀後半以降，地下式横穴墓を造営する集団の親族関係はその分布全域において，父系へは移行せず，古墳時代を通じて，双系の親族関係を維持していたものと推定される。

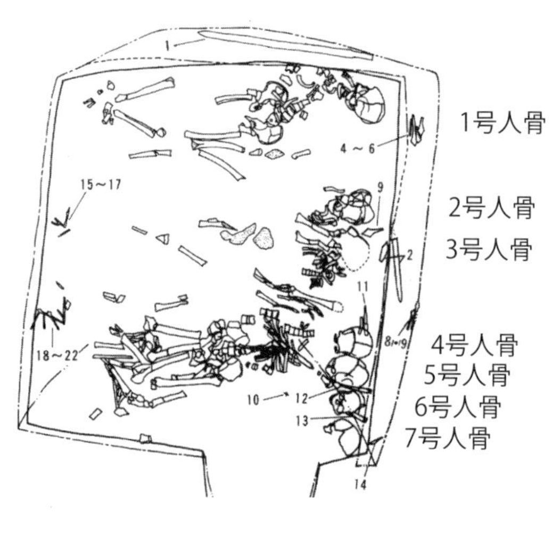

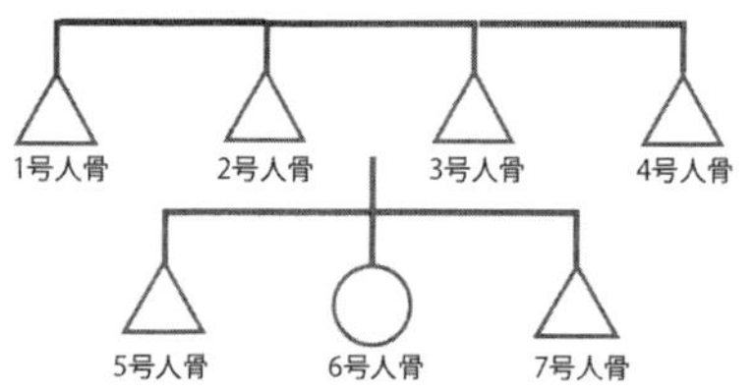

図2　立切30号墓人骨出土状況とその親族関係モデル（註13文献より，一部改変）

なお，西諸県地域・加久藤盆地については，前方後円墳は分布せず，高塚古墳も小規模な円墳が認められるだけで，その埋葬主体の多くは地下式横穴墓と推定される。従って両地域では社会全体が5・6世紀を通じて双系の親族関係を維持していたと考えられる。一方，前方後円墳築造域の宮崎平野，都城盆地，志布志湾沿岸地域では，地下式横穴墓を造営する集団よりも上位層の大型古墳被葬者層の親族関係はあきらかではない[15]。

なお，宮崎平野部の地下式横穴墓でも，玄室長5m超，20m以上の墳丘をともない，副葬品に鏡・甲冑をもつ東諸県郡国富町六野原8号墓・10号墓，宮崎市下北方5号地下式横穴墓，西都市西都原4号地下式横穴墓といった首長墓級の地下式横穴墓については，人骨情報が乏しく，被葬者の親族関係はあきらかではない[16]。

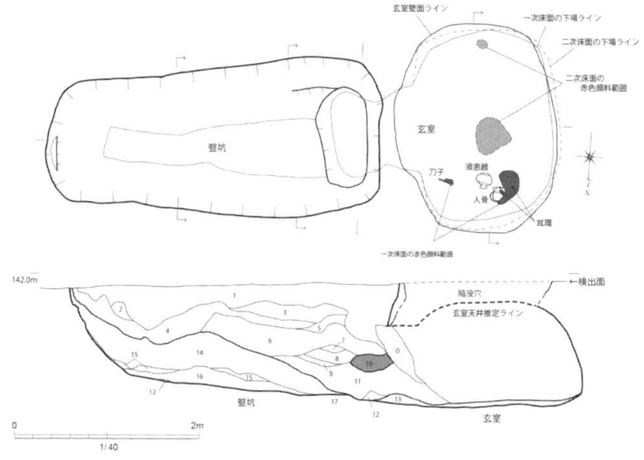

図 3　築池 2003-2 号墓（S=1/80）

おわりに

紙幅の関係上，ポイントを絞った記述となった。南九州の地下式横穴墓以外，遺存状態の良い人骨が多数出土する古墳時代墓制は，日本列島全体を見渡してもほかに無い。人骨を巡っては，被葬者自体の研究にとどまらず，地域間での形質的な差異をはじめ，様々な研究がなされてきた。そのなかで進んでいなかったのが親族関係に関する研究である。今後，分析事例の増加により，予想した親族関係の検証が進むことを期待したい。

註

1）宮崎県埋蔵文化財センター「持田遺跡現地説明会資料」2020

2）今塩屋毅行ほか「第Ⅲ章　古墳の保護活用を目的とした確認調査等　第 3 節　県指定史跡「百塚原古墳群」（西都市所在）」日高広人編『みやざきの古墳保護・活用事業成果報告書』宮崎県埋蔵文化財センター発掘調査報告書 255，2020，pp.38 - 92

3）二宮満夫ほか『上平遺跡』宮崎県埋蔵文化財センター発掘調査報告書 265，2023

4）都城市教育委員会文化財課「相原第 1 遺跡（第 2 次調査）現地説明会資料」2022

5）加覧淳一「45 宮崎県」『日本考古学協会年報』74（2021 年版），日本考古学協会，2022，pp.214 - 217

6）繁昌正幸ほか『立小野堀遺跡』公益財団法人鹿児島県文化振興財団埋蔵文化財センター発掘調査報告書 16，2017 ほか

7）中村耕治ほか『町田堀遺跡』公益財団法人鹿児島県文化振興財団埋蔵文化財センター発掘調査報告書 7，公益財団法人鹿児島県文化振興財団埋蔵文化財センター，2016 ほか

8）川口雅之ほか『春日堀遺跡 1』公益財団法人鹿児島県文化振興財団埋蔵文化財センター発掘調査報告書 32，2020

9）上床真ほか『安良遺跡』公益財団法人鹿児島県文化振興財団埋蔵文化財センター発掘調査報告書 34，2020

10）大野泰輔ほか『飯隈遺跡群』大崎町教育委員会発掘調査報告書 11，2018 ほか

11）相美伊久雄・橋本達也『原田 2・3 号地下式横穴墓』志布志市埋蔵文化財発掘調査報告書 15，2022

12）田中良之「上ノ原横穴墓群被葬者の親族関係」村上久和編『一般国道 10 号線中津バイパス発掘調査報告書Ⅱ　上ノ原横穴墓群Ⅱ』大分県教育委員会，1991，pp.488 - 527

田中良之『古墳時代親族構造の研究 – 人骨が語る古代社会 –』柏書房，1995

13）田中良之・舟橋京子・吉村和昭「宮崎県内陸部地下式横穴墓被葬者の親族関係」『九州大学総合研究博物館研究報告』10，2012，pp.127 - 143

14）栗畑光博「6. 築池地下式横穴墓群（2003 - 2 号）」『都城市内遺跡 11』都城市文化財調査報告書 135，2018，pp.30 - 35

15）吉村和昭「地下式横穴における埋葬原理と女性への武器副葬」『南九州とヤマト政権 – 日向・大隅の古墳 –』大阪府立近つ飛鳥博物館平成 24 年度秋季特別展図録，2012，pp.147 - 155

16）吉村和昭「地下式横穴墓と古墳時代の地域社会」『日本考古学協会 2022 年度　福岡大会研究発表資料集』2022，pp.135 - 142

九州の装飾古墳

藏冨士　寛　福岡市史跡整備活用課
KURAFUJI Hiroshi

はじめに

九州には，今日我々が「装飾古墳」と呼ぶ考古資料のほぼ5割が存在しており，本格的な装飾古墳研究は，1917・1918（大正6・7）年の京都帝国大学による，福岡・熊本県域における装飾古墳の調査を嚆矢とする。その後，原始美術としての高い評価を受けた装飾古墳は，人口に膾炙する文化財となり，美麗なカラー図版を載せた書籍が多数刊行された。

同時に学術的研究も進展をみせたが，九州における装飾古墳の地域性や特色を明らかにする詳細な分析や検討は，この地を自らの専門領域とする森貞次郎，小田富士雄らの手よりもたらされたと捉えるべきだろう[1)]。これ以降，九州における古墳時代研究の深化と共に，装飾古墳研究も多岐にわたる展開をみせることとなった。

1　現在の動向

今日へと続く九州の装飾古墳研究を概観する上で，1984（昭和59）年の熊本県教育委員会による『熊本県装飾古墳総合調査報告書』の刊行，およびその中心的役割を担った髙木正文の業績を欠くことはできない。全体の3割以上を占めながら，詳細情報に乏しかった熊本県域の状況を，実地調査をふまえながら資料化した本書は，以降の研究に不可欠な基礎資料となり，髙木が自らの成果をまとめた論考「肥後における装飾古墳の展開」[2)]は，装飾古墳の出現や展開に熊本県域が重要な役割を果たしていたことを広く知らしめるものとなった。こうして，全体像が明らかとなった九州の装飾古墳は，髙木恭二や甲元眞之らによる一連の研究により，一つの到達点を迎えることになる[3)]。

近年では，九州における古墳時代研究の第一人者である柳沢一男や河野一隆が，最新の考古学的知見や持論を盛り込んだ，装飾古墳に関する一般向けの好著を刊行しているが[4)]，これら書籍から，今日における装飾古墳研究の動向を読み取ることも可能だろう。ここでは以下の4点，①文様個々に対する分析の深化[5)]，②古墳装飾の変化に対する政治史的評価の再検討[6)]，③古墳装飾に現われた葬送観念上の意義づけ[7)]，④加飾された考古資料に表れた物証の追求，を挙げておきたい。

この中でも特筆すべきは項目④で，例えば髙木恭二や池田朋生が他分野の専門家と共に行なった実証研究は，重要な所見を生み出している[8)]。また，今日発展の著しいデジタル技術を用いた考古資料に対する記録の細密化は，この流れをさらに助長しており，デジタル記録はすでに装飾古墳研究には不可欠のものとなっている[9)]。

加えて看過できない重要な成果として，熊本県域の古墳時代研究を精力的に進める古城史雄を中心とし，髙木恭二，杉井健，池田朋生らが執筆した，熊本県教育委員会刊行の『八代海周辺の装飾古墳』を挙げておきたい[10)]。中でも本書に収められた論考は，最新の研究成果を元に資料の検討を行なっており，このような研究姿勢は，今後の装飾古墳研究における指針となり得るものである。

2　装飾古墳研究の課題

九州における装飾古墳研究も，現在では資料や研究の蓄積が進み，限られた紙幅で研究の全体を整理することは難しい。そこで，装飾古墳研究における根本的な問題である，⑴装飾古墳の分類，⑵古墳装飾の有無が示す意味，の2点に対し，現状をふまえながら私見を述べることにしたい。

(1) 古墳装飾に対する理解
—装飾古墳の分類について—

一口に「装飾古墳」といっても，その内実は多様であり，そのためこれまで様々な形で装飾古墳の分類が行なわれてきた[11)]。今日広く使用される分類は，小林行雄による装飾を施した埋葬施設の種類や部位に着目した装飾古墳分類－石棺系・石障系・壁画系・横穴系－である[12)]。大枠として装飾古墳の変遷や装飾の違いを示す優れたものであるが，古墳装飾が持つ意味を理解するためには，どうしても装飾それ自体を対象とする分類をする必要がある。そこで筆者は，主として5世紀代の装飾は，横穴式石室内の石障や石棺といった，阿蘇石や砂岩などを用いた石製品に彫刻したものに限られている点に注目し，これら装飾は石工が施文していること，そして加飾石材は，あらかじめ施文した後，墓坑や埋葬施設の内へ設置されていることを明らかにした。これは，埋葬施設が完成した後，画工が壁面に色の塗分けによって描く装飾とは対照的であるといえる。このように古墳装飾には，①埋葬施設完成前の石工による施文と，②埋葬施設完成後の画工による描画という，相異なる2種が存在すると考え，前者を初期装飾，後者を壁画装飾（彩色壁画）と呼んだ[13)]。

また，この両者には看過できない本質的な違いがある。初期装飾は4～5世紀代を中心に存在し，国越古墳や宇賀岳古墳の装飾（TK10型式期：共に熊本県）を最後に消失するが，彩色壁画は5世紀末葉（TK47型式期）に出現し（塚坊主古墳：熊本県），6世紀になって初期装飾と入れ替わるように隆盛をみせる。また初期装飾は，小山谷古墳石棺（福井県），安福寺石棺（大阪府），鶴山丸山古墳石棺（岡山県）など，九州外で製作した石製品にも広く認められるのに対し，彩色壁画は，筆者のいう筑後・北肥後系横穴式石室[14)]と強い関連を持ち，九州内においても分布は限定的である。両者を同種のもの，経年変化したものと捉えるべきではない。

ところで，古墳装飾はこの2種のみではなく，高松塚古墳やキトラ古墳の壁画（壁画古墳：共に奈良県）を除いたとしても，①線刻壁画や②横穴墓外壁の浮彫装飾，山王山（さんのうざん）古墳（福岡県）など新たな発見も相次ぐ③敲打による装飾，などがある。②・③は彩色壁画と同じく，いずれも6世紀以降に出現しており，これら装飾と彩色壁画との関係を整理する必要がある。

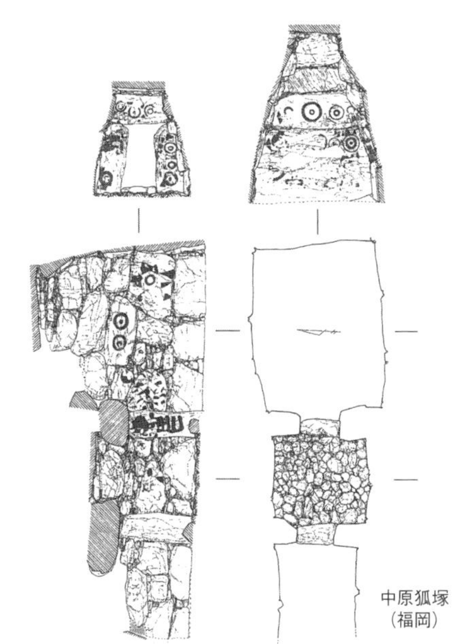

図1　筑後・北肥後系横穴式石室

①については近年，山崎純男が注目すべき見解を示している。山崎は，桜京古墳石室（福岡県）などに描かれた船の線刻について，船底に接して描かれる平行斜線は，近世の絵馬と同じく波の表現であるとし，これら船の線刻画は，石室を祠に見立て，そこに奉納された絵馬の代用品として江戸時代に描かれたもので，船の航海安全や豊漁を祈願した痕跡であるとした[15)]。

他資料との比較検討から，①の年代の一端を明らかにした山崎の研究は高く評価されるものであり，古墳装飾に対する基本的な理解－いつ，誰が，どのように施文・描画したのか－に対して常に注意を払い，検討を重ねる必要がある[16)]。

(2) 古墳装飾の持つ意味
—その有無が示すもの—

古墳装飾はすべての古墳埋葬施設に存在するわけではなく，古墳に装飾を施す意味を明らかにす

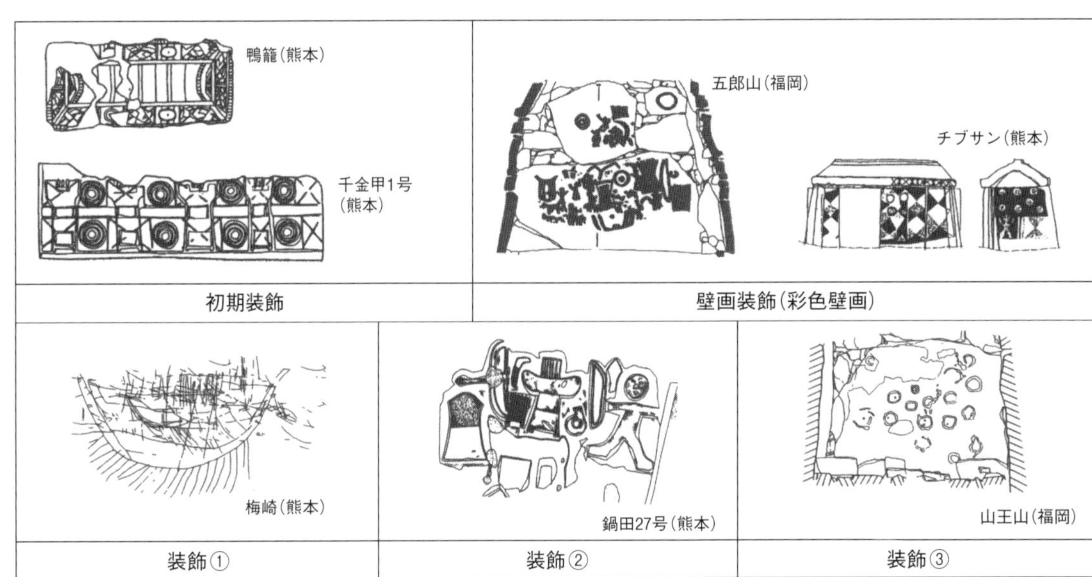

図2　装飾の分類(縮尺不同)

るためには，その有無が生じた原因を解明する必要がある。この問題を考える上で注意すべき点は，「装飾古墳が存在する」という事実が示す意味である。通常，装飾古墳が存在する地域では，その地には「装飾を施す」という葬送習俗があったと認識される。遺構である横穴式石室の壁面に描く彩色壁画であればそれも理解できるが，あくまで動産的である石製品に施文した初期装飾に，このような前提を無条件に当てはめることが可能なのか。熊本県域で製作した石棺は列島各地へ搬出されているが，石棺形態は製作地特有のものであり，石棺の外見には基本的には製作地の意向が反映されているとみて良い。だとすれば，その加飾行為には，装飾古墳の所在地ではなく，その製作地の葬送習俗が表出している可能性も考慮すべきではないか。

また彩色壁画についても注意すべきことがある。彩色壁画のみせる分布上の偏りは，とくに古墳時代の政治的中心地である近畿地域には無いことから，これまでも注目されてきたが，今日では葬送に関わる観念上の違いが原因として挙げられている。葬送観念について，和田晴吾は，遺体を密閉することのない「開かれた棺」が存在する九州では，石室内は死者の魂が遊動する空間であり，遺体を密閉する「閉ざされた棺」を使用する近畿地域とは対照をなしており，このことが他界観の違いを示していることを明らかにした[17)]。また河野一隆は，「開かれた棺」の盛行する九州では，装飾古墳とは「飾られた死者」を演出する空間であり，死者を隠蔽する(「隠された死者」)近畿地域とは死生観が異なることを指摘している[18)]。

他界観や死生観といった，葬送にまつわる観念上の違いが，彩色壁画の有無に影響を与えている可能性は高い。しかし，九州の横穴式石室は必ずしも，諸説の前提となっている「開かれた棺」のみを使用しているわけではないことを忘れてはならない。また，「開かれた棺」の典型である石屋形であっても，九州以外の石屋形ではむしろ装飾が施されない例の方が多い。先にも述べたように，彩色壁画は筑後・北肥後系石室との関連性が強く，彩色壁画の出現には葬送観念上の共通性に加えて，これら石室を共有する集団であること，もしくは集団とつながりがあることが必要なのだろう。

ではなぜ，彩色壁画が九州の有明海沿岸地域で出現し，そして広がっていったのか。この問題に関し，多くの研究者が，大豪族筑紫君の存在と

「筑紫君磐井の乱」による影響を想定し，様々な指摘を行なっている。その中で甲元眞之は，彩色壁画について，朝鮮半島での戦闘に関わった集団が，その地の葬送儀礼を知り，熊本県域で盛んに行なわれていた加飾行為を石室内に持ち込んだ結果，広まったものと考えた[19)]。甲元の指摘は，彩色壁画の分布上の特徴や，初期装飾の段階から熊本県域で始まっていた，複数色を使用した彩色行為とのつながりをも説明できる，現在唯一の解釈である。彩色壁画の出現は，列島内における自生説に加え，対外的な影響も加味して，検討を重ねなければならない。

おわりに

本文では，主に九州を中心として活躍する研究者の成果を取り上げている。当然論じるべき重要な論文も，今回は含まれていない。失礼をお詫び申し上げたい。

註

1) 森貞次郎『装飾古墳』歴史新書 41，教育社 1985。小田富士雄「第 4 章 装飾古墳」『九州考古学研究』古墳時代編，学生社，1979 など
2) 髙木正文「肥後における装飾古墳の展開」『装飾古墳の諸問題』国立歴史民俗博物館研究報告 80，1999，pp.97 - 150
3) 髙木恭二「装飾古墳」広瀬和雄・和田晴吾編『古墳時代（下）』講座日本の考古学 8，青木書店，pp.478–505。甲元眞之「熊本の装飾古墳とその展開」「装飾古墳の拡大」『葆光』私家版，2017
4) 柳沢一男『装飾古墳ガイドブック』新泉社，2022。河野一隆『装飾古墳の謎』文春新書，2023
5) 宇野愼敏「多重同心円文の出現と展開」『地域の考古学』佐田茂先生佐賀大学退任記念論文集，2009，pp.221 - 230。杉井　健「八代海沿岸地域における装飾古墳の特質とその発生意義」古城史雄編『八代海周辺の装飾古墳』熊本県文化財調査報告書 337，2020，pp.171 - 193 など
6) 藏冨士寛「倭王権と九州」『東アジアの文化構造と日本的展開』北九州中国書店，2008，pp.105 - 127 など
7) 河野一隆「装飾古墳における葬送の思想」一瀬和夫ほか編『墳墓構造と葬送祭祀』古墳時代の考古学 8，同成社，2011，pp.235 - 248 など
8) 髙木恭二・西方孝史「直弧文を有する古墳の始まりと，その後の展開」『熊本古墳研究』7，pp.11 - 30。池田朋生編『阿蘇の灰石展』平成 18 年度前期企画展解説図録，熊本県立装飾古墳館，2006
9) 池内克史編『九州装飾古墳のすべて』東京書籍，2015
10) 古城史雄編『八代海周辺の装飾古墳』熊本県文化財調査報告書 337，2020
11) 装飾古墳の分類については，杉井健により詳細な検討がなされている。前掲註 5（杉井 2020）に同じ
12) 小林行雄『装飾古墳』平凡社，1964
13) 藏冨士寛「装飾古墳考」『先史学・考古学論究』Ⅲ，pp.87 - 103
14) 筑後・北肥後系横穴式石室とは，玄室や前室入口の袖部が突出して門構造をなし，天井の高い，しっかりとした室空間を形成する前室を持つ横穴式石室の一群を指す。藏冨士寛「複室構造横穴式石室」土生田純之編『横穴式石室の研究』同成社，2020，pp.32 - 41
15) 山崎純男「福岡県宗像市桜京古墳にみられる船の線刻壁画をめぐって」『郵政考古紀要』辻尾榮市氏古稀祈念歴史・民族・考古学論叢，pp.389 - 406
16) 宇野愼敏は，古墳装飾の分析から追葬時における施文・描画の可能性を探る，意欲的な論考を記している。宇野愼敏「装飾古墳における追葬時の追描の可能性について」『福岡大学考古学論集』3，2020，pp.277 - 284
17) 和田晴吾「古墳の他界観」『古墳時代の葬制と他界観』吉川弘文館，2014
18) 河野一隆『装飾古墳の謎』文春新書，2023
19) 甲元眞之「装飾古墳の拡大」『葆光』私家版，2017

屯倉の成立

菅波 正人　福岡市埋蔵文化財課
SUGANAMI Masato

1　九州におけるミヤケの成立

(1)「屯倉（ミヤケ)」とは

史料では「屯倉」は,「屯家」「御宅」「官家」とも表記される。クラ（倉）やヤケ（家, 宅), そして, 田地からなるもので, 天皇もしくは倭王権の直轄地, 経済的基盤とされる。『記紀』には大和や河内など王権の周辺で登場する。6世紀前半以降は九州や東国などにも見られるようになり, これらについては, 経済的基盤というより, 王権が様々な目的のために置いた政治的・軍事的拠点という見解[1)]が有力である。

(2) 磐井の乱後のミヤケの設置

九州におけるミヤケの史料の初出は, 528（継体22）年, 筑紫君磐井の乱の罪を詫びるため, その子の葛子が献上した糟屋屯倉である。比定地については, 全長82mを超える大型前方後円墳の可能性がある鶴見塚古墳に隣接し, 糟屋評衙とされる粕屋町阿恵官衙遺跡周辺や大型建物が検出された古賀市鹿部田淵遺跡周辺などの説がある。それぞれの場所は玄界灘に注ぐ多々良川, 花鶴川の河口部にあたる海上交通の要衝であり, 糟屋屯倉の性格に繋がるものであろう。

糟屋屯倉以後は畿内以外でのミヤケの設置記事は増加していく。九州においては, 535（安閑2）年, 筑紫の穂波（飯塚市穂波町）・鎌（嘉麻市稲築町), 豊の桑原（築上郡築上町ほか）・肝など（京都郡苅田町ほか), 大抜（北九州市小倉南区）・我鹿[あか]（田川郡赤村), 腠碕[みさき]（北九州市門司区ほか）・火の春日部（熊本市）にミヤケを設置している。これらのミヤケは周防灘に抜ける交通路の掌握と, 磐井の拠点であった八女地域への楔になったと評価される[2)]。今のところ, これらの比定地でのミヤケ関連遺構は確認されていないが, ミヤケの設置前後の首長墳や群集墳の在り方, 渡来人の存在などから, 考古学的なミヤケの検証が試みられている[3)]。

2　那津官家の設置

(1) 那津官家（ナノツノミヤケ）とは

『日本書紀』の記事に, 536（宣化元）年, 往来の関門の地である那津（現在の博多付近）に非常に備えて, 尾張や伊勢, 伊賀の屯倉, および九州各地の屯倉の稲穀を運ばせて保管する官家（ミヤケ）を造らせたとある。これが「那津官家」と呼ばれるものである。

那津官家に関しては, 記録も少なく, 実態がよく分からない点も多いが, 設置の背景には激動する半島情勢に対応するための海上交通の要衝の掌握とそれを支える拠点形成にあると考えられている。つまり, 那津官家は経済的基盤というより, 政治的・軍事的拠点として評価されている。

那津官家の比定地については, 古代の那珂[なか]郡に位置し, ミヤケに伴なう耕作地に通じる「三宅田」「官田」といった地名や「那津」に通じる「中津」という地名が残る[4)], 福岡市博多区比恵[ひえ]遺跡群が有力である。1984（昭和59）年の発掘調査により6世紀後半から7世紀後半の時期の多数の大型倉庫群が発見されたことにより, ミヤケとの関連が指摘され[5)], ミヤケを考古学的に検証できる数少ない遺跡といえる。

(2) 那津官家を掘る―比恵遺跡群―

比恵遺跡群は南側に隣接する那珂遺跡群とともに, 弥生時代から古墳時代前期にかけての奴国の拠点集落として知られる。5世紀代になると, それ以前の様相と異なり, 遺構・遺物が極端に少なくなり, 集落は衰退する。6世紀中頃に肥後地域との関連が指摘される東光寺剣塚古墳が築造されると，6 世紀後半には比恵遺跡群南側から那珂遺跡群にかけて，竪穴住居や井戸などが多数造られ，これに連動して，比恵遺跡群の北側にミヤケ関連遺構とされる大型倉庫群などが造られるようになる。東光寺剣塚古墳の築造は，その後の展開において大きな画期と捉えられており，古墳の被葬者はミヤケの造営などに深く関わった人物と考えられる。また，遺跡の動態からミヤケの造営や維持などのために多くの人々が動員されたと推測される。これまで確認されたミヤケ関連遺構には倉庫群，管理施設がある[6)]（図 1）。

当初の倉庫群は遺跡群の北側に集中する。倉庫群は柵状遺構に囲まれ，整然と配置される。倉庫の大半は 3×3 間の総柱建物で，この時期の倉庫としては大型で，床面積は 16.6 ㎡～27.8 ㎡を測る。柵状遺構は特徴的で，布掘りの掘り方に 3 本の柱を据えて 1 組として連ねたものである。類例は少なく，福岡市早良区有田遺跡群や筑前町惣利遺跡などが知られるのみである。

倉庫群は数ヶ所で確認されているが，方位や掘り方が異なり，時期幅も想定される。第 8 次・第 72 次調査地点では，柵状遺構に囲まれて整然と並んだ状態の 10 棟の倉庫群が検出されている。区画範囲は東西 50m 以上，南北 55～58m に及ぶ。西側に隣接する第 125 次調査地点でも同規模の区画が確認されており，このような倉庫群の在り方は各地のミヤケから稲を運ばせたという書紀の内容にも関連する可能性がある。倉庫群は 7 世紀前半代まで造営されるが，時期が下ると，溝による区画や倉庫の大型化（3×4 間，40 ㎡超）などの変化が見られる。

管理施設については，第 7 次・第 13 次で検出されたロの字形に配置される建物群で，2×9 間の側柱建物（桁行 26.6m，梁行 3.1m）と 3 列の柵状遺構からなる。律令期の郡衙政庁に類似する。時期は 6 世紀後半～7 世紀に位置づけられる。

このように比恵遺跡群および隣接する那珂遺跡群に及ぶ範囲には，ミヤケの基本要件とされる，倉庫群や管理施設，ミヤケの維持などに関わる人員の居住域といったものが確認でき，ミヤケの中核に相当するものと考えられる。このミヤケに田地が伴なうかは今のところ特定できないが，遺跡群の東側地域は弥生時代以来の水田可耕地もあり，今後の調査が待たれる。

(3) 那津官家の変遷

6 世紀末～7 世紀前半になると，那珂遺跡群全域に集落遺構が展開し，大型倉庫群も見られるようになる。また，牛頸窯系の初期瓦が見られるようになる。この時期の筑紫には中央から筑紫へ対新羅対策のための将軍が派遣されており，海上交通の要衝である那津の重要性とともに，那津官家の政治的・軍事的拠点としての役割が増したことが背景にあると考えられる。

7 世紀中～後半になると，比恵・那珂遺跡群とも竪穴住居や井戸などが激減し，変わりに官衙的施設と考えられる区画溝や大型建物が各所で見られ，大きな構造変化がうかがえる[7)]。この背景には孝徳朝のミヤケの廃止や白村江の戦い後の軍事・外交

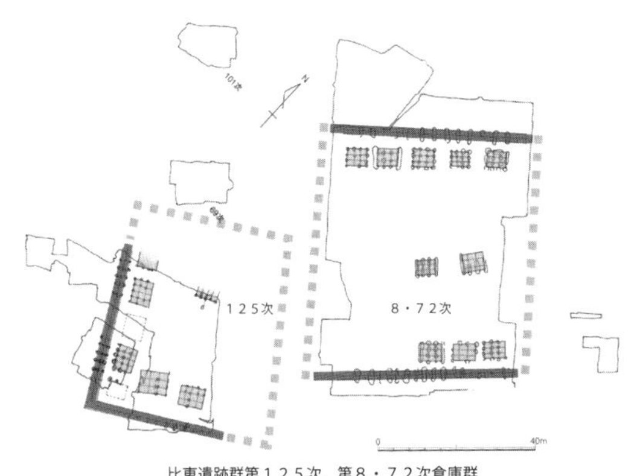

比恵遺跡群第１２５次、第８・７２次倉庫群

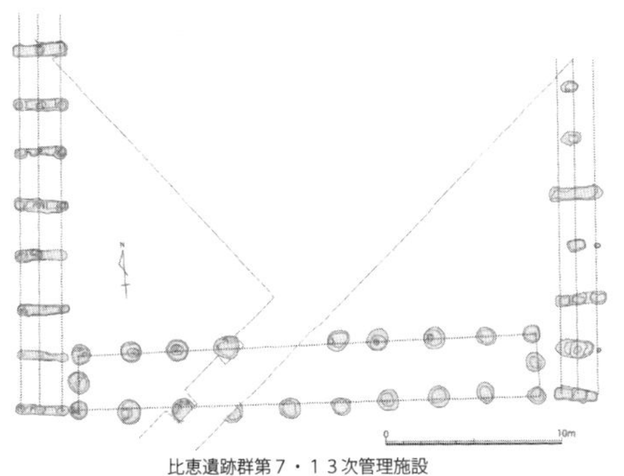

比恵遺跡群第７・１３次管理施設

図 1　比恵遺跡群ミヤケ関連遺構

政策などが考えられる。この時期の官衙的施設については，難波屯倉の変遷との比較から，外交施設である筑紫大郡との関連が指摘されている[8]。

3　那津官家と地域社会の変化

那津官家の設置の背景には九州における政治的・軍事的拠点づくりとされるが，設置により地域社会はどのように変化したのであろうか。周辺の早良郡，志麻郡などの遺跡の動態から検討したい。

(1)「早良屯倉（サワラノミヤケ）」―有田遺跡群―

比恵遺跡群と類似の倉庫群が検出された有田遺跡群は，古代の那珂郡の西側，早良郡に位置し，地名から田部郷に属するとされる。弥生時代以来の集落遺跡で，5世紀代は陶質土器や軟質土器などの半島系遺物が多数出土しており，渡来系集団の存在が想定される。6世紀後半になると，それまでにあった竪穴住居などが減少して，大型倉庫群がおもに遺跡群中央の高所部に建てられる[6]。その後，7世紀後半には早良郡衙の政庁，正倉と考えられる建物群が同所に建てられる[6]。後の史料には早良郡の郡司として，三宅連黄金という人物が確認される。

有田遺跡群ではミヤケ関連遺構とされる，3列の柵状遺構に囲まれた倉庫群が，これまでに数ヶ所で確認されている。存続期間はおおむね，7世紀中頃までと考えられている。これらの倉庫群はそれぞれ異なる方位，規模で，比恵遺跡群で見られたように，柵状遺構が並列して配置されるものもある。内部の総柱建物は1～2棟であることから，区画の溝状遺構は増設ではなく，当初より計画的に造られた可能性が高い。

倉庫群の管理施設およびミヤケの維持，田地の耕作に関わる人員の居住域は明確ではないが，田部の地名から，遺跡群周辺も含めて，田地や耕作民も付属していたと考えられる。史料には早良郡にミヤケは登場しないが，郡名を冠とした糟屋屯倉，穂波や鎌の屯倉の在り方を踏まえると，「早良屯倉」と呼べるものがあったのだろう。ミヤケの造営や維持に関しては，三宅連のような在地首長が関わり，先住の渡来系集団を取り込んで行なわれたものと推測される。那津官家との関係については，倉庫群には共通性はあるものの，那津官家とは異なる目的があったと考えられる。

北部九州においては，古墳や集落から出土した鍛冶道具や鉄滓の金属学的分析などにより，6世紀後半には製鉄から鍛冶に至る一連の操業が行なわれたと考えられている。とくに，半島系遺物が多く出土する早良・糸島地域では6世紀後半以降，鉄滓の供献や鍛冶工具などを副葬した古墳が多数見られるようになり[9]，渡来系集団の関与のもと，海岸砂丘で採れる高品質の砂鉄と，背後の山間部で確保できる木炭を利用した鉄生産が集約的に行なわれたと考えられる。吉備の白猪屯倉ではミヤケ設置に伴い，渡来系集団の関与により新たな鉄・鉄器生産が行なわれたとする説[10]も呈示されており，早良・糸島地域の鉄・鉄器生産の在り方とも共通する。早良郡のミヤケ設置の目的の一つとして捉えることができよう。ミヤケの設置と手工業生産への影響という点は大野城市牛頸窯の須恵器生産でも指摘されている[11]。

(2) 軍事的拠点の整備―元岡・桑原遺跡群―

556（欽明17）年，半島に向かう船が停泊する港や航路上の島々の要害の地を筑紫火君に守らせたという書紀の記事がある。志麻郡には「大宝二年筑前国嶋郡川辺里戸籍」には，筑紫火君との関わりが深い肥君の一族が確認され，記事との関連が指摘されている[12]。また，602（推古10）年，来目皇子が新羅を討つために撃新羅将軍に任命され，2万5千の軍衆が志麻郡に駐屯したと書記に記されており，この地域が海上交通の要衝であり，軍事的に重要な拠点であったことがわかる。

これらの舞台となった志麻郡は玄界灘に突出する糸島半島にあたり，その東岸にある福岡市西区元岡・桑原遺跡群ではこれまでの調査で，多数の古墳時代後期の群集墳や集落遺構が確認された[13]。

古墳については，6世紀中ごろに前方後円墳である石ヶ原古墳が築造され，6世紀後半には，武器や馬具，鍛冶道具，陶質土器などを副葬した桑原石ケ元古墳群などの群集墳の造墓活動が盛んになる。

集落については，6世紀後半にはこの地域の拠点的な居住域である第20次，27次調査地点で竪穴住居が増加するなど，人口の増加がうかがえる。また，居住には適さない狭長な谷部において，1×1間や2×2間の総柱建物が密集して営まれるなど，集落とは独立した倉庫域が見られるようになる。

この他，古墳や集落から陶質土器や鍛冶道具などが出土しており，渡来系の工人による鉄器の生産が想定される。また，須恵器系土師器の木製当て具や木製の鞍，馬の歯なども出土しており，土器の生産や馬の飼育なども行なわれた可能性も推測される。兵の駐屯などで必要となる様々な物資の確保のための手工業生産のあり方と捉えることができよう。

これまで見てきた群集墳の造営活動の活発化や集落構造の変化，手工業生産のあり方については，志摩郡おける軍事的拠点の整備の一端を示すものであろう。遺跡群の様相は比恵や有田遺跡群とは異なり，ミヤケの中核を示すものはないが，志麻郡におけるミヤケの設置の可能性を示すものであろう。志麻郡のミヤケの目的としては，海路の要衝の掌握，軍事的拠点の整備といった，那津官家の役割にも関わるものと考えられる。

(3) おわりに

九州におけるミヤケの成立後，那津官家の設置は王権による対外関係上の政治的・軍事的拠点形成と理解される。その実態については明確ではないが，これまでの検討から，ミヤケの中核となる倉庫群や管理施設，田地，耕作民の居住域以外に，鉄生産などの手工業生産，津や軍事拠点の整備などが行なわれ，それらは九州各地や半島を含むネットワークとして結ばれたと考えられる（図2）。このネットワークの拠点は律令期には郡家や駅家などになっており，ミヤケ制から律令制への移行や，大宰府の成立過程を考える上でも注目される。

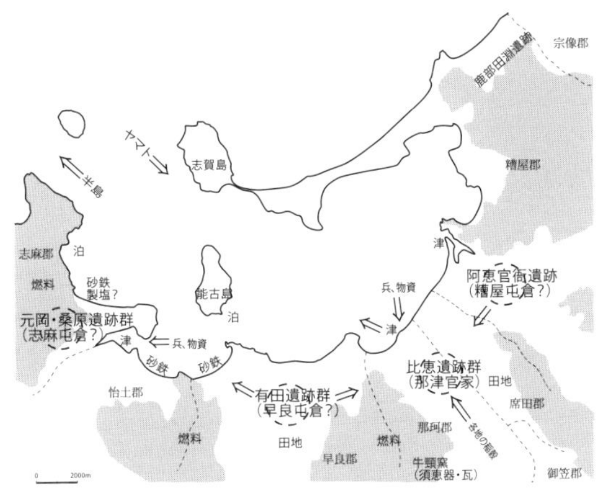

図2 那津官家のネットワークイメージ

註

1) 舘野和己「ヤマト王権と列島支配」『日本史講座第1巻 東アジアにおける国家の形成』東京大学出版会，2004

2) 板楠和子「乱後の九州と大和政権」『古代を考える 磐井の乱』吉川弘文館，1991

3) 桃﨑祐輔「九州の屯倉研究入門」『還暦，還暦？還暦！―武末純一先生還暦記念献呈文集・研究集―』武末純一先生還暦記念事業会，2010

4) 日野尚志「比恵遺跡群を中心とした諸問題を考える」福岡市埋蔵文化財調査報告書842，福岡市教育委員会，2005

5) 柳沢一男「福岡市比恵遺跡の官衙的建物群」『日本歴史』465，吉川弘文館，1987

6) 菅波正人「律令成立期前後の福岡」福岡市史編集委員会編『新修福岡市史特別篇 自然からみた福岡の歴史』福岡市，2013

7) 菅波正人「比恵・那珂遺跡群」福岡市史編集委員会編『新修福岡市史考古資料篇2』福岡市，2020

8) 菅波正人「鴻臚館の成立と変遷」『大宰府の研究』高志書院，2018

9) 小嶋 篤「鉄滓出土古墳の研究―九州地域―」『古文化談叢』61，九州古文化研究会，2009

10) 亀田修一「古墳時代の渡来人―西日本―」『専修大学古代東ユーラシア研究センター年報』4，専修大学，2018

11) 岡田裕之「古墳時代後期社会と須恵器生産・屯倉制」『東アジアと日本：交流と変容』3，九州大学大学院比較社会文化研究院，2006

12) 長 洋一「新城「大宰府」の成立」『日本の古代国家と城』新人物往来社，1994

13) 菅波正人「古墳時代後期から古代の様相について」『元岡・桑原遺跡群34』福岡市埋蔵文化財調査報告書1385，福岡市教育委員会，2019

庚寅銘大刀と鋳銅鈴からみた元岡G6号墳の時代背景と東アジア

桃﨑 祐輔 福岡大学人文学部
MOMOSAKI Yusuke

福岡市元岡G6号墳の石室に抜身で副葬されていた庚寅銘大刀は，百済から船載された円頭・圭頭大刀で570年の製作とみられ，出土状態より茅山道教に基づく四寅剣・五寅剣で，「剣解」刀であった可能性がある。

Ⅰ　元岡G6号墳について

福岡市西区桑原・元岡遺跡群は，正倉院文書の大宝二（702）年筑前国嶋郡川辺里戸籍の故地にあたる。1980年代，九州大学の移転計画が持ち上がり，発掘が開始されると，重大な発見が相次いだ。

元岡G6号は径18mの墳丘で，六角形・八角形などの多角形墳の可能性がある。発見当時，墳丘全体が中世以降の段造成に埋没し，横穴式石室内から出土した11世紀後半以降の白磁・青磁碗類より中世墳墓に転用されたと判断されるが，床面はよく保存されていた。耳環は10点出土し，形状とセット関係からみて5人かそれ以上の被葬者が想定される。石室閉塞部から大型の鋳銅鈴が出土したほか，石室内外から出土した須恵器は100個体以上で，ⅣA・Ⅳb・Ⅴ・Ⅵ期の四段階に編年された。このうちⅤ段階の東海産須恵器台付長頸壺は，難波宮下層の戊申（648）年木簡共伴土器に同型品が含まれる。

1　庚寅銘大刀の情況

X線撮影で刀身背面の棟の下寄りから19文字の金象嵌銘が確認され，「大歳庚寅正月六日庚寅日時作刀凡十二果練」と判読された。年号だけでなく，日付にも干支を記す点から古代の暦法資料としても注目された。

豊島直博の検討[1)]を踏まえれば，

①大刀は鋒までほぼ完存し，復元長約74.3cm，刀身長65cmで倭製にしては短い。

②大刀は，先端部がわずかに破損し，6世紀に多い，先端が曲線を描いてふくらむ「フクラ鋒」なのか，7世紀に多い，先端を直線状に裁断する「カマス鋒」なのか判断できない。

③大刀の柄の部分は，2011（平成23）年のX線CT調査の段階で片関とされたが，クリーニングされた現状は，「均等両関」「中細茎」「一文字尻」に該当する。

④茎には筒状の鎺がつき，一部鍍金が残る。長径3.3cm，長さ3.3cm。これに取りつく長径3.4cm，短径2.1cm，厚さ0.5cmの倒卵形の喰出鍔には半円形の抉りをもつ。

⑤大刀本体とは別に金銅板の小片が多数出土し，接合の結果，鞘口金具と判明した。長さ4.2cmで，片面の一端に幅1cm，深さ0.5cmの半円形の切り取りをもつ。庚寅銘大刀と同一個体の可能性が高い。

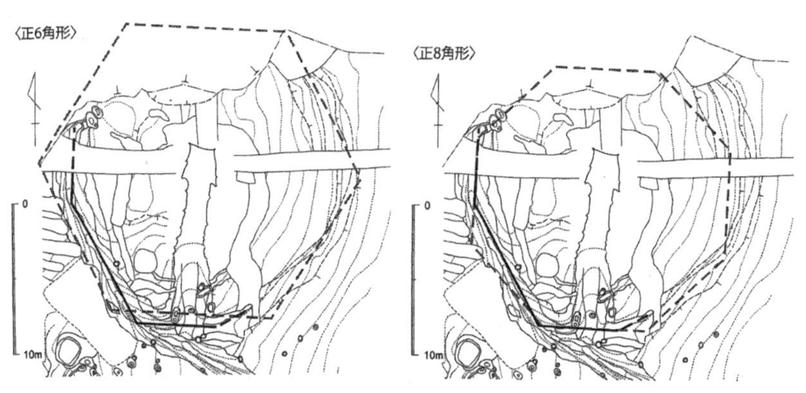

図1　元岡G6号墳の墳丘復元モデル図（福岡市教育委員会2013）

以上，庚寅銘大刀は本来，環付脚金物を伴う舶載の円頭か圭頭大刀で，百済製の可能性が高い。

2　元嘉暦使用の断定

坂上康俊は，毎日新聞 2011.10.19 付で，内田正男編著『日本暦日原典』（雄山閣出版）の元嘉暦の計算法による暦の復原に基づき，庚寅年の正月6日が庚寅になるのは570年しかないとのべた。

一方，ブログ『天漢日乗』2011.9.22 では隋・蕭吉編の『五行大義』に「河圖云，甲寅乙卯天地合，丙寅丁卯日月合，戊寅己卯人民合，庚寅辛卯金石合，壬寅癸卯江河合」とあり，佚書『河圖』を引いて庚寅日は金石合－刀の鍛造に適した日であり，さらに大明暦でも正月六日の干支は庚寅となり，元嘉暦には限定できないと指摘した。

また読売新聞 2011.10.19 付では，東野治之が，庚寅銘大刀は寅年の寅月，寅日に作られ，また正月も「建寅月」で十二支では寅に配当され，「時」も寅刻の可能性がある。寅が並ぶ日時で刀剣を作ると，除災招福の効能があるという道教的な信仰の産物であるとし，庚寅銘大刀も「三寅剣」「四寅剣」の類の作例とみて，銘の日付に近い頃に作られた12本のうち1本が，守り刀として北九州の有力者の手に入ったと推定した。

3　庚寅銘大刀の銘文の位置

刀の背面の棟に銘文を刻む例は，中国山東省出土の漢永初六年銘大刀（112），奈良東大寺山古墳の漢中平年銘大刀（184頃），江田船山古墳銀象嵌銘大刀（490頃か），『塵袋』所載「歳在庚申百済所造」銘護身剣，韓国昌寧校洞（チャンニョンキョンドン）11号墳「上部先人貴□刀」銘円頭大刀，伝韓国出土「･･･不畏也□令此刀主富貴高遷財物多也」銘単龍環頭大刀など，ほとんどが中国・朝鮮半島のもので，唯一の日本製である江田船山古墳の大刀も，銘文の末尾に「書者張安」とあり，中国系の渡来人が銀象嵌銘を刻んだ可能性が高い。

『塵袋』には，朝廷に伝わる「大刀契」について，「百済国ヨリタテマツル所ナリ」とのべ，「歳在庚申正月百済所造三七練刀南斗北斗左青龍右白虎前朱雀後玄武避深不祥百福会就年齢延長万歳無極」銘を記す[2)]。銘文からみて百済王の即位時に治世の安寧と長久を記念して製作されたと考えられ，久爾辛王元（420）年，東城王二（480）年，武王元（600）年のいずれかの製作となろう。

4　金象嵌銘大刀の製作と佩用者

『宋書』には，「刀不得過銀銅為飾」とあり，金銀錯刀の製作は尚方（宮廷付属工房）が独占し，民間での製作は規制されていた。『延喜式』（弾正台）では，「凡そ刻鏤の太刀は，新しく作るにあらざれば，五位已上の着用を聴せ」とある[3)]。

5　梁・陶弘景『古今刀剣録』梁・天藍二年（503）作五色神剣十三口との対比

庚寅銘大刀は，鞘の木質が存在せず，抜き身で副葬されており，呪術的な意図を感じさせる。

陶弘景（452（456説あり）～536）は中国南朝の齊・梁に仕えた道士で，刀剣の鑑定にも明るく，『古今刀剣録』を著した。それによれば，梁武帝蕭衍は天監二（503）年の即位に際し，陶弘景に命じ，金銀銅錫鉄を用い五色長短の神剣十三口を造らせ，小篆で「服之者永治四方並」と銘したという。中国の神仙思想や道教では，人が一旦死んだのちに生返って仙人になることを尸解仙（しかいせん）という。陶弘景が完成した茅山派道教では，尸解を登仙法として重視し，剣を身体の代りに現世に残して仙人となる「剣解」法を説いた。

『日本書紀』には，聖徳太子が片岡の地で飢者に出会い，衣食を与えたが，後日，飢者が死んで墓に埋葬し，数日後，墓を開けると，屍骨はすでになく，ただ棺上に衣服が畳まれて置かれていた記事があり，尸解仙説話と考えられている。よって元岡G6号墳で，鞘を壊し遺体に抜身で供えられた庚寅銘大刀も，道教の尸解仙思想の呪具であった可能性が考えられる。

大明暦は，南朝宋・斉の祖沖之が編纂した暦法で，宋・大明六（462）年に完成し，その死後，梁によって官暦に採用され，南朝梁の天監九（510年）年から南朝陳の末年，禎明三（589年）

年までの80年間，使用された。よってこの刀剣が陶弘景や茅山道教に関わるならば，大明暦に基づく可能性も排除できない。

6　庚寅銘大刀の意義

『日本書紀』によれば，崇峻天皇は591年，「任那」の再興を企て2万余の征新羅軍を筑紫に向かわせたが592年，天皇が暗殺され中止された。この時，紀男麻呂宿禰・巨勢猿臣・大伴囓連・葛城烏奈良臣ら4人が大将軍に任じられた。肥前三根郡葛城郷の葛城神社は，葛城氏の駐屯地の遺蹟とされる。2011年の現地説明会当日，久住猛雄に，元岡G6号墳周辺の字は「カツラギ」だと教わり驚いた。

602年には，来目皇子が撃新羅将軍として軍衆25000人を率い筑紫に到着したが，翌603年，嶋郡で船舶・軍糧調達中に病没した。後任の当摩皇子は明石で妻が病死したため帰還した。

元岡・桑原遺跡群周辺には，征新羅軍の兵営や武器廠から構成される駐屯地があったと考えられる。

石ヶ元8号墳では，素環轡＋鉄製輪鐙の国産馬具セットが出土した。石ヶ元9号墳では朝鮮半島の鳥足文叩土器が，石ヶ元12号墳では素環轡や鋳銅鈴，鍛冶具・木工具を出土した。

元岡・桑原遺跡群第7次調査地区は，石ヶ元古墳群より谷を隔てた南側に位置し，「壬辰年韓鉄□□」(692)「嶋里」「里長」などの木簡が出土した。古墳群北西の第20次調査でも「大宝元年」(701)「嶋郡赤敷里」「登志郷」などの木簡が出土した。『倭名類聚鈔』記載の筑前国嶋郡は，韓良・久米・登志・明敷・鶏永・河邊・志麻の7郷からなる。すると7次調査区付近に「嶋里」≒志摩郷，20次調査区付近に「嶋郡赤敷里」≒明敷郷，登志郷があったかに見える。また「韓良郷」について，『倭名類聚鈔』高山寺本や名古屋市博本では，「韓良」を「加良漢知」「カラカチ」と訓じ，7次調査の製鉄炉や「壬辰年韓鐵」木簡より付近が古代の韓良郷と判明する。延喜五（905）年撰の『筑前観世音寺資財帳』によれば，嶋郡には他にも「加夜郷」の郷名が存じ，「伽耶」に因むと考えられる。

しかし嶋郡7郷のうち4郷が元岡・桑原遺跡群の範囲に収まるのは不自然で，むしろ山林（木材・木炭）・鉱物（砂鉄・粘土）資源の採取地として，7郷全体の入会地となっており，伐採後の跡地に各集団が群集墳を営み，各里（郷）ごとに占有を主張した結果と考えた方が妥当であろう。

太宰府市国分松本遺跡で出土した戸籍木簡のうち，木簡1の表側には，「嶋評　戸主建マ身麻呂戸。又附去□□□□／政丁。次得□□。兵士…」，とあり，裏側には「并十一人。同里人進大弐建マ

表1　主要象嵌刀剣銘

	出土地	年号銘	西暦	備考
1	江蘇省徐州市銅山県駝竜山出土金錯鉄刀（109cm）	「建初二年蜀郡西工官王惜造五十凍□□□孫剣□」	77	
3	山東省蒼山県出土金錯鉄刀（111.5cm）	「永初六年五月丙午造卅凍大刀吉羊宜子孫」	112	
4	『鐘鼎款識』所載元嘉三年銘刀	「元嘉三年五月丙午日造此刀□官刀長四尺二□□□宜候王大吉羊」	153	宮崎市定説劉宋ＡＤ426年は不当
5	奈良県東大寺山古墳出土中平年銘大刀（103cm）	「中平□年五月丙午造作文刀百練清剛上應星宿下辟不祥」	184～189	
6	石上神宮七支刀（73.5cm）	表「泰和四年□月十一日丙午正陽造百練鋼七支刀□辟百兵宜供供候王□□□□作」	369	
7	稲荷台1号王賜銘鉄剣	表「王賜□□敬安」　裏「此廷□□□」		5世紀中葉
8	埼玉稲荷山古墳金錯銘鉄剣（73.5cm）	表「辛亥年七月中記乎獲居臣上祖名意富比土危其児多加利足尼其児名弓巳加利獲居其児名多加披次獲居其児名多少鬼獲居其児名半弓比」	471	531説は不当
9	江田船山古墳銀象嵌銘大刀（90.6cm）	「治天下獲□□□鹵大王世奉事典曹人名无利弓八月中用大鋳釜并四尺廷刀八十練□十君三寸上好□刀服此刀者長□子孫注々得三恩也不失其所統作刀者名伊太利書写張安也」	490頃？	東野治之は「治天下」は雄略没（489）後とする。
10	元岡Ｇ6号墳庚寅銘大刀（75cm）	「大歳庚寅正月六日庚寅日時作刀凡十二果練」	570	元嘉暦・大明暦・天保暦のいずれか。
11	岡田山古墳銀象嵌銘大刀（残長52cm）	「各（額）田マ（部）□□□素□大利□」		6世紀末～7世紀初頭
12	群馬県出土金錯銘大刀（64.5cm）	「□□□□」		6～7世紀か
13	熊本城横穴墓（残長55cm）	「甲子年五月中」	604	
14	箕谷2号墳銅象嵌銘大刀（残長68cm）	「戊辰年五月中」	608	668説あり。
15	四天王寺金象嵌大刀（85cm）	「丙子椒林」		7世紀か。物部守屋斬首刀と伝承。
16	百済護身剣（『塵袋』記載）	「歳在庚申正月百済所造三七練刀南斗北斗左青龍右白虎前朱雀後玄武避深不祥百福会就年齢延長万歳無極」	不明	庚申年は420・480・600のいずれか。

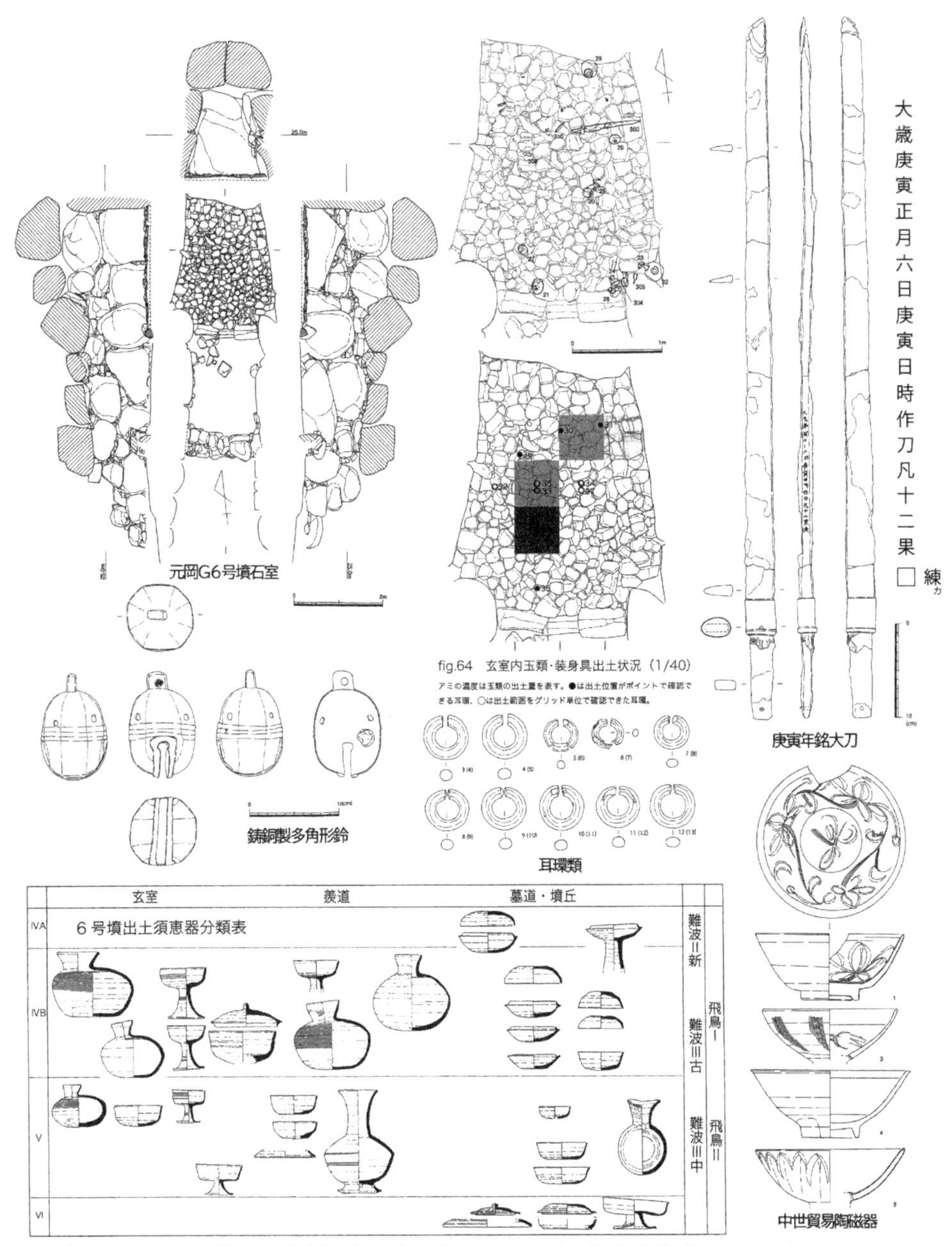

図2　元岡G6号墳の遺物出土状況からみた庚寅年銘大刀の位置付け（福岡市教育委員会 2018・2019）

成戸。・・・」とある。「評」・「進大弐」などから「庚寅年籍」の戸籍木簡で，690年代のものと判明した。戸籍の冒頭に兵役可能な成人男性がまとめて書かれている。このわずか数年後の正倉院大宝二（702）年「筑前国嶋郡川辺里戸籍」は戸主・妻・子の順で記し，軍事よりも女性を含めた徴税を重視した書式に変化している。

また木簡に記された「額田部」「久米部」などの中央系氏族は，602年の新羅出征にあたり，来目皇子が嶋郡に，随行した氏族に遡る可能性がある[4]。

Ⅶ　鋳銅鈴の検討

元岡G6号墳出土鈴は長径11.4㎝，厚さ7.2-7.5㎝を測る。10㎝超でヘタ表現のある多角形大型鋳造鈴は新羅・伽耶に原型があり，埼玉将軍山古墳例や宗像市平等寺1号墳例は新羅製の可能性がある。これに対し，6世紀中葉以降，八角形の鈕座を持ち内部に小鈴を封入する，腹帯2～3条を巡らす多角形大型鋳銅鈴が全国に散見され，古代官道の駅の比定地からの出土例が多い。九州でも，唐津市鏡神社裏古墳（大村駅），朝倉市馬塚（隈埼駅），古賀市船原3号墳遺物埋納坑（席内駅），行橋市大将陣古墳（多米駅）など大型多角形鈴の分布と駅家比定地の対応関係が認められる。隠岐・玉若酢命（たまわかすのみこと）神社に伝世する駅鈴は，全高6.5cm，幅5.5cm，厚さ5.0cmを測る。

市大樹は，「589年の隋による中国統一を大きな契機として，東アジアが緊張に包まれるなか，大和―筑紫間に早馬制が整備されたと考えられる。ただし，令制下のような独立した駅家が置かれたとは考えにくい。おそらく，倭政権の影響力の強い屯倉などの拠点に馬を配備し，緊急事態に備えたもの」と推測する[5]。

『日本書紀』欽明三十二（571）年に天皇の崩御に際し，皇太子に駅馬を走らせた記事がある。

592年の崇峻天皇暗殺に際し，新政権は「筑紫将軍所」に「外事」を怠らぬよう駅馬を走らせた。

603年には，筑前国嶋郡で来目皇子が陣没し，その報は大和へ駅使によってもたらされた。

皇極天皇元（642）年春正月に百済使，大仁安曇連比羅夫が筑紫国より驛馬に乗って来た。翌年にも筑紫大宰が馳馬して百濟の翹岐弟王子と調使，高麗（高句麗）使の来朝を伝えた。

大化二（646）年正月条改新詔には駅馬・伝馬の設置，鈴契（すずしるし）＝駅鈴の記事がある。

斉明天皇三（657）年秋には覩貨邏國の男二人，女四人が筑紫に漂着し「驛（はいま）を以て召す」とある。

以上，元岡G6号墳から出土した大型鋳造鈴についてもプレ駅鈴と考える。さらに6世紀後半以降，遣隋使・遣唐使開始・大化駅伝制を挟んでなお，筑紫大宰による馳馬＝駅馬での外国人来航の奏上には一貫性があり，筑紫と畿内を結ぶ早馬制が，連続性をもって駅伝制に移行したことを物語る。

Ⅷ　おわりに

庚寅銘大刀は570年吉日に「四寅剣」「五寅剣」として製作されたとみられるが，南朝・陳（557～589）の大明暦，北朝・北斉（550～557）の天保暦，宋の元嘉暦いずれでも正月六日は庚寅日となり暦法は断定できない。

「凡十二果□」を製作本数とみれば，梁武帝が503年の即位時に神剣十三口を造らせた故事と対応する。百済製の円頭・圭頭大刀と推測されるが，570年に即位した百済王はいない。一方，抜身での副葬は茅山道教の「剣解」法を想起させ，大明暦に基づく可能性が高いと考える。

一方，大型鋳造鈴は7世紀後半の供献とみられる。駅鈴は地方の郡司が中央に出任する際にも帯同した。嶋郡川辺里戸籍（702）に見える嶋郡大領肥君猪手も，評司・郡司に相当し，駅鈴を使える立場にある。元岡G6号墳の被葬者は外交情報を権力中枢に通信する上で重大な役割を果たした人物（集団）とみられ，嶋郡比菩駅の駅長であった可能性も考えられよう。

註（文献の大部分は割愛した）

1）　豊島直博 2018
2）　岸　俊男「「庚申」と刀剣」『日本歴史』381，1980。同『遺物・遺跡と古代史学』吉川弘文館，1980。西山 1985
3）　岸　俊男「聖徳太子と古代刀剣」『歴史と人物』昭和54年11月号，1979。前掲註2（岸 2018）に同じ
4）　楢崎直子「筑前国嶋郡川辺里戸籍再考―元岡・桑原遺跡の発掘調査成果を受けて―」長洋一監修・柴田博子編　『日本古代の思想と筑紫』櫂歌書房，2009，pp.175‑187
5）　市　大樹「日本古代駅伝制度の特質と展開―日唐比較と山陽道―」『第15回播磨考古学研究集会「播磨国の駅家を探る」資料集』2015，pp.34‑88

参考文献

福岡市教育委員会『元岡・桑原遺跡群22―第56次調査の報告1―』福岡市埋蔵文化財調査報告書1210，2013

福岡市教育委員会『元岡・桑原遺跡群30―元岡G‑6号墳・庚寅銘大刀の考察―』福岡市埋蔵文化財調査報告集1355，2018

福岡市教育委員会『元岡・桑原遺跡群33―55次・56次調査の報告・元岡古墳群G群6号墳の報告』福岡市埋蔵文化財調査報告集1381，2019

船原古墳

甲斐孝司 古賀市教育委員会
KAI Koji

はじめに

船原古墳は，福岡県古賀市に所在する古墳時代後期の前方後円墳である。山手の三郡山地から派生する標高40m程度の丘陵に位置するが，玄界灘からは約4.7kmしか離れていない。古墳は丘陵の尾根に立地し，東隣りには削平を受けた船原2号墳があるほか，すでに消滅している船原1号墳が確認されており，3基で船原古墳群を形成していた。

墳丘は，現存長37.4m，段築，葺石，周溝はない。前方部は現状で墳端に向かい緩やかに下り，墳裾は地山を削り出して整形している。

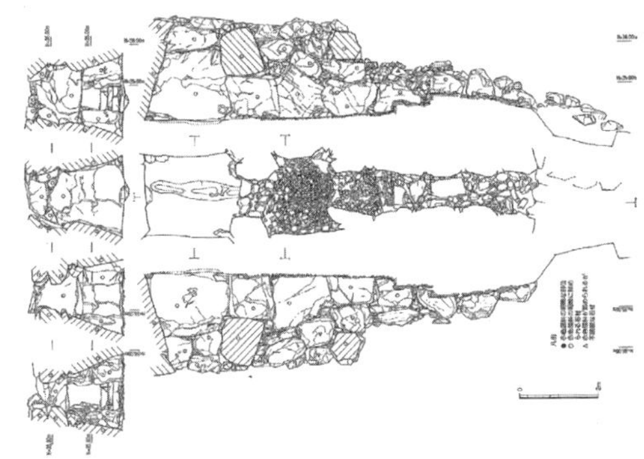

図2　横穴式石室実測図

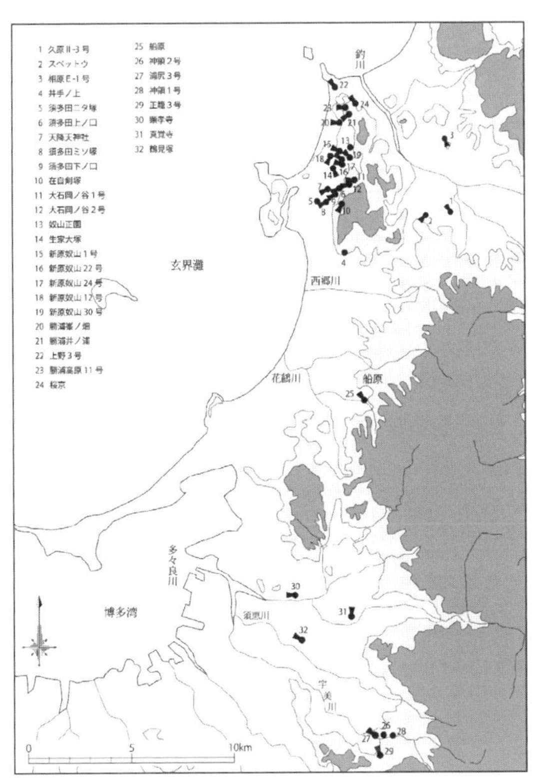

図1　位置図

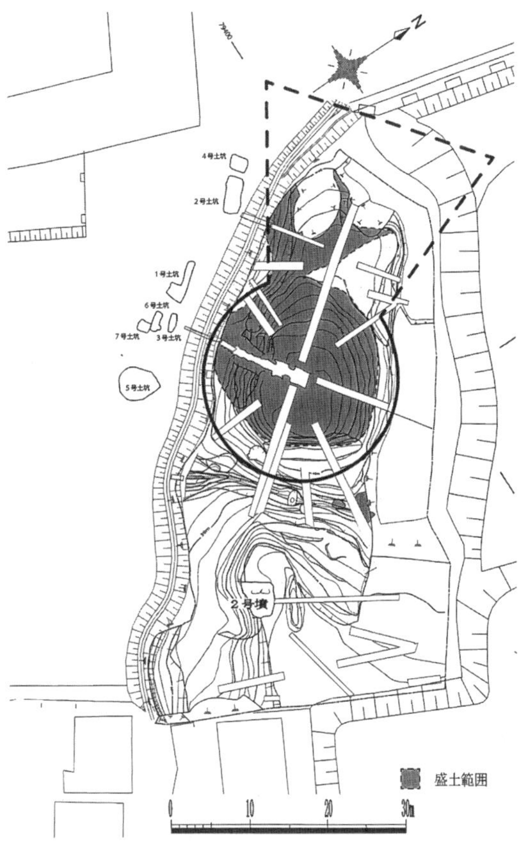

図3　船原古墳

上述の特徴を持つ前方後円墳は，6世紀後半代に玄界灘沿岸の宗像地域から糸島にかけて点在する。とくに，北に隣接する宗像地域では，桜京古墳を含めて8基が確認でき，主体部の墓壙を深く掘る工法も含めて地域的類似性が認められる。

主体部は，墳丘主軸に直交して南西側に開口する複室構造の横穴式石室で，羨道部を含めた全長は9.99mとなる。石室はＶＡ類にあたる[1]。

築造時期は，墳丘のくびれ部から出土した坏の年代から6世紀末～7世紀初頭とみられる。

古墳の南西側の墳丘外には，7基の土坑が確認されている。これらの土坑は，後円部側の1・3・5～7号土坑は墳丘主軸，前方部側の2・4号土坑は前方部墳裾を意識した配置となる。さらに2・5号土坑から出土した須恵器片が墳丘出土の須恵器片と接合したことから，船原古墳と土坑群の関連性が認められる。

1　7基の土坑

土坑群は，平面形と深さに規格性がないことから，土坑ごとに用途の違いが想定される。また，1・2・3号土坑からは土器以外に金属遺物が出土している。とくに，遺物が多く出土した1号土坑は，平面形が逆Ｌ字形と特異な形状を呈するが，内部に切り合い関係はなく，床面もフラットで，遺物の出土状況に不自然な乱れや高低差が認められないことから，一度に掘られた1基の土坑に遺物が置かれ，埋め戻されたと考えられる。

なお，6・7号土坑は遺構保存のため，遺構検出に留めている。

2　1号土坑出土の特徴的な遺物

1号土坑からは，武器，武具，馬具，農工具など多種多様な遺物が出土した。これらの遺物群は，その出土状況から図4のように7エリアに分けられる。ここでは，おもな遺物を紹介する。

①弓　エリア1の床面から東西2群に分かれて十数張出土した。西側の弓束には両頭金具や銀製弭が確認できる。

②鞍，鐙　エリア1・3・4・5から鞍5点，鐙8点を確認した。とくに，エリア1から金銅装鞍と鉄製壺鐙，エリア3からは木芯金銅板張壺鐙が出土している。

③忍冬唐草文心葉形鏡板付轡，ガラス装飾付

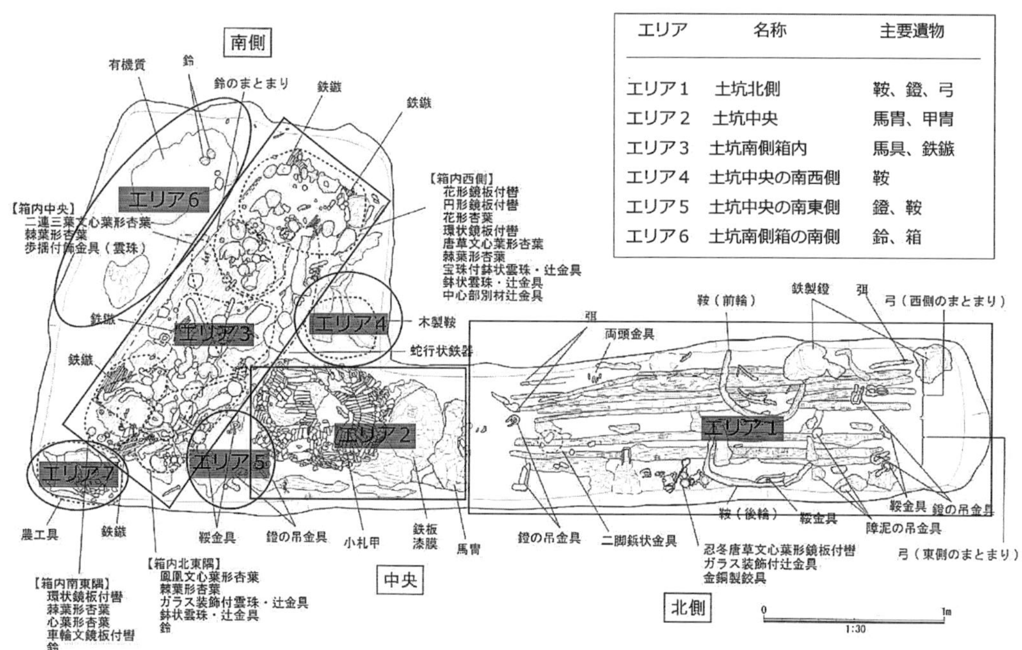

エリア	名称	主要遺物
エリア1	土坑北側	鞍、鐙、弓
エリア2	土坑中央	馬冑、甲冑
エリア3	土坑南側箱内	馬具、鉄鏃
エリア4	土坑中央の南西側	鞍
エリア5	土坑中央の南東側	鐙、鞍
エリア6	土坑南側箱の南側	鈴、箱

図4　1号土坑エリア設定図

表１　船原古墳土坑出土遺物一覧表

１号土坑

大別	器種	分類	点数	エリア
馬具	轡(６)	忍冬唐草文心葉形鏡板付轡	1	1
		花形鏡板付轡	1	3
		車輪文楕円形鏡板付轡	1	3
		円形鏡板付轡	1	3
		環状鏡板付轡	2	3
	鞍(５)	金銅装鞍	1	1
		木製鞍	2	1
			1	4
			1	5
	鐙(８)	鉄製壺鐙	1	1
		木製鐙	5	1
			1	5
		木芯金銅板張壺鐙	1	3
	杏葉(18)	鳳凰文心葉形杏葉	3	3
		花形杏葉	3	3
		二連三葉文心葉形杏葉	1	3
		唐草文心葉形杏葉	1	3
		棘葉形杏葉	10	3
	雲珠(14)	金銅装歩揺付飾金具	10	3
		ガラス装飾付雲珠	1	3
		宝珠付鉄製鉢状雲珠	1	3
		鉄製鉢状雲珠	1	3
		金銅製鉢状雲珠	1	3
	辻金具(25)	ガラス装飾付辻金具	6	1
			3	3
		宝珠付鉄製鉢状辻金具	5	3
		鉄製鉢状辻金具	7	3
		金銅製鉢状辻金具	3	3
		中心部別材辻金具	1	3
	障泥		1	1
	鈴(25)	大型鋳造鈴	6	3
		中型鋳造鈴	3	3
			2	6
		中型鍛造鈴	2	3
		小型鍛造鈴	12	3
	馬冑		1	2
	蛇行状鉄器		3	3
武器	鉄鏃		―	3
	弓		―	1
武具	小札甲		1	2
	竪矧板革綴冑		1	2
農工具	農工具(4)	U字形刃先	1	7
		鉄斧	2	7
		鉄鎌	1	7

２号土坑

大別	器種	分類	点数	場所
馬具	轡	素環状鏡板付轡	4	南東
	円形鉄器		8	南東
	方形鉄器		4	東南
土器	須恵器・土師器		―	上層

３号土坑

大別	器種	分類	点数	場所
武器	鉄鏃	長頸鏃(3束)	78	中央
農工具	刀子		1	中央
土器	土師器坏		1	中央

４号土坑

大別	器種	分類	点数	場所
土器	須恵器		―	―

５号土坑

大別	器種	分類	点数	場所
土器	須恵器・土師器		―	―

辻金具　エリア１から轡１点，辻金具６点が出土し，面繋と考えられる。また，エリア３からは，同じセットの尻繋と推定されるガラス装飾付雲珠１点，辻金具３点に鳳凰文心葉形杏葉３点が出土した。ガラスを使用した馬具は，日本では藤ノ木古墳出土金銅装鞍の把手の両端を青色ガラスで装飾した事例があるのみで，ガラス装飾付の雲珠・辻金具は初めての出土例である。

④馬冑　エリア２から出土した。馬冑は，国内で和歌山県大谷古墳，埼玉県将軍山古墳の２例があり，本例は３例目となる。面覆部，庇，頬当から構成され，面覆部は上板を分割しないタイプ。眼孔部周辺と鼻先は立体的に打ち出す。面覆部と頬当部の連結は蝶番を用い，左右１対の鉸具を頬当部下端，頬当部前方の面覆部側板下端，庇部後方下端の合計６ヶ所に取り付けている。この様な連結部の構造は，現状では韓国公州公山城の出土例と船原古墳のみで確認されている。

⑤小札甲　エリア２から出土した。付属具に，襟甲，肩甲，膝甲，脛当を伴う。

⑥竪矧板革綴冑　エリア２から出土した。冠帽状の装飾を伴う朝鮮半島系の冑であり，鉢部に環状の庇が付く。環状の庇を持つ冑の出土例は，

朝鮮半島並びに国内では唯一である。

⑦**蛇行状鉄器**　エリア3から3点出土した。朝鮮半島で21点，国内で11点が確認されている。古賀市周辺は，福岡県宗像市大井三倉5号墳，福岡県福津市手光古墳群南支群第2号墳から各1点と計5点が出土している。

⑧**金銅製歩揺付飾金具（雲珠）**　エリア3から10点出土した。台座となる唐草文を透彫した六角形の金銅板の各角と中央に歩揺を吊った支柱7本が立つ。透彫板の上に複数の歩搖を垂下する飾金具の類似品は，国内や朝鮮半島でも出土例がない。

⑨**二連三葉文心葉形杏葉**　エリア3から1点出土した。中空の縁金，文様板に三葉文を左右対称に配置する構図も珍しいが，タマムシの羽根を文様板の下に装飾している。

⑩**花形鏡板付轡・杏葉**　エリア3から花形の鏡板付轡1点，杏葉3点が出土した。朝鮮半島に事例がなく，国内のみで出土することから，国産馬具と考えられている。

⑪**鈴**　エリア3，エリア6から大型鋳造鈴6点，中型鋳造鈴5点，中型鍛造鈴2点，小型鍛造鈴12点の計25点が出土した。

3　船原古墳の特色

船原古墳の特色は，①遺構，②遺物，③調査方法にある。

①については，墳丘外に遺物を埋めた土坑群が日本で初めて確認されたこと。加えて，前方後円墳の系譜がない空白地域に6世紀後半になり始めて前方後円墳が出現したことである。

とくに，墳丘外に遺物を埋める行為は初めて確認された事例であり，これは，葬送儀礼の場が主体部，墳丘に留まらず，重層的に古墳の外まで広がっていたことを示すなど，葬送儀礼の研究においても重要な学術的価値を持つ。

②については，先にも一部触れたが，朝鮮半島系の希少な遺物から国内のみで出土する遺物に加え，2号土坑で出土した素環状鏡板付轡など在地的な遺物まで，馬具，武器，武具，農工具といった多種多様な遺物が，墳丘外の土坑群に埋められていたことである。

これにより，遺物個別の学術的価値や意義はもとより，遺物が集積された経緯や遺物群の組成から被葬者の性格，さらには，東アジアと国内の政治的社会的動向を解明する上でも重要な意味を持つ。

③については，土坑の調査方法である。湿潤な環境にあった土坑内は，繊維や革，木質など多くの有機質遺物が金属遺物に銹着しながら遺存していた。一方，調査においては，遺物の出土位置など長時間保ちにくい環境であったため，早急に記録して取り上げていく必要があった。

この様な条件のもと採用した屋外調査の方法は，遺物の表面情報を遺構とともに三次元測量した上で，遺物に付着した有機質とともに土ごとブロックとして取り上げる方法であった。1号土坑は三次元測量と取り上げの工程を3度繰り返した。取り上げた遺物のブロックは，九州歴史資料館においてCT画像を撮影したのち遺物の表面情報をSTL化して三次元測量データに合成することで，三次元の出土状況図を作成した。

この調査方法の特徴は，従来の調査で記録化していた二次元での位置情報を三次元化することにより，土坑内の遺物相互の位置関係などを立体的に可視化したことである。

なお，船原古墳の調査および整理作業は，福岡県九州歴史資料館との共同研究として現在も進めている。遺物には未整理のものも含まれているため，今後，調査の進捗に伴い遺物の器種や員数などが変わる可能性があることをご容赦願いたい。

註

1）重藤輝行「九州における横穴式石室の展開—編年・地域制・階層性の外観—」土生田純之編『横穴式石室の研究』同成社，2020

参考文献

古賀市教育委員会『船原古墳群Ⅰ』2004
古賀市教育委員会『船原古墳Ⅰ』2016
古賀市教育委員会『船原古墳Ⅱ』2019
古賀市教育委員会『船原古墳Ⅲ』2022
古賀市『国史跡船原古墳保存活用計画』2018

壱岐島の古墳と副葬品

田中 聡一 壱岐市教育委員会社会教育課
TANAKA Soichi

はじめに

壱岐島（いきとう）には現在約280基の古墳が残存しており，離島を除く本島部ほぼ全域に分布するが，特に島の中央部には首長墓を含む100基近くが集中している（図1）。本稿は，壱岐島における古墳の変遷と副葬品の様相について概観することを主目的とし，古墳造営背景や被葬者像に関する今後の研究につなげたい。

1 壱岐島における古墳の変遷

壱岐島の古墳の変遷過程については，規模や構造的な特徴をもとに4つの画期を設定できる。

まず，第1の画期は壱岐島における古墳の出現で，現時点で壱岐市芦辺町深江栄触（以下，壱岐市は省略）所在の大塚山古墳が初現である[1)]。扁平板石を積み上げて赤色顔料を塗布した竪穴系横口式石室を伴なう直径約14mの円墳で，玄室床面は礫敷きである。江戸時代に採集された須恵器（𤭯）と発掘調査で出土した鉄製蕨手刀子から5世紀後半とみられる。なお，近接する俵山古墳群で竪穴系埋葬施設を備えた古墳が調査され，日影古墳群（勝本町本宮南触）では小型竪穴式石室（長さ約2m×幅約0.9m）を伴なう低墳丘小円墳が確認されているなど[2)]，大塚山古墳と同時期，或いは先行する古墳がほかにも存在すると推測されるが，基数はそれほど多くなかったと思われる。

第2の画期は単室構造両袖型横穴式石室の出現である。芦辺町中野郷東触所在の妙泉寺1号墳[3)]は直径約23mの円墳で，玄室床面礫敷，3石の側壁腰石上に積石して天井石3枚を架構し，壁面には赤色顔料が塗布されていた。初葬は6世紀中葉であるが，玄門袖部が平石積である点が特徴的で，羨道部に竪穴系横口式石室に通じる古手の特徴が認められることから，6世紀前半代の石室構造の特徴を残すものと考える。カジヤバ古墳（芦辺町国分川迎触）[4)]は，玄門部に立柱石を使用し，側壁腰石が2石で，玄室床面が板石敷であるなど，妙泉寺1号墳よりも後出し，次の第3期の古墳の玄室と共通する特徴が認められる。島中央部の百田頭（ひゃくたがしら）古墳群（芦辺町国分本村触）に属する百田頭7号墳は復元直径約17mの円墳であ

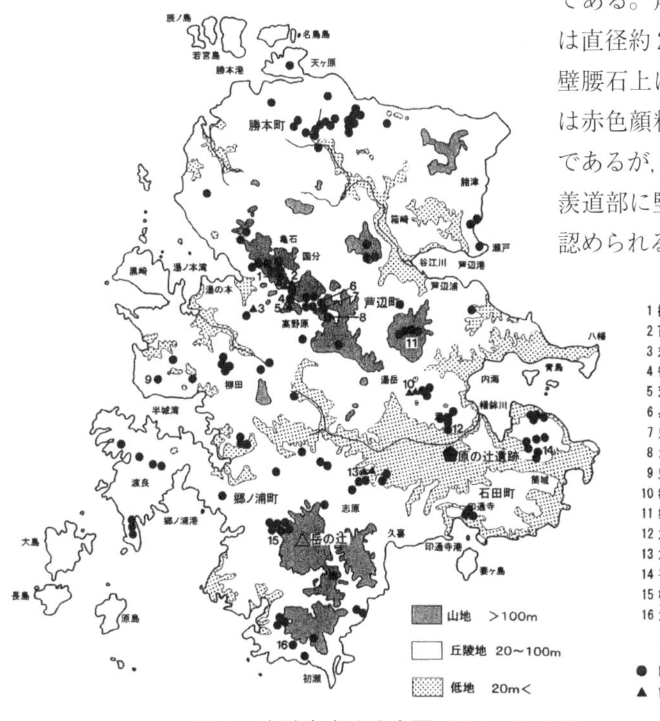

図1 壱岐島古墳分布図（註7一部改変）

る[5)]。玄室側壁腰石と天井石が3石ずつである点は妙泉寺1号墳に近いが，羨道部が長く，入口付近に集積された塊石を閉塞施設とみると，2室構造の影響を受けて拡張された羨道部を前室として利用したものと考えられる。以上から，壱岐島における単室構造横穴式石室の出現は少なくとも6世紀中葉で，6世紀前半代まで遡る可能性もある。

第3の画期は，2室構造両袖型横穴式石室と大型前方後円墳の出現に求められる。勝本町立石東触所在の対馬塚古墳（全長約63m）[6)]と双六古墳（全長約91m）[7)]はいずれも6世紀後葉に初葬された首長墓であるが，対馬塚古墳の玄室側壁腰石と天井石がそれぞれ2石であるのに対し，双六古墳はともに1石となり，さらに全体的に用材の巨石化という新出要素が認められる点で，双六古墳が新しく位置づけられる。この時期には，島中央部の百田頭古墳群や山ノ神古墳群をはじめ，群集墳（小型墳）の増加傾向が認められる。

そして，第4の画期が3室構造両袖型横穴式石室を伴なう大型円墳の出現である。6世紀末から7世紀初頭という短期間に，笹塚古墳（直径約70m：含む基壇部，勝本町百合畑触）[8)]，兵瀬古墳（直径約53.5m，芦辺町国分本村触）[9)]，鬼の窟古墳（直径約45m，芦辺町国分本村触）[10)]，掛木古墳（直径約30～35m，勝本町布気触）[11)]が相継いで築造される。一方，対馬塚古墳と双六古墳でも追葬が継続される。石室構造上の変化として，第2期から第4期にかけて単室から複室構造の採用，玄室平面形の方形化，玄室側壁腰石および天井石の枚数減少，側壁腰石と奥壁鏡石上部石積みの段数の減少と天井高の低下など，また第3期から第4期には使用石材の巨石化が認められる。その一方で，玄室楣石から羨道部までの天井高を一定に揃える構造は第3期以来引き継がれており，首長墓から群集墳に至るまで規格的な石室構造が採用される点も特徴である。第4期の首長墓は笹塚古墳→兵瀬古墳→鬼の窟古墳→掛木古墳という築造順序を想定できるが，わずか数十年間に首長墓が4基連続して築造され，それぞれに追葬が行なわれるという特殊な状況がみられる。一方，群集墳の石室は2室構造が基本であるが，3室を意識したものもある。島内全域で群集墳の築造が活発化し，急増する点でも第3期との違いが認められる。

首長墓の造営は7世紀初頭に終了して追葬段階に入るが，群集墳への初葬は7世紀中葉まで認められる。群集墳は2室構造両袖型横穴式石室を伴なう円墳を基本とし，墳丘や石室に小型化傾向がうかがえる。古墳築造終了後も，7世紀末，一部の古墳では8世紀前葉まで追葬あるいは祭祀行為が行なわれ，徐々に古代墓制へ移行していったものと思われる。

2　副葬品からみた壱岐島の古墳

ほとんどの古墳が盗掘を受け，副葬品と祭祀供献品の区別，副葬段階別の遺物の把握は困難である。従って，石室内部および羨道部から出土した遺物全体を広い意味での副葬品とみなし，表1のように整理した（表1）。盗掘後の残存遺物ではあるが，時期をある程度絞り込めるものを中心に可能な範囲で画期ごとの特徴を見てみたい。

第1期は5世紀後半代以降で，副葬品は大塚山古墳出土の須恵器𤭯と鉄製蕨手刀子のみである。島内に古墳を造営した有力者は点在したと思われるが，それほど目立つ存在にはなっていない。

第2期は恐らく6世紀前半代のある時期から中葉までである。妙泉寺1号墳では須恵器・土師器のほか，金銅製馬具，金銅製耳環，小札（札甲），ガラス玉などが出土している。金銅製馬具などは第3期の追葬時に副葬された可能性もあるが，小札については島内でほかに出土例がなく，初葬者に伴なう可能性が高い。百田頭7号墳でも多様な副葬品が出土しているが，内容的には次の第3期あるいは第4期のセットに近い。一方，カジヤバ古墳では鉄鏃と鉄刀子，鉄斧，鉄釘が出土しているが，副葬土器からみて第3期以降と判断される。このように第2期の副葬品の詳細は不明確であるが，第1期の状況も合わせて考えると，第2期までは壱岐島に多数副葬の習慣がなかったものと推測される。この時期は527年の筑紫国造磐井の戦争前後に相当し，壱岐島の古墳文化を考える

表1　壱岐島古墳出土遺物と古墳利用時期

		金属器類								土器類						550年		600年			650年		700年
		金銅製馬具	鉄製馬具	装飾付大刀	鉄製武器	農工具	耳環	青銅製帯金具	鉄釘	新羅土器	陶質土器	緑釉陶器二彩陶器	畿内系土師器	ガラス玉	その他	Ⅰ	Ⅱ	Ⅲ	Ⅳ古	Ⅳ新	Ⅴ	Ⅵ	Ⅶ
首長墓	対馬塚	○	○		○	○		○	○	○		○	○	○	琥珀製棗玉	●	○	○	○	○		○	△
	双　六	○	○	○	○	○		○	○	○		○	○	○	琥珀製棗玉，滑石製子持勾玉	●	○	○	○	○	○	○	
	笹　塚	○	○		○	○	○		○	○		○	○	○			●	○	○	○	○	○	
	兵　瀬																?←	○			○		
	鬼の窟		○	?	○					○	○		○		鍍金鍔		●	○	○	○	○		
	掛　木		○				○		○				?		初期隋唐鏡		●	○		○			
群集墳	妙泉寺1号	○					○							○	小札（札甲）	●	○						
	妙泉寺7号		○	○	○	○	○				?		?	○	長崎県教育委員会（2000）の3号墳		●		○				△
	カジヤバ				○	○			○		○		○			?←	●	○		○	○		○
	百田頭2号		?	○	○	○	○		○	○				○		?←		●			○	○	
	百田頭3号														金属製品3点	●	○	○	○				
	百田頭4号														金属製品2点	●		○			○		
	百田頭5号				○	○			○							?←			●	○			○
	百田頭6号		○		○	○	○		○				○	○		?←	●				○	○	
	百田頭7号	○	○		○		○		○					○	琥珀製棗玉	●	○	○	○	○		○	○
	山ノ神					○										●	○	○	○	○			△
	山ノ神5号		○			○										●	○				○	○	○
	釜蓋2号				○		○							○			●	○	○	○	○		
	釜蓋5号		○	○	○	○	○		?				○	○	水晶製三輪玉		●	○	○	○			○
	釜蓋6号												○		玄界灘式製塩土器，銅鋺						●	○	○

●：初葬，○：追葬，△：祭祀（石室内出土は追葬と判断）

＊古墳利用時期は小田・下原（2006）図5を参考に筆者作成，「←？」は石室構造から推定した古墳築造推定時期

上でも非常に重要な時期である。大型前方後円墳はまだ現れず，被葬者は在地豪族の延長で考えられる。

第3期は6世紀後葉で，対馬塚古墳や双六古墳で金銅製単鳳環頭大刀や金銅製馬具（剣菱形・鐘形杏葉を伴なうセット），それ以外の金属・ガラス製品など，副葬品の質・量・内容のいずれにおいても大きな変化が認められる。一方，群集墳でも，鉄製馬具や武器類，農工具類などが副葬される。第4期の追葬時副葬品との分別が難しいが[12]，首長墓と群集墳に隔絶した違いが認められることから，高い技術力と多くの労力を必要とする大型古墳を造営し，壮麗な副葬品を多数副葬することで，視覚的に権威を誇示するとともに心理的にも民衆を掌握するという，それまでとは異なる統治方法が壱岐島に導入されたことを示している。筑紫国造磐井の戦争後にヤマト政権が北部九州経営に本格介入し，一方では562年に新羅によって大加耶が滅ぼされ，国境の対馬島を支える兵站地として壱岐島の軍事的な重要度が増してきた時期である。ところで，この時期に壱岐島に入植した有力豪族として物部氏が注目されているが[13・14]，島内居留地に関係するとみられる「物部」遺称地は島南西部に集中しており，島中央部の古墳集中域からは外れている。このことは，物部氏（ヤマト政権）が直接的に島の経営に当たったのではなく，防衛上有利な島中央部を拠点に，ヤマト政権と協力関係にあった在地豪族を介して間接経営を行ったことを示すものと思われる。

第4期について，首長墓への副葬品の集中傾向は第3期と同様である。6世紀第4四半期に位置づけられる金銅製馬具類（心葉形杏葉を伴なうセット）と6世紀後葉〜7世紀前半の金銅製圭頭大刀，7世紀前半を中心とする新羅土器と緑釉陶器，7世紀代の畿内系土師器などがみられる[15]。これらは，いずれも威信財・奢侈品とみられる副葬品で，表1によれば圭頭大刀と新羅土器が首長墓と一部群集墳，金銅製馬具と緑釉陶器は首長墓の副葬品としてのみ認められる。また，対馬塚古墳と双六古墳からは着装者の身分を示す青銅製帯金具（巡方）が出土している。それに対して畿内系土師器や耳環，ガラス玉は首長墓だけでなく群集墳でも認められるが，島中央部以外の群集墳では畿内系土師器は出土せず，土器類と鉄器，装身具，ガラス玉が若干出土する程度である。

このように，威信財・奢侈品であっても種類ご

とに副葬階層範囲の違いが認められ，副葬品の種類（セット関係）が被葬者の性格（身分）に応じて意識的に選択されていたことがわかる。さらに，圭頭大刀が首長墓以外の一部の群集墳でも認められることは，群集墳被葬者の中に装飾付大刀を佩用できる身分の者，つまり首長層と一般層の間の中間層が存在したことを示しており，社会構造の複雑化を想定することができる。さらに，おもに首長墓で出土する新羅土器や緑釉陶器などの中に，新羅王京周辺でしか入手できないものもあり，7世紀前半における壱岐島の有力者が新羅と日本の交渉で重要な役割を果たした人物であったことを示している[16)]。また，群集墳の急増については島内人口の自然増加だけでは説明が難しく，兵站地を防衛する兵士に加えて，生産者，工人，商人なども島外から移住してきたものと思われる。

まとめ

以上，壱岐島における古墳の時期的変遷について画期を設定し，それぞれの時期の様相と副葬品の特徴について概観した。そして，被葬者像についても一部言及し，壱岐島の古墳が東アジアの歴史動向と無関係ではないことを確認した。具体性・実証性に欠ける部分もあるが，その点については今後の研究に期したい。

註

1） 芦辺町教育委員会『大塚山古墳』芦辺町文化財調査報告書 2，1987
2） 壱岐市教育委員会『壱岐の島の古墳群～現状調査』，壱岐市文化財調査報告書 20，2012
3） 長崎県教育委員会『県内主要遺跡内容確認調査報告書Ⅲ』長崎県文化財調査報告書 156，2000。九州大学大学院人文科学研究院考古学研究室『壱岐原の辻閨繰遺跡・妙泉寺古墳群・鬼の窟古墳』東亜考古学会壱岐原の辻遺跡調査報告書Ⅰ，2018
4） 芦辺町教育委員会『カジヤバ古墳』芦辺町文化財調査報告書 3，1988
5） 芦辺町教育委員会『百田頭古墳群・山ノ神古墳群・釜蓋古墳群』芦辺町文化財調査報告書 16，2003。芦辺町教育委員会『釜蓋古墳群・百田頭古墳群』芦辺町文化財調査報告書 18，2004
6） 壱岐市教育委員会『対馬塚古墳』壱岐市文化財調査報告書 6，2005
7） 壱岐市教育委員会『双六古墳』壱岐市文化財調査報告書 7，2006
8） 壱岐市教育委員会『笹塚古墳』壱岐市文化財調査報告書 5，2005
9） 壱岐市教育委員会『兵瀬古墳』壱岐市文化財調査報告書 4，2005
10） 芦辺町教育委員会『鬼の窟古墳』芦辺町文化財調査報告書 4，1990。前掲註 3（九州大学大学院人文科学研究院考古学研究室 2018）に同じ
11） 長崎県教育委員会『県内古墳詳細分布調査報告書』長崎県文化財調査報告書 106，1992
12） 鉄釘が出土しており，追葬は木棺で行なわれたものと思われる。
13） 堀江　潔「伊吉氏と古代壱岐島」『古代文化』60—4，2010，同「壱岐古墳群造営の歴史的背景—文献史からみた 6～7 世紀の東アジア情勢と壱岐—」『巨大古墳の時代—東アジアにおける壱岐古墳群の位置—』壱岐市教育委員会，2012。永留久恵「倭王権の外交・軍事の「営」が対馬から壱岐へ移った可能性」『対馬の古代を探る～山城と古墳が築かれた謎の七世紀～』対馬市教育委員会，2011。小田富士雄「国史跡「壱岐古墳群」と「壱岐嶋造」」『古文化談叢』87，2021
14） 物部氏関連遺物として，芦辺町湯岳興触久保頭古墳出土複環式鏡板付轡 C 類が注目される（桃﨑祐輔「壱岐久保頭古墳出土の複環式鏡板付轡の検討」『車出遺跡群 久保頭古墳 双六古墳隣接地』壱岐市教育委員会，2022）。
15） 副葬品の時期比定は，おもに，千賀　久「馬具」『古墳時代の研究 8 古墳Ⅱ副葬品』雄山閣，1991。豊島直博「圭頭大刀の生産と流通」『考古学雑誌』105—2，2023。洪潽植「6 世紀～7 世紀前半の嶺南地方と壱岐の交流」『巨大古墳の時代』壱岐市教育委員会，2012。林部均「律令国家と畿内産土師器—飛鳥・奈良時代の東日本と西日本」『考古学雑誌』77—4，1992a。同「西日本出土の飛鳥·奈良時代の畿内産土師器」『考古学研究』39—3，1992b を参考にした。
16） 前掲註 15（洪 2012）に同じ

参考文献

小田富士雄·下原幸裕『須恵器—双六古墳から壱岐島の須恵器へ—』『双六古墳』壱岐市教育委員会，2006

執筆者紹介（執筆順）

柳田 裕三（やなぎた ゆうぞう）
佐世保市教育委員会

桒畑 光博（くわはた みつひろ）
九州大学比較社会文化研究院
学術研究者

福永 将大（ふくなが まさひろ）
九州大学総合研究博物館
助教

大坪 志子（おおつぼ ゆきこ）
熊本大学埋蔵文化財
調査センター准教授

小畑 弘己（おばた ひろき）
熊本大学大学院
人文社会科学研究部教授

宮地 聡一郎（みやじ そういちろう）
九州歴史資料館
埋蔵文化財調査室

古澤 義久（ふるさわ よしひさ）
福岡大学人文学部
准教授

平郡 達哉（ひらごおり たつや）
島根大学法文学部
准教授

三阪 一徳（みさか かずのり）
岡山理科大学
学芸員教育センター講師

上條 信彦（かみじょう のぶひこ）
弘前大学
人文社会科学部教授

米元 史織（よねもと しおり）
九州大学総合研究博物館
助教

森 貴教（もり たかのり）
新潟大学人文学部
准教授

大塚 紀宜（おおつか としのり）
福岡市史跡整備活用課

溝口 孝司（みぞぐち こうじ）
九州大学大学院
比較社会文化研究院教授

田尻 義了（たじり よしのり）
九州大学アジア埋蔵文化財
研究センター准教授

谷澤 亜里（たにざわ あり）
奈良文化財研究所
都城発掘調査部研究員

立谷 聡明（たちや としあき）
唐津市教育委員会
生涯学習課

森本 幹彦（もりもと みきひこ）
福岡市文化財活用課

久住 猛雄（くすみ たけお）
福岡市埋蔵文化財センター

辻田 淳一郎（つじた じゅんいちろう）
九州大学大学院
人文科学研究院准教授

福嶋 真貴子（ふくしま まきこ）
宗像大社文化局

高椋 浩史（たかむく ひろふみ）
土井ヶ浜遺跡・
人類学ミュージアム

舟橋 京子（ふなはし きょうこ）
九州大学
比較社会文化研究院准教授

三吉 秀充（みよし ひでみつ）
愛媛大学埋蔵文化財調査室
准教授

重藤 輝行（しげふじ てるゆき）
佐賀大学芸術地域デザイン
学部教授

齊藤 大輔（さいとう だいすけ）
島根県立
八雲立つ風土記の丘

松﨑 友理（まつざき ゆり）
福岡市埋蔵文化財センター

西 幸子（にし ゆきこ）
古賀市教育委員

橋本 達也（はしもと たつや）
鹿児島大学
総合研究博物館教授

吉村 和昭（よしむら かずあき）
奈良県立橿原考古学
研究所附属博物館

藏冨士 寛（くらふじ ひろし）
福岡市史跡整備活用課

菅波 正人（すがなみ まさと）
福岡市埋蔵文化財課

桃﨑 祐輔（ももさき ゆうすけ）
福岡大学人文学部
教授

甲斐 孝司（かい こうじ）
古賀市教育委員会

田中 聡一（たなか そういち）
壱岐市教育委員会
社会教育課

編著者略歴

宮本（みやもと）　一夫（かずお）

九州大学大学院人文科学研究院教授

1958年島根県松江市生まれ。京都大学大学院文学研究科修士課程修了。博士（文学）。
京都大学文学部助手，愛媛大学法文学部助教授，九州大学文学部助教授をへて現職。著書に，『中国古代北疆史の考古学的研究』（中国書店，2000年），『中国の歴史01　神話から歴史へ』（講談社，2005年），『遼東半島四平山積石塚の研究』編著（柳原出版，2008年），『中国初期青銅器文化の研究』編著（九州大学出版会，2009年），『農耕の起源を探る―イネの来た道―』（吉川弘文館，2009年），『東チベットの先史社会―四川省チベット自治州における日中共同発掘調査の記録―』編著（中国書店，2013年），『遼東半島上馬石貝塚の研究』編著（九州大学出版会，2015年），『東北アジアの初期農耕と弥生の起源』（同成社，2017年），『東アジア青銅器時代の研究』（雄山閣，2020年），『中国の歴史1　神話から歴史へ　神話時代　夏王朝』（講談社学術文庫，2020年），『東アジア初期鉄器時代の研究』（雄山閣，2023年）などがある。

季刊考古学・別冊43

九州（きゅうしゅう）考古学（こうこがく）の最前線（さいぜんせん）1
―縄文（じょうもん）～古墳編（こふんへん）―

定　　価　2,600円＋税
発 行 日　2023年9月25日
編　　者　宮本一夫
発 行 者　宮田哲男
発 行 所　株式会社　雄山閣
〒102-0071　東京都千代田区富士見2-6-9
TEL 03-3262-3231　FAX 03-3262-6938
振 替 00130-5-1685
URL　https://www.yuzankaku.co.jp
e-mail　info@yuzankaku.co.jp
印刷・製本　株式会社ティーケー出版印刷

N.D.C. 210　152p　26cm
ISBN978-4-639-02942-7　C0321